本书为河北省社科基金项目"民初转型社会新闻场与政治场、以'宋教仁案'为中心"的阶段成果，项目批准号：H
河北经贸大学校内出版基金项目结项成果

U0518997

中国近代报刊的社会角色研究

杨晓娟　等◎著

知识产权出版社

全国百佳图书出版单位

图书在版编目（CIP）数据

中国近代报刊的社会角色研究 / 杨晓娟等著 . —北京：
知识产权出版社，2019.6
　　ISBN 978-7-5130-6297-8

　　Ⅰ . ①中… Ⅱ . ①杨… Ⅲ . ①报刊—社会角色—研究—
中国—近代 Ⅳ . ① G219.295

中国版本图书馆 CIP 数据核字（2019）第 105634 号

内容提要

本书着眼于报刊在中国近代社会转型过程中的角色研究，主要采用案例分析法与内容分析法。选择《申报》《女子世界》《新青年》作为报刊的典型案例及文本。第一，通过总结归纳《申报》在甲午战争中报道日本信息，理解多面"日本形象"的政治传播意义所在。第二，详细考察《女子世界》在女权解放宣传中的舆论引导及教育启蒙角色。第三，分析《新青年》在移风易俗舆论传播中发挥的先锋作用。通过三个案例的微观分析，总结得出报刊在近代社会转型中角色的更新与重构规律。笔者认为，社会是一个有机的系统，每个部分虽具有一定的独立性，但彼此之间又辩证统一不可分割。因此新闻场域与政治、文化、思想等场域，彼此影响，互相推动。

责任编辑：宋　云　王颖超　　　　　　　责任校对：王　岩
封面设计：北京麦莫瑞文化传播有限公司　责任印制：刘译文

中国近代报刊的社会角色研究

杨晓娟　等　著

出版发行：知识产权出版社有限责任公司	网　　址：http://www.ipph.cn
社　　址：北京市海淀区气象路 50 号院	邮　　编：100081
责编电话：010-82000860 转 8388	责编邮箱：songyun@cnipr.com
发行电话：010-82000860 转 8101/8102	发行传真：010-82000893/82005070/82000270
印　　刷：三河市国英印务有限公司	经　　销：各大网上书店、新华书店及相关专业书店
开　　本：720mm×1000mm　1/16	印　　张：15
版　　次：2019 年 6 月第 1 版	印　　次：2019 年 6 月第 1 次印刷
字　　数：220 千字	定　　价：58.00 元
ISBN 978-7-5130-6297-8	

前　言

　　本书是2017年河北省社科基金项目的结项成果之一，同时受到河北经贸大学出版基金的资助。在本书出版以前，其实已有一些研究报刊社会角色的成果出现，但笔者研究的价值并未因此而弱化。相较于前辈的研究，本书在样本选择、体例结构、研究内容及视域上都有所创新。

　　首先，在样本选择上，具有典型性和广泛性。此前关于报刊社会角色的研究一般只选取一个报刊样本，要省力许多，但得出的结论不具有普遍性。本书报刊社会角色的研究围绕《申报》《女子世界》《新青年》三个报刊样本查阅了大量的原始资料，费时耗力远远超出前人的研究。《申报》《女子世界》《新青年》三个报刊，一个创刊于鸦片战争后，中国面临救国图存、民族危亡的历史时刻；一个创刊于辛亥革命前后，清政府寿终正寝，共和国呱呱坠地的转折点；一个创刊于旧文化、旧道德即将没落，新文化、新道德日渐发展的转折点。三个报刊均创刊于南部经济文化中心上海，其中《新青年》编辑部于1917年由上海迁至中国北部政治文化中心北京。一个打开了国人认识世界的窗口；一个启蒙了妇女阶层的解放；一个启蒙了青年和知识分子阶层的思想解放。一个汇聚了中国现代最早的新闻队伍；一个汇聚了柳亚子、高燮、周作人等文化名人及女界精英秋瑾；一个汇聚了北大精英陈独秀、李大钊、胡适等文化名人。一个改变了中国人的视野版图；一个对辛亥革命起到了间接的推动作用；一个对中国旧文化、旧思想、旧道德的转型起到了直接的引导作用。三个样本在地域覆盖面上的广泛性及类型上的典型性，使得出的结论相较前人更具有普遍意义和说服力。在事件案例的选择上，选择甲午战争、新文化运动为典型案例作为考察研究的对象。这两个案例是中国近现代史上的典型事件，在政治文化上均有独特意义。在中国近代社会转型的时代背景中，甲午战争的失败使中国人认识到学习西方技术不能本质上实现救国的目的，唯有政治变革方能图强，改变被欺辱的历史命运。新文化运动是中国文化思想史上的转折点，中国从封建旧文化、旧思想、旧道德的束缚中解脱，实现文化的近代转型。

其次，在体例结构上，采用独具创新的纵横交错法，使研究成果更具历史张力。本书时间跨度较大，从清末到五四运动整个中国近代社会转型时期尽在研究视域范围内，能够更准确全面地把握报刊在近代社会转型中的复杂多面的角色。选择案例涉及政治、思想、文化多个方面，多点连接成面。这样一种纵横交错的体例安排，视野相对宏观，又兼顾了微观的具体报刊在具体事件中的角色描写与概括，使研究成果高屋建瓴，具有更大的张力。

最后，在研究内容及视域上，突破了以往研究的微观维度，从中观及宏观的维度对报刊在中国近代转型社会中的角色的认识有所创新。以往研究近代报刊角色的相关著作或论文，总是围绕在某个具体的知名报刊，研究它在短暂时间段和某个事件中扮演了什么具体角色，或起到什么具体作用；或者研究在中国近代报刊发展中有着特殊表现的某个短暂时间段、典型事件中，多类报刊的角色扮演。鲜有研究者能够贯穿中国近代这一长时段，包含多个报刊样本及多元事件案例，研究报刊在中国近代摆脱半殖民地半封建社会过程中的角色具体变化及报刊角色流动多元的变化趋势，并且追寻报刊角色的具体变化及变化趋势背后的内在深层原因。譬如，中国近代时代主题的变化，中国近代报刊生产规模的变化，中国近代各个时间段社会需求的变化，中国近代文化教育的发展，中国传统文化的浸润等对报刊社会角色的影响。站在中国特殊的救亡图存的历史语境中，融入中国传统文化的氛围中，走入中国文化、工业近代化的进程中，探寻中国特色、中国味道的报刊角色建构。

就以上所言，本书体现出的研究价值、创新价值、现实意义是显而易见的。当然在搜集整理资料，宏观叙事表达，建构框架结构等方面，所遇到的困难以及为排除困难所付出的辛劳也是不可言述的，包括书稿后期的修改、审定、校正、核对，整个写作过程漫长而充满艰辛。书稿付梓之际，唯一的希冀是望本书能够为学界相关研究的深入发展创造条件，为开拓新的研究视野提供新的学术生发点。当然因本著作篇幅有限，架构又较为宏大，且著者才疏学浅，难免在深度上略有欠缺，其他不足之处，欢迎各位方家批评指正。

本书是由课题组成员分工合作、共同完成的。主要分工如下：杨晓娟负责全书的初稿写作、组织策划、统稿定稿等事宜，余若瑶参与了第二章的部分写作，靳潇参与了第三章的部分写作。

目　录

绪　论

第一章　《申报》在甲午战争中的宣传沟通

第二章　《女子世界》在妇女思想解放中的启蒙

第三章 《新青年》在风俗文化变迁中的舆论动员

第四章 报刊在近代社会的角色解读

绪 论

陈旭麓先生在遗著《近代中国社会的新陈代谢》中认为，"和中国古代那种静态的，有很大凝固性的社会不同，中国近代是一个动态的、新陈代谢迅速的社会"。❶ 有一只力量渗透在这个迂回曲折的推封建主义之陈而出民主主义之新的中国近现代社会，这就是报刊。西力东侵，救亡图存，西学东渐，机器印刷，带来近代中国期刊报纸的数量激增。1900—1918 年，在中国国内与国外各地区出版的定期刊物达七八百种之多。有些发行量竟达 1 万份，阅读人数则在 10 万以上。《申报》《新青年》《女子世界》等报刊，如《新民丛报》一样，以唤起知识青年"作新民"的觉悟为己任，整整影响了一代人，"惊心动魄，一字千金"。在 1896—1898 年和 1906—1911 年国人两次兴起办报高潮中，据统计，1896—1898 年，全国创办的中文报刊有 100 余种；1906—1910 年，每年创办报刊 100 余种，1911 年更达 200 余种。❷ 这些报刊以惊人的流通规模，提供了近代中国"新陈代谢"的可能。新知识群体——报人的崛起，现代印刷业的发展，报刊语言和文体的成型，既形塑了中国地方特有的民主自由思想、激发了国民的革命斗志，也对风俗习惯的改易具有强大的群体动员及号召力量，为中国近现代的政治、文化、思想的新陈代谢提供了现实的助推力。近代报刊以"通上下内外之情"强国，以培育"国民精神"建立国家认同，以"改良思想"救国，以"正确、适宜"之独立言论报国，其根本目的都是实现中国近代的政治、文化、思想的新陈代谢。报刊不仅为中国近代政治、文化、思想的转型提供现实基础和观念前提，更为"想象现代中国"进行舆

❶　陈旭麓.近代中国社会的新陈代谢［M］.北京：中国人民大学出版社，2015：3.
❷　史和，姚福申，叶翠娣.中国近代报刊名录［M］.福州：福建人民出版社，1991.文中列举的报刊数，不含在国外办的中文报刊，所在地不明的也未计。

论造势，成为中国近代政治、文化、思想新陈代谢的引擎和载体。

第一节　概念解读与学术史回顾

一、概念解读

（一）中国近代历史分期

从 20 世纪 50 年代起，中国近现代史研究就沿用中华人民共和国成立前的说法，分为中国近代史（1840—1919 年）和中国现代史（1919—1949年）两个时期。最早对中国近代分期问题进行讨论的是胡绳，1954 年他在《历史研究》创刊号上发表《中国近代历史的分期问题》一文，引起了近代史学界的强烈关注与热烈讨论。到了 20 世纪 80 年代，中国近代史学界再次掀起中国近代史分期的讨论，学者们不满足于以往的讨论局限于1840—1919 年的近代分期，主张中国近代史下限应当延至 1949 年。1983年李新在《关于中国近现代历史分期问题》中，认为按照社会性质划分，1840—1949 年是中国的半殖民地半封建社会社会，即中国近代，是不可分割的。1988 年陈旭麓《关于中国近代史线索的思考》一文，也把 1840—1949 年百余年的历史作为一个完整的历史时期来考察，支持此种分期的还有夏东元与张海鹏等学者。本书中国近代的历史分期采用李新、陈旭麓等的观点，指的是 1840 年鸦片战争到 1949 年中华人民共和国成立这个时期。

（二）媒介社会角色

1. 社会角色理论

"角色"的概念来源于戏剧中的一个专有名词，本意是指演员在舞台上所扮演的某一特定的人物。在社会科学领域，社会心理学和社会学也早已引入角色概念。20世纪30年代美国著名社会心理学家、哲学家乔治·H. 米德和人类学家林顿将其首次引入社会学领域，使之成为社会学的重要范畴之一，"角色"这个概念也成为社会学符号互动理论的核心概念之一。

在社会心理学中，角色指的是单个人的社会行为和心理活动，主要探讨角色的认知、角色的学习和角色的期待等内容。20世纪二三十年代开始，"角色"作为分析社会结构的重要概念，被社会学者所援用。20世纪50年代以后，在西方，特别是在美国，涌现了一批研究社会角色的专著。我国恢复社会学研究以后，丁水木等出版了《社会角色论》（1991年）。奚从清在与人合著的《角色理论研究》（1991年）基础上，单独署名出版了《角色论——个人与社会的互动》（2010年）一书。此外，各种理论刊物中也经常运用角色理论分析"社会组织发展困境""公立医院管理""企业责任"等。

米德认为，"角色是一定社会关系所决定的个体的特定地位、社会对个体的期待以及个体所扮演的行为模式的综合表现"。林顿认为，当个体根据他所处的地位而实现自己的权利和义务的时候，他就扮演着相应的角色。在社会心理学中，"角色"是指与某一特殊位置有关联的行为模式，代表着一套有关行为的社会标准。一个人的角色反映了他在社会系统中的地位，以及相应的权利和义务，权力和责任。在社会学当中，一般认为，社会角色是处于一定社会地位的个体，依据社会客观期望和主观能力，在互动中所表现出的一套与其地位相符合的行为模式。

社会学中的符号互动论、拟剧论、结构功能论，赋予社会角色概念以重要意义。以米德为代表的符号互动论认为，社会角色是在互动过程中形成的；戈夫曼的拟剧论则提出了"前台""后台"的概念，即一个人可能在不同的场所扮演不同的角色；结构功能论在社会系统层次上把握社会角色，认为社会角色是社会结构的构成单位，它是根据社会系统的需要而分配给个人的。林顿认为，社会角色是由社会文化塑造的，他视社会结构为另一个行为规范体系，社会角色依据文化所规定的脚本进行。

总体来说，角色理论认为，在现实生活舞台活动着的人，也类似于角色。一个社会是由许多具有不同身份和地位的人所组成的，按照社会功能产生互助关系的大系统。当一个人履行某一地位的权利与义务时，他就在扮演一个角色。这里的剧本就是社会生活本身，这里的场景就是面临的客观环境或具体情境，这里的同伴、演员就是相互关联的同事或对手，这里的导演常常是领导决策者、家长、教师等，这里的观众就是周围真实的旁观者或假想的人群。每一个人在限定的范围内究竟怎样表演，取决于他对自己所扮演角色的熟悉和理解程度，以及由他的总经历所形成的扮演技能及才能。但是，无论由谁来扮演某一角色，其行为都有一定的相似性，因为这是由"社会剧本"决定的，而其差异性则主要是由每个人对自身角色的不同理解或不同的角色技能所造成的。在角色理论中，有一系列概念，如角色期望、角色获得、角色扮演、角色冲突等，分析这些概念可以解释角色地位是怎样在日常生活中对人们的态度与行为发生影响的。

总之，社会学中关于社会角色的理论和概念，尽管研究的焦点不同，但是并无本质上的差别。社会角色的内涵包括：第一，社会角色是一套社会行为模式；第二，人的社会地位和身份决定了他的社会角色；第三，社会角色是符合一定的社会期望的。

因此，所谓社会角色就是与一定社会地位、身份相一致的一整套权利、义务和符合一定社会期望的行为模式。它是社会构成的基本元素，是社会关系之网的纽结。

现在"角色理论"的外延突破了"人"的狭隘主体限制，也越来越多地应用到研究社会中的组织或企业行为。所不同的是，相对于个人社会行为的角色扮演，对于组织行为，往往称之为角色担当。它包括以下四个方面含义。其一，角色是社会地位的外在表现，和社会责任承担是分不开的，往往通过社会责任的承担来实现。其二，角色意味着一整套权利、义务的规范和行为模式；对于组织或企业来讲，其行为一方面受法律保护，一方面又需要承担规定的社会责任。其三，角色还意味着社会对处于特定地位的人或组织的行为期待；对于企业来讲，这部分构成企业开放性的或表现性的角色担当，并通过社会责任的践行来塑造其良好的社会形象。其四，角色是社会群体或社会组织的基础，也是构成整个国家或社会形象的基础。如每个角色的表演关系到整场戏的成功，一个组织或企业的形象也关系到整个社会和国家的形象，这对组织和企业提出了角色担当的自觉性要求。

本书所谓的"角色"，即非人在社会关系中的角色扮演，而是由人和人组织在一起具有营利性的媒体的社会角色扮演。所指的社会角色就是媒体与其社会地位、身份相一致的一整套权利、义务和符合一定社会期望的行为模式。

2. 媒介社会角色特征

媒介通常被比喻为联系社会和协调社会的桥梁和纽带。传媒已经是不可缺少的社会工具，它在社会中有着极其重要的社会角色和社会功能。鸦片战争以后，中国近代报刊得到了较大的发展，报刊作为近代社会一种主要的传播媒体，其公共性、追求新闻性和实效性、关注社会大众、表达民众的声音等功能与特点，逐渐融入人们的社会生活中。尤其是进入 20 世纪以后，报刊受众人口的增加以及社会格局、社会思想和政治变革思想的多变，报刊的重要性越发突出。它不但承担着传播新思想、反映社会民众声音的重任，而且还承担着为各个政治派别进行舆论宣传的角色。与此同时，报刊也受到社会的控制，主要分为外在控制和内在控制。外在控制主要是指政府、相关法律制度、各利益集团、道德等因素，内在控制主要是指报刊所承载的社会责任。作为控制社会手段的媒介本身，对社会也形成控制。

本书认为，媒介社会角色具有多样性、普遍性、复杂性，随着社会政治、思想、经济、文化的变化而发生变化。

（1）多样性

不同的媒介扮演着不同的社会角色，同一种媒介也可能会扮演多种社会角色。媒体社会角色是客观存在的，其产生和发挥作用都是一系列的社会文化和历史沉淀的结果，是社会发展的产物。报刊作为一种社会组织，总是处在各种社会角色的网络结构中，此时，它承担的不仅仅是一种社会角色，而是一整套的社会角色，在这样一组相互联系、相互补充、相互依存的社会角色中，其扮演的各种角色就汇聚成为一种角色集。

（2）普遍性

社会角色的普遍性具有两重含义。第一，社会角色普遍存在于各种社会中，它与社会结构、社会关系相伴随。当不同的个体结成社会关系、形成共同活动的体系时，社会角色也就自然形成。第二，社会角色是同类社会成员共享的行为模式。社会角色是社会性的而非个人性的，它是指导某类社会成员而不是个别成员的行为规范。由于这种普遍性，这些规范常常涉及人们行为的主要方面。

（3）复杂性

社会生活的复杂性和多样性使得社会角色呈现出十分复杂的特点。社会角色是社会关系两端的人们的行为模式，社会上有多少社会关系就有多少与之相对应的社会角色。

社会角色包括不同的层面，根据社会角色追求的目标不同，可以将社会角色分为两种，功利性角色和表现性角色。在扮演功利性角色中，媒体以追求经济效益为主要目标，当时的报刊中，像《申报》这样的报纸主要是作为营利的社会组织出现，不断追逐市场份额和市场占有率，通过扩大报纸的发行量，增加广告收入，来维持这个角色目标。为了扮演好功利性角色，这类报纸以提高经济效益为目标。表现性角色，是以表现社会行为规范、价值观念、社会道德等为主要目的，主要作用就是要表现社会的公平、公正，维护社会的稳定和社会道德观念。比如对于本书研究对象《新青年》《女子世界》而言，表现性角色主要是为了获得更多的社会效益。

根据社会角色行为的期待不同而划分，可以分为理想角色、领悟角色和实践角色。理想角色又称期望角色，是指社会对具有特定社会地位的组织所规定的一套权利、义务和行为规范；领悟角色又称认知角色，指按照自己对理想角色标准的理解去扮演的社会角色；实践角色又称实际角色，指在实际行动中所表现出来的社会角色。《新青年》《女子世界》在某种程度上就是领悟角色与实践角色的扮演者。

二、学术史回顾

因在相当长的一段时间内我国大陆地区新闻史学界因循"革命史"研究范式，所以一度热点主要在中国共产党的党报党刊，关于中国近代报刊史，尤其是民国报刊史研究则较为冷清。改革开放后，随着研究范式的转变，民国报刊史引起关注，近代报刊史研究甚至呈井喷之势。1978—1989年，近代报刊史研究开始突破旧框架，在宏观领域取得较大进展。1990—2000年，研究向深入发展，且更注重具体问题的个案研究，在微观领域将研究推向深入。2000年后，近代报刊史研究在新视野与新方法的冲击下，跨学科成果不断涌现。

（一）中国近代报刊史研究

中国近代报刊史的研究已经有100多年的历史了。最早在1873年《申报》上发表的专论《论中国京报异于外国新报》和1901年《清议报》上发表的梁启超的《中国各报存佚表序》，就是我国研究报刊事业历史的最早的篇目。至于报刊史的专著，则以姚公鹤写的《上海报纸小史》为最早，这部专著附录，收入1917年商务印书馆出版的《上海闲话》。

1873年至今，中国近代报刊史研究经历了开端、发展、繁荣三阶段。

第一个阶段，是1873—1949年，这是中国近代报刊史研究的开始阶段，各种类型的报刊史专著不下50种。其中通史方面的专著代表作有，柏德逊（Don Denham Patterson）著《中国新闻简史（古代至民国初年）》

（1922 年）、戈公振著《中国报学史》（1927 年）、张静庐著《中国的新闻纸》（1928 年）、汪英宾著《中国本土报纸的兴起》（英文版 *The Rise of the Native Press in China*，哥伦比亚大学出版社，1924 年版）、黄天鹏著《中国的新闻事业》、蒋国珍著《中国新闻发达史》、赵君豪著《中国近代之报业》、申报新闻函授学校的《本国新闻史》、白瑞华著《中国报纸（1800—1912）》（英文版 *The Chinese Periodical Press*，1800—1912，上海别发洋行 1933 年版，台北成文出版社 1966 年再版）等。地方报刊史研究的代表作，有姚公鹤的《上海报纸小史》、项士元的《浙江新闻史》、胡道静的《上海新闻事业之史的发展》《上海的日报》《上海的定期刊物》、蔡寄鸥的《武汉新闻史》、长白山人的《北京报纸小史》（收入《新闻学集成》）。属于报刊史文集方面的代表作，有孙玉声的《报海前尘录》、胡道静的《新闻史上的新时代》等。报刊史人物研究方面的代表作，有张静庐的《中国的新闻记者》、黄天鹏的《新闻记者外史》、赵君豪的《上海报人的奋斗》等。属于报刊史某一个方面的专著，则有赵敏恒的《外人在华新闻事业》、林语堂的《中国新闻舆论史》（*A History of the Press & Public Opinion, in China*，1936 年美国芝加哥大学出版，同年上海别发洋行出版，1968 年纽约 Greenwood 出版社再版）、如来生的《中国广告事业史》等。在这些著述中，戈公振的《报学史》材料最丰富、考订最精详，影响也最大，曾多次再版，是中国报刊史的开山之作。总的来说，这些著述在近代报刊史的各个领域均有所开拓，奠定了近代报刊史研究的基础，尽管仍有多数著述泛泛而谈、水平不高。

第二个阶段，是从 1949 年中华人民共和国成立到 1978 年改革开放。这段时期主要是致力于革命报刊史的研究，以中国共产党党报研究为中心。20 世纪 50 年代初期，以中央党校新闻班为基础，联合了中国人民大学新闻系的一部分教员，共同编写了一部《中国现代报刊史》讲义，重点介绍和论述了五四运动以后到 1949 年以前的近 30 年的无产阶级革命报刊的历史。1962 年，复旦大学新闻系编印出版《中国新民主主义革命时期新闻事业史讲义》，1966 年中国人民大学新闻系编印出版《中国新闻事业史（新民主主义时期）》。此外，还有中共中央马恩列斯著作编译局研究室编辑出版的三集《五四时期期刊介绍》，潘梓年等撰写的《新华日报的回忆》，张静庐编辑的三大本《中国近代出版史料》和五大本《中国现代出版史料》，阿英的《晚清文艺报刊述略》和徐忍寒辑录的《申报七十七年史料》等。与此同时，还有一些报刊史研究的论文，如李龙牧所写的有关《新青年》和《每周评论》历史的文章，丁树奇所写的有关《向导》历史的文章，以及王芸生、曹谷冰合写的有关《大公报》历史的文章，吴范寰所写的有关《世界日报》历史的文章等，都有一定影响。

　　第三个阶段，从1978年改革开放到现在，这是中国近代报刊史研究空前繁荣的时期。首先，在方汉奇、杨光辉、黄瑚、丁淦林、白润生、袁军、哈艳秋、方晓红、卓南生、刘家林、王洪祥等学者的30多部中国报刊史著作中，对中国近代的报刊事业概况作了介绍，基本沿用以政治历史分期划分章节、单一的党报史的模式和框架，研究体例相对传统与陈旧，但毕竟弥补了中国近代报刊史整体性研究的缺失，细致展现了各个时期中国新闻报刊事业的发展演变，但对共产党以外的新闻事业的研究明显不足。1990年后，蔡铭泽的《中国国民党党报历史研究》是一部弥补民国报刊史研究空白的力作。此后，黄旦、李彬、吴廷俊、王润泽、王天根、倪延年、赵建国、卞东磊、崔波、李滨、侯杰、王林、陈忠纯等学者，开拓了近代报刊研究的新视野、新角度，也开启了近代报刊社会角色研究的新篇章。其中黄旦、李彬、胡雪莲、陈昌凤、王润泽等学者分别从媒介政治化、传媒社会学、社会史、媒介传播史及现代化的新视角切入，大胆创新，突破以往传统与陈旧的研究范式及体例的束缚，开拓及深化了中国近代报刊史的研究路径及空间。倪延年的《中国报刊法制发展史》（现代卷、史料卷）、殷莉的《清末民初新闻出版立法研究》开垦出近代报刊法制研究的处女地。关于报纸副刊的研究也向纵深发展，有樊亚平、张涛甫等对《晨报副刊》的研究，刘淑玲对《大公报》文艺副刊的研究，雷世文以《晨报副刊》《申报》《自由谈》《大公报》文艺副刊为中心，杨爱芹以《益世报》副刊为样本，对文艺副刊与文学生产关系展开综合研究。赵丽华以

1928—1949 年国民党政府的《中央日报》副刊作为研究对象，对民国官营体制与话语空间进行探寻。其他如《京报副刊》《解放日报·文艺》《新蜀报·蜀道》等副刊也受到了研究者同等的关注。这些成果，从各自的角度呈现出近代文学当年的"原生态"景观。原本无人问津的小报也引起了研究者的注意，李楠的《晚清民国时期上海小报》、孟兆臣的《中国近代小报史》，不仅梳理了小报的历史，而且从小报材料出发思考中国现代市民社会文化问题已初现端倪。

还有一些地方新闻史研究成果视野开阔、资料翔实，为中国近代报刊史的研究走向纵深创造条件。如马光仁的《上海新闻史》、秦绍德的《近代上海报刊史论》、吉建富的《海派报业》、王绿萍的《四川近代新闻史》、蔡罕与黄朝钦的《宁波新闻传播史》、邵梦龙主编的《绍兴新闻事业九十年》、何守先主编的《宁波新闻纵横》问世。2007 年《浙江省新闻志》由浙江人民出版社出版，2010 年王文科、张扣林主编的《浙江新闻史》由浙江大学出版社出版，2011 年张梦新等的《杭州新闻史》由中国社会科学出版社出版。

其他还有近代报刊个案研究也热闹非凡，尤其是《大公报》《申报》研究。早在 1994 年周雨就著有《大公报史》一书。在 2002 年正值《大公报》诞生百年之际，关于《大公报》的研究也风生水起。方汉奇著有《〈大公报〉百年史》，吴廷俊著有《新记〈大公报〉史稿》，复旦大学出版的《〈大公报〉一百年社评选》，王芝琛与刘自立合著的《1949 年以前的〈大公报〉》，大力推进了《大公报》全方位的研究。对《申报》的研究更丰富多元，可谓五花八门。有研究其政事报道的，有研究其音乐报道的，有研究其文艺报道的，有研究其新闻思想的……就时间段上来说，集中于抗日战争时期这个时段。与甲午战争和《申报》相关的研究主要集中于国内，宋茜茜在《甲午战争前后〈申报〉的日本观》一文中主要通过《申报》中的报道来研究中国当时关于日本的思想史的变迁轨迹，认为甲午战争之前中国对日本充满轻视，之后则是主张变法，在思想史上具有重要意义。曾庆雪的《中日甲午战争期间〈申报〉的失实报道研究》一文聚焦于《申报》在甲午战争中的战争报道失实，将失实情节分为细节失实、整体失实，以及使用文学语言造成的语言表述失实，并通过分析来探究造成报道失实的原因。易耕《甲午战争中〈申报〉对清军的态度转变》以新闻中对清军的报道为轨迹分析，得出《申报》的态度随着战局的变化而变化：从乐观转为悲观，立场从赞扬转为批评。韩小林在《论〈申报〉在中日甲午战争的政治倾向》对《申报》大量跟踪报道和专题评论进行分析和研究，认为《申报》赞美抵抗侵略、反对妥协投降的政治倾向鲜明；积极引导社会反思，倡导社会变革，对中日甲午战争后中国社会的转型起到了先导和积极的推动作用。其他如《力报》《学灯》《德文新报》《东方杂志》《良友》《实报》《上海亚细亚日报》《述报》《万国公报》等近代报刊也有不少研究成果，以及沈从文、史量才、邵飘萍、邹韬奋、张季鸾等报人传记研究，胡适和余纪忠等办报思想与实践研究。陈建云的《大变局中的民间报人与报刊》，刘中猛的《清末民初苏籍报人群体研究》及程丽红的《清代报人研究》对民间、苏籍报人群体及整个清末报人群体在中国近代化和报业近代化的角色的研究也较为深入。孙健的《报刊客观性：一种崇高的理想——民国报刊的客观性思想研究》、刘勇的《中国报纸新闻文体嬗变（1978—2008）》开启了报刊理论史研究的全新领域。

还有《报史与报人》《新闻界人物》《新闻研究资料》《新华日报的回忆》《中国古代的报纸》《报海旧闻》《辛亥革命时期的期刊介绍》《报人生涯三十年》《中国古代报纸探源》等 20 余种报刊史料问世，为中国近代报刊史的研究提供了方便。

在这些论文中，以中国报刊史的书写及研究范式的研究影响最为深远。黄旦在《"报纸"的迷思——功能主义路径中的中国报刊史书写之反思》一文中认为，中国报刊史功能主义路径的书写逻辑和书写范式，是功能主义范式在报刊史研究中的体现。对功能主义路径的报刊史书写作出反思，不是全盘否定，而是希望能超越功能主义，尽可能跳出原有的功能主义的工具史和使用史，从人类交流和关系的视角，重新思考报纸，思考报纸如何改变了人与人的关系，形塑了何种新的社会关系及其形态等。詹佳如的《解构稳定连续的报刊史主体——基于〈从民族国家拯救历史〉对中国报刊史研究的一点反思》一文，通过梳理杜赞奇《从民族国家拯救历史》一书的思路，来反思中国报刊史研究中的报刊主体。本书认为现有报刊史研究不仅预设了一个稳定连续的报刊主体，而且这种主体具有符合既有民族国家启蒙历史叙事框架的特征，以此为主体的报刊史就会带来遮蔽。只有解构稳定连续的报刊主体，报刊史研究才可能展现更丰富的面向。朱至刚、张海磊的《从立场到图景：试论"中国报刊史"的书写缘起和逻辑》，通过对 20 世纪 20 年代国人自著本国报刊文本的细读和情景的体察，探讨作为叙事文本的"中国报刊史"的书写缘起与逻辑。王天根的《1915—1937 年中国报刊史探索的题旨情境及其书写》一文，认为 1915—1937 年报刊研究可从思想史、政治史学层面考察，也可从传媒本位去探索，角度不同，结论的逻辑层次有异。探究 1915—1937 年报刊的题旨情境，既要看到报刊筹办者的志趣，又要看到报刊时评的对立面，包括报刊牵涉国民党的党国体系导致的社会关系变化等。在学理探索上，近代报刊与近代史的书写一样应该有个系统的看法。胡雪莲的《社会新闻：中国社会的"无意识"之力——中国近代报纸社会新闻研究综述与展望》一文，认为在反思梁启超提出的革新模式之弊端、提出新闻社会史研究视角的背景下，社会新闻作为研究对象的"非革新""无意识"缺点变成了优势，可能成为中国新闻史研究矫正疏离中国社会历史之弊端、深入中国社会空间结构与时间脉络的突破点之一。

（二）报刊社会角色研究

我国报刊业历史悠久。到了 19 世纪初期，外国人开始在中国创办报刊。随后，中国人也开始先后在香港、广州和上海等地创办自己的报刊。王韬、郑观应等人在从事报刊活动、传播政治、改良思想的同时，开始对报刊在社会各方面的地位和角色等问题作初步探讨。在《日报》一文中，郑观应认为，报纸有"通之达之"的角色。陈炽在《报馆》中认为，报纸有"论公是公非""达君民之隔阂""去诸弊""宏开智识""殚见博闻""集思广益""明目达聪""修益地之图""补职方之志"等角色。陈衍在《论中国宜设洋文报馆》中认为，报纸有"张国势"的角色。王韬在《论各省会城宜设新报馆》中认为，报纸有"知地方之机宜""知诉讼之曲直""辅教化之不及"的角色。这是资产阶级新闻学研究工作在我国的萌芽。甲午战争之后，维新派的代表人物康有为、梁启超等人创办了报刊，并且在维新变法活动中论述过报刊的使命和作用。梁启超在《论报馆有益于国事》及《本馆第一百册祝辞并论报馆之责任及本馆之经历》中，认为报纸有"去塞求通"、社会"耳目喉舌"、"监督政府"、"向导国民"、"人群之镜也，文坛之主也，将来之灯也，现在之粮也"的角色。他引用英国大臣波尔克、日本松本君平所言，说明报馆"殆于贵族、教会、平民三大种族之外，而更为一绝大势力之第四种族也"；报馆"如预言者，驱国民之运命"；报馆"如裁判官，断国民之疑狱"；报馆"如大立法家，制定律令"；报馆"如大哲学家，教育国民"；报馆"如大圣贤，弹劾国民之罪恶"；报馆"如救世主，察国民之无告苦痛而予以救济之途"。❶孙家鼐在《改上海〈时务报〉为官报折》中认为，报纸扮演"宣国是而通民情""指陈利害、开阔见闻"的角色。辛亥革命时期，以孙中山为代表的资产阶级革命派在海内外创办了大量报刊。孙中山等人对报刊的性质、任务和作用等问题，进行了更多的研究和论述。胡汉民、汪精卫在《〈民报〉之六大主义》中认为，《民报》作为革命报有两个角色：一为解释革命之必要；二为使人知革命之目的。

民国时期关于报刊角色的研究日趋深入广泛。早在 1917 年《东方杂志》上刊发的《北京新闻界之因果录》，记录了民初北京报界以及袁世凯帝制运动前后，国民党与政府报刊在政治斗争中的角色。其他早期的报刊史研究多数是简要地提及民初的报刊状况及其与政治的关系。戈公振的《中国报学史》一书，对报学史作了定义，"所谓报学史者，乃用历史的眼光，研究关于报纸自身发达之经过，及其对于社会文化之影响之学问

---

❶ 张之华.中国新闻事业史文选——公元 724 年—1995 年［M］.北京：中国人民大学出版社，1999：37.

也"。❶ 因此,《中国报学史》所讨论范围,专述中国报纸之发达史及其对于中国社会文化之关系,即中国报纸在社会文化发展中的角色。徐宝璜在《新闻学纲要》中,用"新闻纸之势力""新闻纸之职务""新闻纸之性质与价值""新闻纸与社会之需要""新闻事业之将来"几个章节,论述了报纸在商业、文化、教育、政治、宣传等方面的角色。对民初报刊与政治关系分析较为深入的著作是林语堂的《中国新闻舆论史》,该作对新闻舆论在民国政治发展中的角色有所论述。

1978 年改革开放后,报刊在中国近代社会政治、文化等新陈代谢中的角色研究逐渐走向繁荣。对报刊的社会角色研究可分为两个派别。

(1)以梁启超、戈公振、方汉奇为代表的革新视角下报刊的"有意识"角色研究,即革命范式下报刊在中国历史发展中的角色研究。代表性著作有:王天根的《近代报刊与辛亥革命的舆论动员》《清末民初报刊与革命舆论的媒介建构》、侯杰的《〈大公报〉与近代中国社会》、唐海江的《清末政论报刊与民众动员》、岳谦厚和段彪瑞的《媒体·社会与国家:〈大公报〉与 20 世纪初期之中国》、陈忠纯的《民初的媒体与政治——1912—1916 年政党报刊与政争》、杨早的《清末民初北京舆论环境与新文化的登场》、李滨的《中国近代报刊角色观念的发展和演变》、刘兴豪的《报刊舆论与中国近代化进程》、袁新洁的《近现代报刊"文人论证"传统研究》、李卫华的《报刊传媒与清末立宪思潮》、王林的《西学与变法——〈万国公报〉研究》等。

(2)以李彬、黄旦为代表的社会视角下报刊的"无意识"角色研究,即社会范式下中国历史发展中的报刊角色研究。这是在中国新闻报刊研究日趋内卷化的现实困境中的学术范式突围,取得了一系列研究成果。李彬的《中国新闻社会史》坚守三个命题:"一切历史都是当代史""一切历史都是思想史""一切历史都是文学史",从社会史的角度,利用社会史的范式去研究报刊史,着眼于新闻传播与社会变迁的大关节、大问题,对具体的、微观的事物则删繁就简、提纲挈领地展现一种宏观的历史图景,以

❶　戈公振.中国报学史[M].北京:生活·读书·新知三联书店,1955:1.

使一般人都能对中国报刊的发展脉络与社会关联形成既完整又清晰的印象。林郁沁的《施剑翘复仇案——民国时期公众同情的兴起与影响》以施剑翘案为中心，考察媒介通过炒作塑造公众情绪和情感，进而影响法律审判的角色上演过程，让人耳目一新，视角极为独特。郭恩强的《重构新闻社群——新记〈大公报〉与中国新闻业》探讨解析了新记《大公报》作为新闻社群一员经历的历史情境、形象重塑、权威获得、争议协商、"神话"建构等社会阶段或过程，以及将此转化为社群意义共享、职业符号塑造等文化机制。把研究重点放在《大公报》在报人群体认同建构中的历史角色上，尝试用"仪式观"理解报刊及报人群体的现象和行为（行动），探讨当代《大公报》热背后隐藏着的群体意识和文化含义。胡全章的《清末民初白话报刊研究》考察了清末白话文运动的历史面貌，进而重估清末民初白话报刊作为清末白话文运动之主阵地，所扮演的最重要的历史角色及其历史功绩。另外值得一提的是，卞东磊的《晚清报刊阅读史》一书独辟蹊径，弥补了这段新闻史阅读史研究的缺失，从阅读史的角度探讨了近代报刊在塑造晚清读书人以及晚清社会的现代性中的角色上演。刘中猛的《清末苏籍报人的研究》探讨了近代社会转型之际，苏籍报人面临自我谋生的压力和救亡图存的时代重任，在构建公共舆论、参与社会事务等方面的角色。其他具有代表性的有赵建国的《分解与重构：清末民初的报界团体》、崔波的《清末民初媒介空间演化论》、胡丹的《清末民初知识分子与媒介批评研究》、唐小兵的《现代中国的公共舆论——以〈大公报〉"星期论文"和〈申报〉"自由谈"为例》等几部新著，对媒介与政治文化互动框架中报刊角色研究的内在理论作了很好的探索，弥补了中国报刊角色书写逻辑上的单一和窄化。

关于中国报刊社会角色的论文数量也较多，如刘小燕的《中国近代报纸生态环境演变轨迹》、赵建国的《辛亥革命时期〈申报〉政治倾向的演变：1905—1913》、萧旭智的《暴力、暗杀与幸存者的记忆：民国时期的新闻场域初探》、汤黎的《上海〈民立报〉与1910—1913年的社会时局》、阳海虹的《论权威重建与北洋时期新闻业的三重面相》等论文，概要考察了报刊在国家政治权力以及社会公众间的政治角色。其他还有向芬、郭传芹等分别对报刊在意识形态、漫画、婚姻、教育等方面的角色有所研究。

（三）妇女报刊研究

1. 辛亥革命时期妇女报刊研究

关于辛亥革命时期妇女报刊研究的专著不多。王思文编著的《辛亥革命前十年间时论选集》和丁守和的《辛亥革命时期期刊介绍》中只简略地介绍了辛亥革命时期妇女报刊。关于辛亥革命时期的女性报刊的研究零散地分布在女性史、新闻史等方面的著作中。姜卫玲的《近代知识女性报刊活动的历史考察》一文将妇女报刊放置于历史当中，全面梳理近代知识女性的报刊活动，并考察其发展的历史轨迹。以维新变法时期作为女性报刊活动的先声，视辛亥革命时期为女性报刊大量涌现的开端，最后以民国时期作为女性报刊活动发展的高潮，清晰总结女性报刊的历史发展。关于女性史的代表性论著中可以为本书提供参考的有刘巨才的《中国近代妇女运动史》、吕美颐和郑永福的《中国妇女运动（1840—1921）》、马庚存的《中国近代妇女史》、罗苏文的《女性与近代中国社会》、刘宁元的《中国女性史类编》、林吉玲的《20世纪中国女性发展史论》、刘慧英的《遭遇解放——1890—1930年代的中国女性》、王宇的《女性新概念》等。在一些新闻史的专著中，也有部分章节粗略勾画了女性报刊与近代中国女性觉醒的关系。例如方汉奇的《中国近代报刊史》，刘家林的《中国新闻通史》，方汉奇、张之华的《中国新闻事业简史》。辛亥革命时期涌现出大量妇女报刊，对妇女解放运动和思想启蒙产生巨大影响，由于这一时期妇女报刊的资料保存不全、零散且有限，对此的研究远远不够，使得蕴藏其中的丰富史料未得到充分利用。

2.《女子世界》妇女解放问题研究

近年以来，对《女子世界》研究呈现出多元化的特点，内容涉及概述性介绍、解放妇女思想、女性形象构建、女子教育等多方面的研究。研究者的学术领域由历史学拓展到新闻史、教育史、文学史甚至是艺术史等领域。《女子世界》的相关论文、著作等成果主要涉及史观的整体性研究、办刊风格研究以及具体领域研究等。

（1）整体性概述研究。首先，是对杂志研究概况的综述。北京市妇女联合会编撰的《北京妇女报刊考》对1905—1949年的妇女报刊进行了全面的梳理总结，提及辛亥革命期间的妇女报纸作为晚清报刊具有重要的舆论价值、史料价值及文物价值；王天根编著的《清末民初报刊——与革命舆论的媒介建构》在第八章《清末女性形象的媒介构建及报刊经典言论呈现》中谈及，《女子世界》与《中国女报》对辛亥革命这一时期女性形象的构建有重要意义，从办刊宗旨、男性参与者对报刊的作用、女权与女学争论等方面加以综合性研究，描绘出这一时期妇女报刊的发展始末，并从中得出对现代女性期刊的启示。其次，对于女性启蒙和女性生活的研究。《女子世界》刊行18期，时处清末民初，中国社会思潮急剧变迁，杂志的整体性研究可以体现这一时期女性角色变化的过程，许多学者对其进行综合性研究，借以窥探女性群体生活状态随时代变化的变迁。夏晓红的论文《晚清女报的性别观照——〈女子世界〉研究》（载于《〈女子世界〉文选》，贵州教育出版社2003年版），通过讨论《女子世界》的办刊方式及宗旨，大致揭示晚清女报的运作方法、作者构成与议论主题诸层面的问题，并从女性启蒙角度出发，指出《女子世界》展现了清末民初女性思想的启蒙，但这种启蒙实属被动之举，是在内忧外患的社会下，女性在男性支配下的启蒙。《女子世界》见证了清末女性启蒙历程，这种社会背景下的女性启蒙思想和运动注定了女性思想解放的艰难。李晓红的《女性的声音——民国时期上海知识女性与大众传媒》由导论开始即提到女性基于繁衍后代的能力，出现夸大女性对于社会影响的现象，这种现象对于清末民初女性思想启蒙至关重要，促进了女性思想的觉醒。

（2）单个领域视角的研究。处于辛亥革命时期的妇女报刊透过新闻、小说等内容宣传"女权""女学"，涵盖参政、教育、婚姻等多个方面的叙述和探讨。首先，对女性教育方面的探讨是了解女性思想变化的重要窗口，付登舟在《〈女子世界〉与晚清女子教育》中，认为《女子世界》的教育思想可以概括为"兴女学""倡女权""反缠足""铸新魂"。作者认为，该杂志所倡导的一系列教育主张，对于女子增进智识、恢复权利、身体解放和承担民族国家责任起到了重要作用。此时的女学教育思想虽受封建思想的压迫，却已为压迫中的妇女打开新的"女子世界"。其次，自1898年我国第一份妇女报刊《女学报》在上海创办后，出现了女性报刊的热潮，女性报刊在中国近代女性解放运动中占有重要的地位，并且对近代中国民族民主运动起了积极的推动作用。赵芳在《论〈女子世界〉中的妇女解放思想》一文中，围绕女子与国家的关系这条主线，展开探讨，认为女子关乎国家存亡、盛衰，并以兴女学、倡女权作为妇女解放的着手点，集中讨论了女学、女权及二者的关系。再次，这一时期的动荡社会也对妇女的婚姻、职业开始发生作用，宋素红的《女性媒介：历史与传统》第二章对辛亥革命时期妇女报刊的发展历史条件、发展特色作了大致的梳理，重点介绍了当时报界著名女新闻工作者，并讨论了这一时期报刊《女子世界》中女子身份、职业、婚姻自由的问题。最后，了解这一时期女性角色及思想的变化，文娱活动必然也是需要考察的重要一方面，周婷在《辛亥革命时期妇女报刊〈女子世界〉中女性体育研究》一文中，发现《女子世界》对女性体育的特别关注尤为引人注意，此报刊是西方体育在中国传播的又一途径，女性体育理念是基于"女子世界"理想的基础上形成的；并通过回顾《女子世界》的编辑特点，认为囿于当时国情，"体育乃女子教育第一义"的论说仍然无法摆脱"强种保国"论说之窠臼。许妍在《清末民初女子体育的兴起和发展》一文中，提及中国近代女子体育与辛亥革命时期的资产阶级革命派的倡导密不可分，其中《女子世界》对于西方体育的传播有重要意义，使女子体育伴随着中国女性对自己平等权利的追求，一步一步走向高潮并逐渐发展起来。

（3）基于文体的研究。清末民初处于激烈的时代变革期，在这种时代背景下，妇女报刊上出现的体裁风格变化也不置可否成为这一时代的标志。《女子世界》刊载的小说、论说、专件等体裁多由男性编辑撰写，其中白话小说反映出革新派文人救亡图存的理想追求和经世致用的工具化实用主义心态，用白话语体兴民救国成为激进派文人的共识。何云涛在《清末民初小说语体研究》的第二章《清末民初小说之语体选择：多语体并存》中从语言学角度分析文言语体的式微，证明《女子世界》报刊中的文言语体表现空间被大大压缩。刘钊在《清末小说女性形象的社会性别意识与乌托邦想象——以〈女子世界〉小说创作为例》一文中，认为内忧外患的社会形势催生了中国的乌托邦小说。徐念慈、周作人等人在《女子世界》的小说中，借女子救国、增强智慧、锻炼体魄、履行母职等方面的书写探讨了女性与国家、社会的关系。

（4）两种版本的对比研究。中国近代是中国报业发生、发展、繁荣的时期，其中不乏同名异质者。《女子世界》在中国近代史上有两份不同的月刊即是如此，这两份同名异质的报纸容易产生混淆。两份刊物以其各自独特的形式和话语记录下了建构女子世界的轨迹。1904年创刊的《女子世界》，丁初我任主编。1914年创刊的同名刊物《女子世界》，陈蝶仙任主编。董智颖在《中国近代史上的两种〈女子世界〉》中论述了二者的差异，认为丁初我的《女子世界》积极构建女国民之革命世界，传达出坚决而明朗的反传统指向。而陈蝶仙专刊闺秀著作及关于女子启蒙的文字，意在传统文化与新文明之间打造优美高尚之才女世界。谢丽在《反传统与被传统：从两份〈女子世界〉看近代女子世界的艰难建构》一文中认为两份报纸都因为时代背景，具有反传统和被传统的矛盾特点。但其反传统与被传统的迥异面目又体现出编者主体的价值期许和文化取向，也传达出历史结构调适的客观诉求，反映了近代女子世界建构的艰难历程。

3. 国外相关研究成果

中国妇女报刊的创办是世界女权运动历史中争取妇女觉醒的一部分，因此，中国妇女报刊问题的研究常见于国外史料中，如日本山川丽的《中国女性史》，对辛亥革命时期的妇女报刊略有提及。荷兰祖伦的《女性主义媒介研究》将中国妇女报刊放入女性媒介的研究中，作为背景阐述。关于海外相关研究成果的情况，由于笔者学识和能力有限，尚有很多资源未发掘，有待进一步查找。

（四）《新青年》的研究

目前学界研究《新青年》和移风易俗的论著可谓汗牛充栋、比比皆是，思想碰撞、观点交锋中出现了许多颇具学术价值和现实意义的著作和文章。然而，对两者的相关性研究却关注较少，缺乏系统、完整的论述。

《新青年》作为"五四"时期的急先锋，是近代中国冉冉升起的一颗明珠，为沉浸在救亡图存中的中国人照亮了前进的道路，为传统中国向现代转型指明了目标和方向。无论是探索中国近代报刊史，研讨中国现代文学史，还是关注中国近代社会思潮，考察中国近代社会新陈代谢，都离不开对《新青年》文本的访求和梳理。因此，尽管针对《新青年》的研究在不同的学术领域里已取得了诸多成果，但它仍然是一个历久弥新、生机勃勃的研究议题。

通过梳理《新青年》的相关研究资料，不难发现国内对《新青年》的研究工作起步较早，取得了丰富多样的研究成果，但以收集、整理、校正《新青年》杂志原始文本为内容的资料性专著仍是开展《新青年》研究的前提和基础。主要有以下几种：1936年上海亚东图书馆求益书社重新印发了《新青年》前七卷，并获得胡适题词，"《新青年》是中国文学史和思想史上划分一个时代的刊物，最近二十年中的文学运动与思想改革，差不多都是从这个刊物出发的"。❶ 随后，1954年人民出版社推出《新青年》影印版。2011年中国书店出版社和宁夏人民出版社分别编辑刊行的《新青年》，采用简体横排和现代句读的书写格式，使《新青年》文本更接近普通读者。此外，2016年河南文艺出版社发行由《新青年》研究学者张宝明主编的《新青年》创刊100周年纪念版，以政治、哲学、思潮、青年妇女等专题的形式，将《新青年》文本内容分类成集，使检索使用更为便捷。不仅如此，有关《新青年》文本资料还散见于《中国启蒙运动史》❷《中国

---

❶ 胡适，沈寂.《新青年》重印题辞［M］//胡适全集：22卷.合肥：安徽教育出版社，2003：513.

❷ 何干之.中国启蒙运动史［M］.上海：上海书店出版社，1947.

近代出版史料》❶《五四时期期刊介绍》❷《五四时期的历史人物》❸《回眸〈新青年〉》❹等著述中。再加上，近年来陈独秀、李大钊、胡适等《新青年》主将们的文集、年谱、日记、书信、回忆录等相关资料陆续出版，为《新青年》研究提供了翔实、系统的资料。

　　鉴于《新青年》在中国社会转型时期作出的巨大贡献和在中国近代报刊上的先锋模范作用，有关《新青年》的研究包罗万象，包括政治、文化、历史、出版、社团等多个领域，开发出编辑与经营实践、推动马克思主义在中国传播、自由主义思潮、传播进化论等多个视角。限于篇幅，在此不再一一赘述，只在行文过程中从文本的角度借鉴和吸收相关观点。基于本研究《新青年》与"五四"时期移风易俗舆论宣传的主题，接下来将重点从新闻传播学的视野简述《新青年》现有研究成果。

　　首先有几本专著需要引起注意。王奇生的《革命与反革命：社会文化视野下的民国政治》❺一书虽然以相对较小的篇幅描绘了《新青年》从"普通刊物"成长为一代名刊的发展历程，但重点提及了陈独秀等人对媒体传播技巧的娴熟运用对《新青年》"复活"与"渐兴旺"的重要影响。主要表现在：陈独秀仿照《甲寅》开设"通信"栏目，营造"众声喧哗"的舆论氛围；策划"双簧戏"事件，以吸引受众注意；深谙社会传播心理，刻意渲染林琴南和蔡元培在大众媒介上的论辩，将学术界的思想分歧提升至大众关注的公共话题，以激起广泛社会反响。谢明香的《出版传媒视角下的〈新青年〉》❻从传播学的视角审视《新青年》产生、演变和发展的完整过程，探究《新青年》如何通过传播技巧的有效运用来提升新思想新文化的传播效果，使知识精英内部的学理探讨逐步衍生成社会共同关注的舆论话

---

❶　张静庐.中国近代出版史料［M］.上海：群联出版社，1953.

❷　中共中央马克思恩格斯列宁斯大林著作编译局研究室.五四时期期刊介绍［M］.上海：上海三联书店：1979.

❸　胡华.五四时期的历史人物［M］.北京：中共青年出版社，1979.

❹　张宝明，王中江.回眸《新青年》［M］.郑州：河南文艺出版社，1998.

❺　王奇生.革命与反革命：社会文化视野下的民国政治［M］.北京：社会科学文献出版社，2010.

❻　谢明香.出版传媒视角下的《新青年》［M］.成都：巴蜀书社，2010.

题。陈斯华的《文学革命与〈新青年〉传播》❶以舆论研究为切入点，探究《新青年》的传播要素及其在文学革命中的舆论建构与传播效果。

此外，也有一些论文在传播理论的视域下考察《新青年》的传播行为。首先仍然是对陈独秀在《新青年》发展历程中编辑手段的梳理及剖析，从编辑社会学的视角阐释其引导《新青年》成为"五四"时代"金字招牌"，使其影响力逐渐增强的过程。代表性文章有张宝明的《"主撰"对〈新青年〉文化方向的引领》❷和曹文刚的《从〈新青年〉中的翻译看陈独秀的编辑策划》❸。张文以进程研究为中心内容，描述陈独秀在《新青年》创刊、转折、发展三个时期编辑手段的运用，涉及针对作者群的名牌化宣传、取大同存小异的总编方针、对"读者论坛"的把控等方面。曹文则以翻译的视角为切入点，重点分析陈独秀编辑思想与策划技巧在《新青年》栏目、专号和专栏策划中的运用及其在思想启蒙和新文化建构中的重要意义。

其次是对《新青年》经营与传播策略的研究，着重考察《新青年》办报实践中对传媒理论的运用。主要文章有：石钟扬的《〈新青年〉的经营与传播策略》❹、姚远的《〈新青年〉的经营与传播创造》❺、晏洋的硕士论文《从传播学解读〈新青年〉》❻、杜满昌的《论〈新青年〉传播民主与科学的策略》❼、郝雨和田正玉的《〈新青年〉之青年式传播与新文化启蒙》❽。以上文章从报刊理念、编辑模式、营销策略、传媒理论等方面，详细论述经营与传播策略的合理运用对《新青年》成功的影响，通过受众理论、舆论领袖等传媒理论的引入，拓展了《新青年》研究的视角与深度。

再次是基于哈贝马斯公共领域理论对《新青年》的探析。重点文章有

❶　陈斯华．文学革命与《新青年》传播［M］．北京：中国社会科学出版社，2011．

❷　张宝明．"主撰"对《新青年》文化方向的引领［J］．中国现代文学研究丛刊，2008（2）．

❸　曹文刚．从《新青年》中的翻译看陈独秀的编辑策划［J］．淮北师范大学学报·哲学社会科学版，2013（5）．

❹　石钟扬．《新青年》的经营与传播策略［J］．安庆师范学院学报·社会科学版，2008（4）．

❺　姚远．《新青年》的经营与传播创造［J］．西北大学学报·哲学社会科学版，2010（6）．

❻　晏洋．从传播学解读《新青年》［D］．桂林：广西师范大学，2012．

❼　杜满昌．论《新青年》传播民主与科学的策略［J］．中国青年研究，2015（1）．

❽　郝雨，田正玉．《新青年》之青年式传播与新文化启蒙［J］．新闻与传播研究，2016（1）．

刘震的《〈新青年〉与"公共空间"——以〈新青年〉"通信"栏目为中心的考察》❶、叶再春的《论〈新青年〉的公共领域图景》❷、袁慎浩的硕士论文《新文化传播视域下的鲁迅与〈新青年〉研究》❸、张剑的《〈新青年〉公共空间拓展与舆论导向》❹。不同研究者对《新青年》"公共空间"的关注不尽相同。刘震和张剑对《新青年》公共领域的拓展进行了动态考察。刘震以"通信"栏目为中心、以第七卷为分界点，探析《新青年》"公共空间"的建构与瓦解。他认为《新青年》"公共空间"在建构与解构之间挣扎是受到近代报刊民间化和政党化趋势的影响，反映了近代中国"公共空间"的伸缩历程。而张剑同样关注到《新青年》从"问题"到"主义"，实现公共空间拓展的全过程。他认为《新青年》通过"批孔"、提倡文学革命、宣扬民主与科学、传播马克思主义来努力拓展公共空间，打造公共舆论。他进一步分析指出，《新青年》对马克思主义的宣传是其时历史发展的需要，符合《新青年》的媒介精神，因而无损其"公共性"。叶再春则从"公众"构建、内容与外在形式三个方面描述《新青年》与哈贝马斯在"公共领域"构建上的异同，开创了公共领域视域下比较研究的新路径。袁慎浩在论及鲁迅与《新青年》的互动关系时，认为知识分子在共同的政治倾向和文化策略影响下，以《新青年》为载体构建了一个松散但极具个人色彩的"公共领域"，这个统一战线性质的公共空间，在文学改良和思想启蒙中发挥了重要的舆论动员和组织作用。

此外，新近的一些研究者还从舆论传播的视角对《新青年》进行研读。林荣华、郭城春从舆论环境的角度揭示《新青年》成功的原因，从政治环境、西方思潮、区域文化、媒介环境、意见领袖和受众六个方面详细勾勒出北京舆论气候对《新青年》思想传播的推动作用。❺ 刘叶琳则看重

❶ 刘震.《新青年》与"公共空间"——以《新青年》"通信"栏目为中心的考察［J］.延边大学学报·社会科学版，2003（3）.
❷ 叶再春.论《新青年》的公共领域图景［J］.江西社会科学，2006（1）.
❸ 袁慎浩.新文化传播视域下的鲁迅与《新青年》研究［D］.大连：辽宁师范大学，2010.
❹ 张剑.《新青年》公共空间拓展与舆论导向［J］.重庆三峡学院学报，2016（6）.
❺ 林荣华，郭城春.试析北京舆论环境对《新青年》在京时期思想传播的积极影响［J］.新闻春秋，2013（3）：88-92.

对《新青年》舆论传播观念及其传播实践的探究。他从《新青年》对大众媒介舆论功能、传播特性和表达特征的认识出发，分析《新青年》获得舆论地位和传播影响的原因。❶刘叶琳从舆论角度对《新青年》进行的全面考察，为以后有关《新青年》的舆论研究提供了有益参考。

当然，对《新青年》传播内容的研究也是学界历来关注的要点。近年来，伴随着对《新青年》文本的进一步深挖，研究者们不仅拓展了《新青年》传播内容的相关研究范围，丰富了研究论题，也通过引入与融合社会学、传播学、人类学等多种学科知识，展开对《新青年》内容研究的全新思考，提出了新鲜的理论框架，为未来《新青年》研究作出积极探索，也为本书提供了有价值的启发和较大的写作空间。

（五）场域理论及相关研究

场域理论是法国当代著名思想家布尔迪厄学说中的基本理论，被学界公认为具有重要的方法论价值。场域的自主化强调在社会发展变化中，各场域有各自的目标，而不单纯为总体社会目标服务，为考察转型社会新闻场对政治文化发展变革的影响找到了一个全新视角。每个场域内存在的复杂关系是场域建立的基础；在相同场域的不同行动者之间、不同场域之间，共同受政治场的限制，行动者与不同场域在政治场之间既是单独存在的独立个体，又可相互关联；在场域内或场域间始终存在着竞争与斗争；每个小社会具有的规则性和逻辑性的变动使场域界限和力量发生变化，社会的运转就依靠于这种变化；场域理论体现了行动者努力的方向和成果。随着该理论赏识性和应用性的提高，国内外的相关研究逐渐增多。主要研究成果有布尔迪厄著《关于电视》、桂裕芳译《自由交流》、华康德著《社会学家布尔迪厄》、埃德加·莫兰著《论复杂性思维》等。

经整理发现，鲜有报刊史学者站在报刊发展变化的社会政治背景系统全面分析解读报刊在社会政治、思想、文化变迁中的角色。整个中国报刊史研究强调专深精细，注重对新闻史个案作微观剖析，虽于具体问题的深

---

❶　参见：刘叶琳.《新青年》的社会舆论传播观［J］.新闻传播，2015（20）：4-7，9.

入发掘有所裨益，却忽略了对报刊在社会发展中的角色的整体性把握，以至系统性不足。报刊角色研究方法较为单一，研究成果创新不足；从一些新视角对报刊角色的反思与探索，以及运用新的理论与研究手法的成果虽不少，但未成为研究的主流。以报刊为中心的研究使报刊角色被孤立化，难见报刊活动回到社会全景后全息的历史影像。为弥补以上研究的不足，本书把视域放在报纸在中国近代新陈代谢中的角色建构，以及新闻场与政治场、文化场互动关系中展示分析。

第二节　研究意义与样本选择

"报刊在中国近代社会转型中的角色建构"这一研究对象是从学术与社会需要双重背景下提出的，对于新闻传播学科建设和当代社会转型期社会发展具有积极意义。

一、研究意义

（一）学术价值

近代是封建政治、经济、文化等社会方方面面向现代转型的时期，很多根本性变化也在此时发生。民初报业发展，知识分子作为社会力量崛起，社会呈现两千年来未有之全新姿态，即封建社会官绅强烈干预社会生活淡出视野，知识分子通过报刊影响社会生活渐成风气。一切重大政治、文化变革，报人报刊皆有角色上演。更有甚者，《新青年》发起的新文化运动竟成为中国近代文化转型的一大枢纽。当然这一时期也见证了知识阶层成为连接官方与民间、上层与下层的中介，或是从庙堂依附者蜕变为一个以近代知识生产体系为存身空间、拥有文化权力的社会阶层的历史过程。报刊、政治、文化间的错综复杂的关系也成为研究关注的焦点。

1. 本书是对报刊在近代中国社会政治、思想、文化（风俗）演变中的角色的系统研究

学术界长期以来有"报刊的历史"与"历史的报刊"的困惑，在三范式（革命范式、现代化范式和民族国家范式）、两范式（体制与媒介经营范式、政治与媒介功能范式）日益受到质疑的今天，虽有"报刊是一种交往关系""报刊无意识"的新论。但总的来说，新闻史研究在研究范式、方法、资料上鲜有令人惊喜的突破，内卷化问题日益凸显。这种既无理论范式支撑，也无学术独立性的新闻史研究的迷茫现状，直接导致了新闻史研究队伍的严重流失。在新闻史研究踟蹰不前之时，黄旦教授提出"以媒介为重点，以媒介实践为叙述进路，报刊不是本质的而是构成式的；要有多样的视角和分析单元，以实现范式的变更"。受到黄旦教授启发，本研究首次以报刊媒介为重点，以中国近代社会方方面面的演变为背景，以《申报》《新青年》《女子世界》等报刊实践为叙述进路，从场域的宏观视角，以报刊、事件和观念三个视角和分析单元为突破口，进行立体、综合、多学科交叉研究，实现中国近现代新闻史研究范式上的更新，对推动报刊与社会互动研究向纵深发展具有"引领"的价值。

2. 本研究大量采用新材料拓展报刊与社会互动中的角色研究视野

近年来，学界从不同的角度对报刊活动在近代历史进程中的作用作了不少研究，但从新闻与政治、文化发展的互动关系的视角进行相关研究还有很大的拓展空间。本研究力图打破狭隘研究边界，探讨许多鲜为人知的报刊对国家形象、社会历史记忆的建构角色，揭示报刊媒介在宣传沟通、思想启蒙、舆论引导上的社会影响，为深度解读媒介的历史角色，为提升中国新闻史研究有"开拓新格局"的价值。

3. 本成果以纵横交错结构展开对报刊与中国近代社会互动研究

纵横交错结构显现报刊在近代中国强烈的权力或民主诉求、国家认同、集体意识激发下阐释与叙事激情爆发，扮演复杂多元的角色，对中国新闻业发展的整体形态和走向产生深刻影响，为内卷化的媒介与社会互动

研究，为中国新闻传播史的研究提供"新的学理依据"的学术价值。

4.本研究克服了以往学科分割明显、研究领域过于偏狭的弊病

本研究在贯通新闻、政治、文化专史上作了较有创新的尝试，同时也开拓了新闻史研究的领域与范围。

5.引入场域理论的新视角

场域理论主要是指人的每一个行动均被行动所发生的场域所影响，也包括他人的行为以及与此相连的许多因素。场域理论为中国近代新闻史研究提供了一个全新的视角，也属于研究理论领域的探索，使新闻史研究在跨学科的基础上焕发新的生机。

（二）实践意义

本研究有助于施政者在深刻体认新闻媒体在社会发展扮演重要角色的同时，对现代化路径作出正确的选择，可供研究者及政府相关部门引用和参考。探讨新闻场与政治文化变革的关系，有助于施政者在深刻体认新闻媒体在社会发展扮演重要角色的同时，发挥新闻媒体对社会发展的积极推动作用。

二、样本选择

（一）报刊样本一：《申报》

本书之所以把《申报》作为报刊样本，原因主要有四。其一，《申报》是中国现代报纸开端的标志，是综合类报纸的代表。《申报》的内容最为丰富，板块也很多元，政治、经济、军事、社会、文学、音乐等方方面面的新闻，应有尽有。其二，《申报》是19世纪晚期至20世纪中期极具影响力的中文日报。从1872年创刊到1949年终刊，《申报》存在了长达77年的时间，历经清末、民国，在报刊界的历史地位是无可撼动的。其三，申报的资料数据库的出现，为本书的写作提供了资料上的保证。同时，

《申报》数据库保留原报所有信息的数码全文，包括正文和广告、文字和图表，总计影像超过 42 万页、全文超过 20 亿字。相较于纸质《申报》报刊影印资料，有便于大量资料的准确查找与勘误的优势。在查阅的时间和地域上也不受限制，随时随地即可查阅，不必费时费力耗资巨大地去图书馆里查阅复印。其四，《申报》是中国新闻理念的最早开拓者。作为民报报刊，《申报》为获得生存，不得不想尽办法开拓市场。在开拓市场、赢得受众的过程中，《申报》总结出一些"中国土生土长"的新闻理念，是中国近代为数不多真实、客观报道的典型报刊。

（二）报刊样本二：《女子世界》

本书以《女子世界》为报刊样本，主要原因有三。其一，《女子世界》是中国辛亥革命时期女性报刊史上影响最大的报刊之一，研究《女子世界》对研究新闻报刊史具有非凡的意义。其二，《女子世界》原版期刊保存完整，资料搜集相对容易，在国家图书馆特藏部缩微资料阅览室储藏了从 1904 年该报创刊到 1907 年停刊的所有卷集胶卷，这为笔者对这一问题的研究提供了最大的方便。其三，可以把《女子世界》与当时整个中国近代思想文化发展联系起来，从思想文化演变的角度解读辛亥革命时期的妇女报刊的社会角色。

《女子世界》是辛亥革命时期存在时间最长的妇女报刊，它开始于新旧思想、东西文化激烈碰撞的辛亥革命前夕。该刊在社会剧烈变动下持续存在三年之久必定有其存在的必然性和合理性，作为妇女报刊史上的领军角色，《女子世界》对于妇女解放问题的关注在相当程度上反映了当时社会及女界的状况，在思想文化层次上解读当时报刊在妇女解放话语的建构中的角色担当。本研究主要是从妇女解放话语建构中的角色这一角度切入研究《女子世界》，探讨《女子世界》内容文本对于中国女性意识觉醒、思想解放的巨大作用，并将这一关系置于辛亥革命时期妇女报刊出现创办高潮这一大的历史背景之下加以宏观把握。

（三）报刊样本三：《新青年》

本书选择《新青年》作为研究样本，原因主要有三。其一，《新青年》是新文化运动的主要阵地，也是新文化运动的旗手，是文化思想史上的重要刊物。其二，《新青年》是 20 世纪 20 年代中国一份具有影响力的革命杂志，在五四运动期间起到重要作用。《新青年》在"五四"时期代表了先进文化的前进方向，对中国文化的现代转型的影响巨大而久远。在中国新民主主义革命过程中的各种政治思潮差不多都是在"五四"前后通过《新青年》传入或兴起的；在新民主主义革命过程中的一些著名人物，都是在 1919 年前后登上政治历史舞台的；中国新民主主义革命时期的许多革命运动，追根溯源，也都是从五四新文化运动时期发端的；中国人的现代化意识、精神文化都是在 1919 年前后发生急剧变化的。当代中国的物质文明，特别是精神文明建设，几乎是在实践和完成"五四"先驱的未竟之业。"五四"精神在一定意义上塑造了现代中国，也影响着当代中国。可以说，《新青年》杂志在中国现代社会转型中起着重要的精神桥梁作用。其三，《新青年》杂志创刊的时代，正值辛亥革命失败之后，中国文化正由以封建专制为主体的旧文化向以近代民主政治为主体的新文化转型。该杂志发起新文化运动，并且宣传倡导科学（"赛先生"，Science）、民主（"德先生"，Democracy）和新文学。《新青年》杂志激励现代中国实现由封建文化到包含现代科技、现代教育、现代文艺、现代传媒在内的现代文化的重大转型，推进了中国文化现代化的历史进程，并为其他方面的现代化奠定了坚实的文化基础。崇尚科学，提倡创新意识是《新青年》编辑群体的重要思想观念之一。陈独秀在《新青年》发表文章认为，"文明进化之社会，其学说之兴废，恒时时视其社会之生活状态为变迁"。❶ 中国在现代化进程中，《新青年》推进了思想解放和人们观念现代转型的进程。《新青年》倡导的现代化意识激励着先进的中国人通过以民主、科学和以马克思主义为武器的伟大思想解放运动，实现了由封建思想统治到以马克思主

---

❶　陈独秀.孔子之道与现代生活［J］.新青年，第 2 卷第 4 号.

义为主流的现代思想的重大飞跃。《新青年》倡导的民主、科学精神和广泛传播的马克思主义，指导和激励中国人民经过长期奋斗，实现了由半殖民地半封建社会到民族独立和现代民主的重大历史嬗变，推进了中国政治民主化的历史进程。其四，《新青年》对现代中国社会的转型有着多方位、多层次的直接或间接的影响。中国社会经济、政治、文化生活和自然生态环境等方面的现代化进程中，都曾在不同程度上蒙受和继续蒙受《新青年》杂志的鼓舞和鼓励。在新的社会基础上觉醒，不断解放思想，深刻领悟"五四"时期先进中国人确立的救亡、启蒙、科学、民主、社会主义等时代主题的当今意蕴，实现中华民族的伟大复兴，是时代赋予我们的历史使命。

第三节　研究路径与研究方法

一、研究路径

报刊在中国近代社会转型中的角色，涉及政治、经济、思想、文化等方方面面的问题，加之近代报刊史料纷繁复杂，搜寻驾驭均非个人力量所能及，所以在研究路径上，笔者选择以个案研究为切入口，通过微观分析和宏观把握的方法，多角度、立体地展示新闻与社会政治文化变迁的冲突互动关系。研究将历史纵向剖析与横向分析、实证研究与理论分析相结合。前三章均为实证个案研究，贯彻事件上的纵向历史维度，最后一章为横向理论分析、演绎推理部分。在案例选择上，本研究以《申报》《女子世界》《新青年》为典型报刊案例；以中日甲午战争、妇女解放观念、五四新文化运动为典型思想文化案例。本书以法国当代著名思想家布尔迪厄提出的场域理论为理论出发点，对报刊在中国近代新陈代谢中的角色建构，以及新闻场与政治场、文化场互动关系进行展示分析。

二、研究方法

1. 史料分析维度：大众传媒话语分析法与概念分析法、文献分析法

传媒话语的表层结构、言语行为、会话含义、修辞策略等方面内容文本的分析，以及传媒话语的意识形态及文本"深层结构"的分析，阐释近代报刊西方概念引入是确定意义部分的思想激励与模糊部分所提供的想象空间两相作用的产物，中国传统文化赋予概念所指的历史流动性特征。以研究课题为出发点，对现有文献进行搜集、鉴别、整理和分析，从而勾勒出该课题的历史背景和研究现状，认识其形成与发展的全貌。与此同时，结合对具体文本内容的研读，分析和挖掘出普通社会现象背后的文化含义、历史联系和基本规律。

2. 宏观研究思路维度：新文化史的研究法、多学科理论的综合运用

将社会和文化作为一个整体来看待，放弃报刊、政治、观念、风俗的单一领域研究，转而寻求各因素之间的勾连互动过程，拓宽了中国新闻史的研究视野，全貌定位了新闻业的社会角色。论述综合运用传播学、民俗学、社会学等学科的相关理论知识，不仅从新闻史角度对"五四"时期社会背景和《新青年》创刊与发展历程进行考察，而且以社会学中社会变迁的视角理性认识风俗移易的过程。既包含民俗学中社会风俗和移风易俗的相关知识，也包括传播学中对舆论建构和传播策略的研究。

3. 案例选择的维度：宏观驾驭与微观剖析、点面结合

把宏观的问题聚焦在微观的事件、报刊、观念的演变中透视，再把点勾勒起来，展现出报刊在近代中国新陈代谢中角色的整体图画面貌特征。

4. 文本分析法

文本分析法是定性研究法的一种，注重对文本内容、传播过程的客观、深入分析，并且这种分析不仅仅是对情景的重现，而且总结其内容本质与特点，揭示发展变化规律。本书对《女子世界》妇女解放话语的研

究，立足于报刊中对于妇女教育、参政以及婚姻问题的论述，通过梳理各种观点，归纳总结报刊对妇女思想文化的影响和作用。对现有《新青年》文献进行搜集、鉴别、整理和分析，从而认识其形成与发展的全貌。与此同时，结合对具体文本内容的研读，分析和挖掘出普通社会现象背后的文化含义、历史联系和基本规律。具体到本研究，以《新青年》杂志的原文资料为研究的中心内容，并参阅了大量以五四运动、社会风俗变迁、移风易俗、《新青年》同人等为主题的著作和期刊资料。

5. 内容分析法

内容分析法是定量研究法的一种，也是研究传播媒介内容的重要方法之一。在对内容客观、系统的研究中注重数据统计等计量技术的应用，对结论进行量化的分析与描述。由于《女子世界》是传播媒介内容，因此进行分析时，需要对内容进行一定的数量统计与抽样分析，内容分析法是必要的研究方法之一。

6. 归纳法

归纳法也是本书的重要研究方法，从教育观念、权利观念、自由平等观念进行系统的分析归纳，总结其共有特性，概括出《女子世界》妇女解放话语建构的本质与特点。

第四节　主要内容与体例建构

一、主要内容

中国近代西力东侵、西学东渐、封建解体，社会呈现两千年未有之姿态。新的利益格局在各阶层间的冲突和碰撞中艰难地重组。报刊成为政府、政治集团、民众、文化界等诸多力量交相作用的空间。

第一章通过对《申报》在中日甲午战争前、中、后三个时期的涉日报道内容、立场、话语的前后变化的分析，建构战争前后日本国家形象的差异，论述了《申报》的宣传与中日信息沟通的作用。

第二章论述了《女子世界》以教育建构女学观、参政建构女权观、婚姻建构自由平等观，通过女性生活的各个方面影响妇女思想，建构了政治话语中的"女子世界"，从而揭示《女子世界》的思想启蒙作用。

第三章梳理和分析《新青年》在"五四"时期围绕移风易俗话题进行的相关报道和评论，力图呈现《新青年》在"五四"时期移风易俗活动中所持的具体立场和相关态度，阐释《新青年》移风易俗舆论动员的策略和路径。首先，简要阐述《新青年》创刊与崛起的过程，探查《新青年》在"五四"报刊中领导地位的形成，也是其在移风易俗舆论传播中发挥先锋作用的前提条件。其次，重点分析《新青年》在"五四"时期移风易俗舆论建构的内容和策略。一方面，详细描述《新青年》在婚丧习俗改革、解放妇女思想、破除封建迷信三个方面提出的具体观点和主张；另一方面，对《新青年》在宣传移风易俗中运用的传播策略进行细致说明。

第四章系统地从政治、思想、文化（风俗）三个方面，揭示出报刊在政治、思想、风俗变迁过程中，扮演的角色由统一到流动、单一到多元、简单到复杂的规律及特征，显现出中国新闻业在媒介变迁过程中发展的一些规律并对媒介发展变迁起到重要的推动作用。

二、体例建构

报刊在中国近代社会转型中的角色研究，既有一定的格式，又根据研究对象宏观复杂的特性，也有不拘一格之处。

1. 纵横交错的立体建构

《中国近代报刊的社会角色研究》由绪论、正文、参考文献组成，正文分四章，章下有节，节下有行文引用注释。前三章，将研究对象置于《申报》《女子世界》《新青年》典型报刊案例，中日甲午战争、妇女解放观念、五四新文化运动典型思想文化案例中加以考量，以开阔的学术视野形成纵横交错的立体结构，寻绎报刊在特定历史面向中的角色变换。

2.点、面结合的体例类型

将历史纵向剖析与横向分析、实证研究与理论分析相结合，以典型案例中报刊在中国近代政治、思想、文化三个面向的微观角色实践切入，通过微观分析和宏观把握的方法，多角度、立体地展示新闻场与社会政治文化变迁的冲突互动关系。前三章从微观实证视角展现，第四章从宏观视角系统把握，分析总结规律。

第五节　主要观点与学术创新

一、主要观点

1.历史与当下报刊的社会角色扮演具有由统一到流动、单一到多元、简单到复杂的规律及特征

中国近代社会时代主题在变，报刊的角色也并非统一，而是流动多变的。从清末民族危机中的"耳目喉舌"（沟通宣传）与辛亥革命中的宣传动员的单一简单角色，到政治民主建设中的政治沟通、思想启蒙、政党宣传，到"五四"时期新文化运动中的舆论动员、改造国民、解放思想、增长见识、娱乐休闲等多元复杂角色上演。

2.报刊在近代中国的社会角色本质上是时代嬗变、社会需求及读者期待的产物

中国近代时代主题的嬗变，社会需求的多元，读者期待的流动是报刊角色流变的动力和本质因子。

3.近代报刊的角色逐渐由服务精英向满足大众下移

技术的发展给中国近代新闻的职业化、社会化提供可能性，信息由稀

缺和昂贵到渐趋丰富和廉价，服务大众成为报刊角色的必然选择。

4. 报刊在中国近代社会转型中的角色选择具有中国传统文化内涵与历史语境标签

报刊在西方是工业社会的产物，最早担当了传递经济信息的角色。中国近代报刊的发展繁荣是与民族危亡、变法图强密切联系在一起的，并融入中国传统儒家思想、清议之风，最早担当了政治思想宣传的角色。

5. 报刊的角色建构由社会大的政治环境、经济技术水平与文化传统所决定

通过具体的案例分析，笔者认为，社会是一个有机的系统，每个部分虽具有一定的独立性，但彼此之间又辩证统一不可分割。因此新闻场域与政治、文化、思想等场域，彼此影响，互相推动。当然新闻场终归不是社会主要的板块与单元，它所发挥的角色终归是由社会大的政治环境、经济技术水平与文化传统所决定。

二、学术创新

1. 学术观点创新

本书首次系统地从妇女解放、风俗改良等方面，对报刊在中国近代新陈代谢过程中的社会角色进行全面探讨和深入剖析，揭示出报刊在政治、思想、风俗变迁过程中，扮演的角色由统一到流动、单一到多元、简单到复杂的规律及特征，显现出中国近代新闻业在媒介变迁过程中发展的一些规律并对媒介发展变迁起到重要的推动作用。将《女子世界》这一女性历史报刊作进一步的梳理，系统分析三年间《女子世界》在男权社会下对女性解放话语的建构，以教育推进女学，以参政推进女权，以婚姻推进女性自由平等，最终开启妇女解放的思想大门，更为全面、系统地分析《女子世界》新闻价值、传播价值、社会价值。

2. 研究视野创新

在系统的学术考量中，归纳社会演变中的报刊社会角色定位及特征，

将学术视野延伸到新闻作为一种文化与社会互动的整体宏观视野，从报刊角色演变的视野来叩问其流变的动力及其嬗变的本质因子，为报刊史也为新闻传播史研究提供更为开阔的研究新视野。

3. 研究方法创新

在中国近代特殊语境中进行大众传媒话语分析与文本研究，能够揭示新闻话语背后的价值倾向和权力关系，将社会和文化作为一个整体来看待的新文化史研究法，能够揭示报刊建构知识与现实所产生的历史内涵和社会后果，也形成了宏观驾驭与微观剖析、点面结合的立体架构，改变了以往研究中多集中于重要报刊、核心事件或主要新闻观念的较孤立单薄的学术研究。

4. 资料范围创新

本研究在采用广泛寻求原始史料方法的同时，试图跳出仅仅关注精英话语的史料寻求途径，广泛关注各种史料，对以前不被关注的戏剧广告、特别告白、纪念物、纪念广场等进行披览，尤其注重对报刊读者及新闻从业者的资料搜集，使一些新的素材进入学术研究，既为中国新闻史研究开拓了新的研究场域，更为研究提供了新的学术增长点。

5. 切入视角创新

突破学界现有研究中对五四运动政治史、思想史的普遍关注，摆脱了对重大历史事件的"宏大叙事"和对精英思想的集中关注，把研究的焦点放在普通民众的生活习惯与其内在的思想观念变化上，有利于更全面地把握"五四"时期社会文化变革的深远影响。与此同时，从社会风俗的角度出发对《新青年》的舆论宣传进行分析，丰富了《新青年》研究的视角和内容。从既有的研究来看，中国妇女报刊的发展多被置于近代中国报刊发展史中进行讨论研究，鲜有以辛亥革命这一特定历史时期为背景，对妇女报刊进行特殊解读的文章出现。《女子世界》作为这一时期具有承上启下作用的报纸范本，开启了妇女报刊创办的高潮，本书重点研究其内容文本对妇女解放话语的建构，以新闻学视角考察其意义和影响。通过对这一时期《女子世界》的学习和认识，加深对妇女报刊出现、发展的认识。

第一章

《申报》在甲午战争中的宣传沟通

中日两国一衣带水，同处东亚。地理上的条件决定了历史上两国的政治、经济、文化交流的普遍存在。日本古来就是中国的藩国，在清朝以前的国人眼中不过是"弹丸之地""蕞尔小国"，不值得一提。日本在明朝也曾发动过对中国边防的侵略，但被我国抗倭名将戚继光击退。

近代以降，中日两国都曾面临西方船坚炮利的侵略，都曾面临丧权辱国的不平等条约。19世纪60年代两国几乎同时"师夷长技"，探寻技术救国的道路，双方也常以对方作为效仿的对象。黄遵宪写出长达40卷的《日本国志》，在书中详细介绍了日本明治维新以后的社会政治、经济、文化、教育、军事等各方面的情况。王韬作《扶桑游记》，称赞日本"海东之一小国耳，一旦勃然有志振兴，顿革平昔因循之弊"。日本学习西方的明治维新取得了成功，实现了政治、经济、文化制度的全面改革，真正"脱亚入欧"。走向近代化的日本，像西方列强一样开始了侵略之路。日本首要的侵略目标就是中国。中日两国近代以来的第一次军事较量就此拉开了序幕。然而中国并未在洋务运动中实现政治上的变革，依然是腐朽的清王朝统治，以致在中日甲午战争中一败涂地，签订了不平等条约——《马关条约》。中国人第一次开始意识到拥有"弹丸之地"的"蕞尔小国"日本"未可轻视"。报刊这一新型舆论空间发展成为认识及改变对方形象的得力工具。

《申报》原名《申江新报》，是中国近代民办报刊的代表，也是南方舆论阵地之一。1872年4月30日《申报》（清同治十一年三月二十三日）在上海创刊，报馆设在望平街197号（1882年迁至汉口路309号），1949年5月27日终刊，存在了长达77年的时间，不愧是近代中国发行时间最久、具有广泛社会影响的报纸，是中国现代报纸开端的标志。历经晚清、国民，共出版 27000 余期，出版时间之长，影响范围之广，同时期其他报纸难以企及，在中国新闻史和社会史研究上都占有重要地位，被称为研究中国近代史的"百科全书"，所以有人谓："谈中国报纸必谈《申报》。"

《申报》经英商美查创建以后，影响力持续上升。它不断拓宽新闻的报道面，不仅关注国内社会生活，对国际事务也多加注意。《申报》坚持新闻真实，1874 年日军侵台，1882 年壬午政变，1883 年的中法战争都派记者亲入实地采访，获得真实可靠资料。同时该报也具有浓厚的政治色彩，其创始人认为"利"和"义"并不完全对立，办报为了赢利，但并不排斥在关键时刻仗义执言，报纸需要"上关皇朝经济之需，下知小民稼穑之苦"。❶《申报》是反映晚清社会情况的直接资料，对于研究大众思想具有重要的参考意义。

甲午战争之于中日两国关系极大。中日两国几乎同时自强，20 余年之努力，一战检验，中国大败，日本跃而为远东强国，数千年东亚局势为之改变。其后直接导致中国戊戌维新，曾国藩、张之洞、左宗棠、李鸿章等苦心经营洋务运动，难以复振腐朽的清王朝，清廷在内忧外患中土崩瓦解，一发不可收拾，国势日危。甲午战争前后《申报》的涉日报道导向与理念的变化直接反映了在救亡图存的时代主题之下，人们对日本"弹丸之地""蕞尔小国"的认识发生了明显的变化，《申报》应民心与时代主题变化的需要，从一个新闻信息的如实传播者变成了政治信息的传播者，这一角色的转变是《申报》自觉自愿的结果，没有任何外力的作用，充分说明报刊的社会角色是会随着时代的主题及民心所向发生变化的。

大体而言，学界关于《申报》在甲午战争中的报道研究集中于对新闻事实报道本身存在的问题（报道失实），或者是通过报道来分析国内情况（国人对清军的态度），并没有探讨《申报》报道与构建日本形象之间的关系。

本章试图以战争发生发展的历史逻辑为框架，以《申报》报道为主视

---

❶　方汉奇.中国新闻传播史［M］.北京：中国人民大学出版社，2002：65.

角，探讨随着战事的爆发、发展与议和，《申报》围绕日本如何进行形象构建，希望能够将大众媒介视域下的日本形象清晰地阐发出来，并借助形象学理论与新闻传播学理论，如环境监视功能、社会传播模式等，探讨隐藏于时代变幻后面的报刊角色担当规律。

第一节　新闻纸的代名词：《申报》

《申报》自 1872 年创办不久即成为近代中国最有影响力报刊。创办人美查将报刊大权给予著名文人蒋芷湘（总主笔）、钱昕伯（主笔）和何桂笙（主笔），成为第一家一直由中国人主持笔政的报刊。❶ 它除星期日天天出报。在很短的时间里便以灵活的营销方式和低廉的价格，打败了当时的上海销量最大的《上海新报》。《申报》的版面为接近正方形的长方形，用老四号字一排直行到底，横排与竖排都不分栏，每天出 8 章，之后改称页（即现今的"版"）。评论、新闻均放在前 3 版，附载《京报》的内容在第 3 版，后面全为广告和行情表等。《申报》的广告使用老五号字印刷，广告与行情等内容的排版形式为横的分成五六栏，组成一个方块形。这种版式为《申报》首创，也为之后清末出版的绝大多数报纸在他们的主持下，《申报》文字平易近人，"上而学士大夫，下及农工商贾"皆能通晓；言论上"无偏无倚"，迅速得到了社会的认同。❷ 1873 年，该报坚持"有闻必录"的报道原则，真实全面客观地连续三年报道了清末四大奇案之一"杨乃武与小白菜"案件，是当时中文报刊中最早最长的连续报道，最后将冤案的真相披露，使之为家喻户晓的大新闻，《申报》同时也成了新闻纸的代名词。❸

《申报》一直注重扩大报道面，其创刊号直白宣称："凡国家之政治，

❶ 方汉奇.中国新闻传播史［M］.北京：中国人民大学出版社，2002：63.

❷ 戈公振.中国报学史［M］.北京：中国新闻出版社，1985：64.

❸ 宋军.《申报》的兴衰［M］.上海：上海社会科学院出版社，1996：25.

风俗之变迁，中外交涉之要务，商贾贸易之利弊，与夫一切可惊可愕可喜之事，足以新人听闻者，靡不毕载。"❶ 为了加强国际时事报道，还聘请了葡萄牙人毕礼纳为总理译务者，筠孙为副董，共同译编外报新闻。❷ 同时，《申报》大力向外派驻"访事人"，即驻外记者。横滨、长崎等东亚要地，都有《申报》的"访事人"常驻报道新闻，他们不断发回的时事报道、述评成为国内了解国际形势的重要内容。❸ 除此之外，国外媒体的报道也为《申报》的新闻来源，《申报》常将西方报章或洋行往来的电报电讯进行摘译刊录，作为"电音汇录"，❹ 使读者了解国外信息又多了一条渠道。

《申报》在中国新闻业开创了多项第一。1881 年津沪电报线路交付使用后，《申报》马上利用其传递南北新闻。1882 年 1 月 16 日刊出的"摘去顶戴"处分上谕，是国内报纸刊出的第一条新闻电讯，开辟了国内使用电报传递新闻的先河，❺提高了新闻的时效性。至于新闻真实性，《申报》也努力贯彻执行。1874 年 2 月，日本寻衅派兵侵入台湾，《申报》特派一位记者去前线实地采访，为国内新闻业战地记者的首例。❻

《申报》的出现与发展，标志着我国报纸进入了成熟阶段。之前影响最大的《上海新报》立刻被《申报》取代，陷入生存危机之中。❼《申报》凭借领先的新闻采写水平，记录了当时社会的大量信息。它的新闻报道抑或评论，不管其记载是有意还是无意，观点是否客观、公正，为我们提供丰富的史料素材作用是毋庸置疑的。

---

❶ 方汉奇.中国新闻传播史［M］.北京：中国人民大学出版社，2002：64.
❷ 徐忍寒.《申报》七十七年大事记［A］//上海地方史资料.第 5 辑.上海：上海社科院出版社，1986：24.
❸ 郑翔贵.中国早期的驻外记者［A］//出版史研究.第 4 辑.北京：中国书籍出版社，1996.
❹ 方汉奇.中国近代报刊史（上）［M］.太原：山西人民出版社，1981：52.
❺ 方汉奇.中国新闻传播史［M］.北京：中国人民大学出版社，2002：65.
❻ 方汉奇.中国新闻传播史［M］.北京：中国人民大学出版社，2002：65.
❼ 方汉奇.中国新闻传播史［M］.北京：中国人民大学出版社，2002：68.

第二节 中日关系的关节点：甲午之战

甲午战前，道光一朝，鸦片战争，国门洞开，中国开始一步步陷入半殖民地半封建社会。太平天国运动席卷长江以南，加上咸丰年间英法联军攻入北京，订立丧权辱国的不平等条约。有识之士受此教训，于内忧外患之间提议西学东渐，"师夷长技以制夷"，摆脱受列强欺辱的命运。奕䜣、文祥、宝鋆、曾国藩、李鸿章、左宗棠等，内外并举，同时在军事、外交上谋求革新，洋务运动兴起，似成中兴之局。但甲午一战，将此中兴之局的可能阻断。

甲午战前，日本觊觎中国国土之心早已表露无遗。中日间的关系也已风波不断。1874 年，日本借口 54 名琉球渔民被台湾土著居民杀害而大举进军台湾岛。在中日交涉过程中，总理大臣一再声称中国琉球与台湾皆是中国的领土范围，因此琉球事件是国内事件，无须日本横加干涉。但最终的结果是日本实质上控制了琉球，清政府曾一度想收复琉球，但边臣们以各种理由不肯开战。在列强的干预下，两国签订《中日台湾事件专约》，按照该条约清政府赔付白银 50 万两，也正式确立了日本对琉球岛的所属权。

这一事件在清廷内部引发了对日本认识的波澜。琉球岛事件前，在清政府看来，日本不要说和英法美这些列强平起平坐，就是和秘鲁这样的小国都无法等同比较，只是一藩国而已，轻视之心可见一斑。但这次事件，让清政府和日本彼此间有了一次近距离对视。从此清政府不敢再对日本加以轻视，但也从未想过要学习日本。日本则大不相同，它看到了中国的虚弱，这也为日本发动甲午战争埋下伏笔。

甲午战争在中国近代史上是紧跟鸦片战争之后的又一重要事件。1894

年朝鲜东学党起义，朝军力不能支，乞援于清廷。中国视之为藩属，派袁世凯领兵助朝平定东学党起义。不料日本伺机而动，引《天津条约》同时出兵朝鲜干预他国。两国相持，日本借故发动战事，即中日甲午战争。东学党事件只是日本发动战争的一个引子，其实日本"征朝"的决心早已下定。因为日本是岛国，地小人多，资源贫乏，向海外发展是其选择的图强之路。日本想在西方列强之前下手朝鲜，奠定自己在东亚的霸主地位。还能为国内不得志者谋求出路。

由于受国人心目中传统日本形象的干扰，李鸿章最初轻视日本，对日本的实力估计不足，导致初战不利。后又因李鸿章始终不想开战，丢掉自己苦心经营的北洋舰队，导致战局节节失利，不可扭转。陆上7月牙山一战，清军溃退。9月再战平壤，清军不能守。10月失九连城，11月金州、旅顺陷，12月丢海城，局势糜烂，日军突入不可挡，次年3月牛庄一战，京师危急。海上丰岛海战北洋败退，黄海大战沉五船，邓世昌、丁汝昌、刘步蟾等将士死伤严重，实力大损。此后北洋舰队消极避抗，依然难逃刘公岛围攻，全军覆没。耗金数千万，集全国之力20余年打造的海防格局一朝土崩瓦解。

甲午战争的影响是极深远的。洋务运动欣欣向上的形势戛然而止。外患益张，大势日颓，中国政局顿失稳定之局面，各种矛盾此起彼伏，国家摇摇欲坠。甲午战争中，中国主力舰的吨位、速度、火力均胜于日本，但却败得一塌糊涂，主要原因还是政治体制的落后。此外，主导东亚几千年之华夷格局不复。尽管之前两千年的中日交流史上，日本一直在政治层面和民族心理上不甘处于从属地位，于外妄自尊大，"日出处天子致书日没处天子"，甚至直谓"相逢贺兰山前，聊以博戏，臣何惧哉"；于内灌输"神国观念，万世一体"抗衡中国，不断追求对华平等乃至优越地位。然而即使两次发起挑战进行直接武力对抗，却始终无法撼动中国的中心地位，也未能从根本上打破因文明差距决定的中日间"师生关系"。在文化上仰慕中华、效仿中华、追赶中华亦构成之前日本对华观的主线。❶日本

---

❶ 王屏.论日本人"中国观"的历史变迁［J］.日本学刊，2003（2）.

在中国印象中不过"弹丸之地"，人们直呼为"东倭"或"夷狄"，认为"（中国）若即将出师，即日本一国亦可灭之"。❶ 然而甲午一战扭转了这种情势。清军在战争期间的表现让日本看到中国内部政治的虚弱与混乱。昔日，中国对于日本老百姓而言是一种"伟大、浪漫与英雄"的存在，然而在日军每战必胜、中国每战必败的情况下，中国转为其极其蔑视的对象，这甚至表露于日常生活。儿童在玩耍奔跑竞赛、相扑游戏时，失败者被称作"支那"，"支那兵投降图""我国骑兵蹂躏豚军图"等在市场上风行一时。❷ 相反，中国却不敢再小瞧日本，国家地位之变更使心理也随之易位，以日为师呼声越来越多，维新运动大起。此般变化，肇始甲午。

中日甲午战争主要分为以下三个阶段进行。

第一阶段从 1894 年 7 月 25 日—9 月 17 日。在此阶段中，战争是在朝鲜半岛及黄海北部进行，陆战主要是平壤战役，海战主要是黄海海战。1894 年 7 月下旬，中日两军在朝鲜境内开战。清军先后在丰岛海面和陆上成欢遭遇日海陆军的两面偷袭，由于亲日的朝鲜政府已被日本所控制，叶志超、聂士成等部驻牙山的清军被迫北撤到朝鲜北部重镇平壤。平壤之战是双方陆军首次大规模作战。驻守平壤的清军共 35 个营 15000 人，进攻平壤的日军有 16000 多人，可谓势均力敌。但最终，李鸿章"先定守局，再图进取"的作战方针的错误，加之主帅叶志超指挥失误和临阵脱逃等原因，导致清军失败，初战不捷影响军队作战的士气，也影响了整个战局。

1894 年 9 月 15 日，战斗在三个战场同时展开：其一为大同江南岸（船桥里）战场，其二为玄武门外战场，其三为城西南战场。在大同江南岸战场，清军分兵步炮协同夹击抗拒，重创日军第 9 旅团。玄武门之战集中日军优势兵力，激战中，左宝贵中炮牺牲，部下将士纷纷阵亡，玄武门被日军攻陷。在城西南战场，军总统（总指挥）叶志超在战局胶着的情况下，树白旗停止抵抗，并下令全军撤退，后遭遇日本埋伏，阵脚大乱，死伤严重。平壤之战，清军大败告终。日军则一路士气高昂，占领朝鲜

---

❶　郑翔贵.晚清传媒眼中的日本［M］.上海：上海古籍出版社，2003：94.
❷　王屏.论日本人"中国观"的历史变迁［J］.日本学刊，2003（2）.

全境。

黄海海战发生于 1894 年 9 月 17 日，日本联合舰队在鸭绿江口大东沟附近的黄海海面挑起一场激烈的海战，这是甲午战争中的第二次海战，也是近代中日双方海军一次实力大较量。

参战北洋舰队的主力，包括军舰 10 艘，附属舰 8 艘。1894 年 9 月 15 日上午，在丁汝昌率领下到达大连湾。9 月 17 日，日本联合舰队第一游击队发现了北洋水师。丁汝昌随即命令各舰升火、实弹，准备战斗。战争中定远舰主桅中弹，信号索具被炮火所毁，在飞桥上督战的丁汝昌身负重伤。海战的结果：北洋舰队损失"致远""经远""超勇""扬威""广甲" 5 艘军舰，官兵死伤千余人。这场历时长达 5 个多小时的大规模中日海军之战，以中国海军失败告终。中国 30 年洋务运动的自强成果，也在这 5 个多小时中丧失殆尽。日本夺取了黄海的制海权。

第二阶段从 1894 年 9 月 17 日—11 月 22 日。在此阶段中，战争在辽东半岛进行，有鸭绿江防守战役和金旅战役。清廷集中兵力加强对辽东地区的防御，形成横亘数十里的鸭绿江防线。10 月 24 日开始的鸭绿江江防战役，是清军抵抗日军攻击的首次保卫战。经历了第一阶段平壤战役、黄海战役的失败，清军已士气大减，日军则士气高昂，野心勃勃。日军先于九连城上游的安平河口泅水过江成功，又越过浮桥，向虎山清军阵地发起进攻，终占领虎山。其他清军各部不战而逃。至此，清朝精心策划的鸭绿江防线全线崩溃。1894 年 10 月下旬，日军越过鸭绿江防线，长驱直入，一路克城攻地。

此后日军在花园口登陆，攻克旅顺，制造了旅顺大屠杀。战局已急转直下。

第三阶段为 1895 年 1—3 月。这个阶段主要战役是威海卫之战，一场保卫北洋海军根据地的防御战，也是北洋舰队的覆灭之战。1895 年 1 月 20 日，大山岩大将指挥的 25000 名日兵，在山东荣成全部实现登陆后，集中兵力进攻威海卫南部炮台，由于兵力悬殊，南部炮台终被攻破。2 月 3 日，日军占领威海卫城。丁汝昌坐镇指挥的刘公岛被日军围攻，丁汝昌拒不投降，自杀身亡。牛昶昞与伊东佑亨签订《威海降约》，1895 年 3 月 17 日，日军在刘公岛登陆，威海卫陷落，北洋舰队全军覆没。

与此同时，辽东之战仍在持续。3 月 4 日日军攻占牛庄，7 日日军不战而取营口，9 日又攻陷田庄台。至此，清朝的辽河东岸战线也全线溃败。

第三节 甲午战事中的涉日报道考察

一、战争酝酿：客观报道到讥笑贬损（1894 年 2 月 15 日—7 月 25 日）

1894 年 2 月 15 日，全琫准率东学道徒和农民袭击官府，驱逐郡守，东学党起义爆发。义军纪律严明，受人民拥戴，愈演愈烈，朝军不能制。6 月 1 日，朝王与廷臣就是否借兵达成一致。6 月 3 日，朝鲜政府命内务府参议成岐运，携政府照会正式向清廷请求派兵。6 月 6 日开始，清政府令聂士成、叶志超、夏青云等率军依次分三批渡海入朝，进驻牙山。当朝鲜君臣商量借兵时，日本已经密切关注着朝鲜局势。中国一出兵，日本如获至宝，随之成立大本营，也向朝鲜派兵。6 月 9—16 日，日本海陆军不断登陆，近 4000 人驻扎仁川。❶ 两国出兵，之前东学党起义的朝鲜国内矛盾迅速转移为中日两国对峙的国际矛盾，双方开始围绕朝鲜驻军进行频繁交涉。

复杂多变的朝鲜局势，以及日本、中国派兵进入朝鲜的重大举措，自然引起了国内媒体的注意，尤其是《申报》这样的大报。经过 20 多年发展，无论是新闻报道还是评论都已经成熟的《申报》马上第一时间作出回应。

---

❶ 戚其章. 甲午战争史［M］. 上海：上海人民出版社，2005：26.

6月13日,《申报》刊登《日本备船》的消息,"风闻日本有陆兵一万二千名,及兵船四号在高兹,又电饬各商社预备轮船若干艘,以供载兵用,虽确否尚未可知,然祸乱难除已可概见矣"。❶之后在19日再次刊登了这一消息,不过更详细:"其某商社欲向某洋行转购轮船十艘,旋购定六艘,尚少四艘,另向他行租赁,不知其作何调度也。"❷因甲午中日战争正式开战是在一个月以后的7月15日,加之中国政府从未打算与日本开战,而且从心理上也从未重视过日本的战争实力,所以当时中方对朝鲜局势尚感乐观。《申报》的报道,让人觉察到了日本狼子野心给中国带来的一丝心理阴影。但《申报》并无大规模涉及日本的政治军事方面的报道,其余报道也只是客观叙述日本大火、地震等突发性事件的社会新闻。❸唯一对日本较负面的报道是6月29日登载的《日人肇祸》:"前日午后五点钟时,有甲乙二日人散步纳凉,随向阿福水果摊购买,论价不合,致起衅端,始则舌剑唇枪,继则拳来脚去。阿福寡不敌众,退避家中,甲遂将水果摊踢翻,旁人见而不平向甲理论。甲飞奔回厂纠集同事十余持械而来,华人皆胆战心惊……印度捕及华捕前来弹压,日本人遂遁入厂中,只拘获一名,据称不敢助恶,捕头偿某小洋银二枚,释之使去。"❹这则事件对于媒体而言,可大可小,可以报道为日本人与中国老百姓间的一起普通的冲突,也可以看作是日本人欺负中国老百姓的一则恶性事件。但《申报》的报道却只是客观完整叙述事情经过,不加任何主观评价与感情色彩。

但随后一个多月的折冲樽俎不见缓和,中日外交形势日趋恶化,日本借此战机一举打败中国,称霸东亚的野心已暴露无遗,中日战事可谓一触即发。《申报》此时也作出了与6月完全不同的反应,开始集中报道和关注日本国内的情况。仅7月4日一天,《申报》涉及日本的报道就有《论

---

❶ 日本备船 [N].申报,1894-06-13(2).

❷ 日本购船 [N].申报,1894-06-19(2).

❸ 如:日工赴巴 [N].申报,1894-06-20(2);日本大火 [N].申报,1894-06-21(2);日本地震 [N].申报,1894-06-22(2);日本巨灾 [N].申报,1894-06-26(2);记日本地震事 [N].申报,1894-06-28(2).

❹ 日人肇祸 [N].申报,1894-06-29(3).

日本不应与中国构兵》《录港报纪高丽事》《译西友述高丽事》《录日本访事人函述高丽事》《译日本新闻社所发传单》《纪日本东京府地震》《纪日本横滨埠大火》等9篇之多。可以这样说，在此之前，中国报刊从来没有这样大量搜集过日本的信息。《译日本新闻社所发传单》："日本某报馆特发传单分送阅报诸人，其文曰：清国水师提督丁汝昌率军舰三艘赴韩，六月廿四日电报也。清兵六千向鸡林进，此六千兵系中堂旗下所属素称劲旅……"该报在其后加了一段短评："风传朝鲜发往日本之私电，由清政府禁止，其实系讹传。今日到来电报皆短文，或者长文电报难发，遮断未可知。噫是真所谓隔膜之谈，与译之以见日人之猜忌良多，我中朝不可不为之备也。"❶同日《译西友述高丽事》："……过高丽海面时，见日本兵船十数艘，皆已预备迎敌，桅杆放下，船面所有挂碍之物俱已理清，整设炮械，若将开战者……又闻日本强令高王不属中国，而属日本，令高王请袁钦差回国，并令华兵出境……又闻有许多日本人请于日官愿往高丽攻打，日官置诸不理……高丽久为中国藩服，为薄海所共知，日本何得强使属日，倘有此说不愈见其横行无忌哉，此而可忍孰不可忍！"❷同日，有《录日本访事人函述高丽事》的报道："高丽东学党肇乱，中日派师前往，军情秘密，侦探良难，道路谣传未足深信。加以电线中断，不能消息通灵。本馆遍设刺事之人，必侦得真确情形，始得登诸报牍，断不敢凭空摹绘，致贻讥于吠影吠声，亦不敢顾作危词耸人闻听，薄海内外谅所深知，兹接派赴日本访事人来书，云韩师与东学党屡战不克，乃乞援于中国。中国初发陆军，东渡只一千五百名，屯扎牙山以观动静。日本政府闻之，谓昔年天津所订条约中日二国如调兵赴朝鲜，须先行文知照，此次中国未经照会遽尔发兵，遂派水师若干，继又派陆兵若干，直进韩京，驻扎尔中国商务大臣，袁观察商请日公使大岛圭介君，将兵撤退。大岛不允。可见，日本虽名曰保护旅韩民庶，其实别有深心也。目下中国以日本行为不善，屡调水陆兵到韩，英俄法各国兵船之下碇，日本者亦均展轮而往，全州虽已收

---

❶ 译日本新闻社所发传单［N］.申报，1894-07-04（2）.
❷ 译西友述高丽事［N］.申报，1894-07-04（2）.

复，内乱尚未平。默观日本情形必欲与中国抗拒，然中国理直气壮，岂即甘让日人恐，必有一场战斗也。"❶

这些报道虽已经火药味渐浓，但依然是全面客观的就事论事的报道，没有夸张的成分在里面，一切都是以事实及历史背景资料为基础，有理有据地表达自己的立场和观点。而这个立场与观点是与清政府的主战派一致的，也表达了民众的心声。《申报》甚至于公开表示要利用自己在日本的访员探听日本的军事秘密，登报为政府与日作战提供有力的军事情报。《申报》的这些表现是对清廷内部光绪帝为首的主战派占据上风、慈禧太后为主的主和派尚不敢公然主和的回应。

7月9日《申报》又连发两篇报道。《高丽近信》将日本在朝鲜的驻军分析了一遍。❷《攘日议》则认为："日本一岛国能及法人之万一否，中国若出全力以与之相搏，战无不胜，攻无不克……区区日本不度德，不量力。"❸这则报道反映了当时官方主和派的声音，以李鸿章为首的清政府根本不了解日本的实力，盲目乐观。7月11日《申报》实事求是地报道了日本调动兵械物资消息："日皇以派赴朝鲜之兵殊多，劳苦者陆军省配就酒精卷烟若干，即日交派遣之旅团长带往朝鲜分发……近日续有陆兵由京坐汽车赴广岛之宇品港，再乘船赴韩，另召仙台之兵驻扎日京以补其缺。"❹这则消息说明战争形势已经非常紧张了，但《申报》的报道却没有十分紧迫的感觉，这反映了官方"求和"派占据主流的情势。在同日的《战必胜说》，《申报》还特地注明："日本人心纷纷不定，其喜循旧俗者曰守旧党，其喜效西法者曰维新党，亦曰改进党。此外之辩言乱政不守王章，不知国法者则曰自由党。近又创为政党名为维持国政，实则阴树奥援，人各一心，人自为党，意见舌战不休，甚至堂堂执政大员，有被党人所殴辱者，人心不足恃，而尚欲奋螳螂之臂，妄自当车，恐不待交锋而早已辙乱旗靡

---

❶　录日本访事人函述高丽事［N］.申报，1894-07-04（2）.
❷　高丽近信［N］.申报，1894-07-09（1）.
❸　攘日议［N］.申报，1894-07-09（2）.
❹　续调陆兵［N］.申报，1894-07-11（2）.

矣。"❶ 这则报道更为明显地表达了当时清政府对日本"弹丸之地""蕞尔小国"的认识，盲目自大。《申报》一方面密切关注战争局势的每一个细微的变化，同时也试图与清政府的态度立场保持一致。

《申报》时而慷慨激昂、信心满满地主张向日宣战，时而又淡定自若、盲目乐观地蔑视日本与中国的战争不过是蚍蜉撼大树，必败无疑。这些看似很矛盾的表现，恰恰是清政府面对日本的挑衅，主战派与主和派争执不下的反映。《申报》的态度也随着主战派与主和派的力量对比的发展变化而忽左忽右、变化不定。

但是，战事的发展，日本的态度，都与清政府的预测截然相反。日本对中国的战争是既定不可改变的战略目标，不可能有丝毫的松动，所以清政府主和派的愿望终成泡影。7月14日，日本驻北京临时代理公使小村寿太郎向清政府送来照会，文中不仅拒绝中方提出的和解要求，而且极力将战争责任推向中国，史称"第二次绝交书"。受此影响，主和派不得不偃旗息鼓，主战派勃起，战争气氛高涨，战事似乎一触即发。《申报》也不断报道日本军备情况，12日以后连发《日本军志》《日高军状》《日本兵船表》《译西报述日本兵制》《日本增船》《日本购船纪数》等数篇消息。提醒当局必须了解日本的军情，详细介绍日本陆军共分七省，各以少将领之。和平时期，兵额有五万六千五百六十一名，义勇九万五千九百五十一名，民团九万七千七百六十二名。战争时期，兵额可增至二十五万零二百七十四名，统将增为五百九十五员，裨将增为三千五百八十七员，士官共一万零五百八十一名，将兵共计二十六万九千六百二十人，其中在兵营中充任杂差者的兵士有千名，还有一千五百名兵士组成的马兵队。至其营规，悉循欧洲制度。甚至于步兵、马兵的服装都交代得清清楚楚，一仿德国，一仿法国装束。海军营制则仿效英国，战船多从英国定购，不过也有少数是从法国购买或自己制造。据统计日本国内只有战船三十五艘，共有六十一万七千六百三十吨位，其马力只有七十六万六千三百三十匹，巨炮共三百二十四门，有水雷船十艘。兵船十艘，分别为：吉野舰、

---

❶　战必胜说［N］. 申报，1894-07-11（2）.

松岛舰、大和舰、武藏舰、高雄舰、千代田形舰、筑紫舰、赤城舰、乌海舰、八重山舰。《申报》还对每一艘战舰作了具体的介绍，大和舰是光绪元年（1875 年）由神户小野滨船坞制造，铁骨木皮，容积一千吨，一千二百二十匹马力，船中士官以上三十一人，下士以下诸卒二百十九人。武藏舰是光绪元年由神户小野滨船坞制造，船质、马力及船中能容人数与大和舰相同。高雄舰制造年份及船质马力不详，船中士官以上三十三人，下士以下诸卒二百三十人。千代田形舰是同治二年（1863 年）由武藏石川岛船坞制造，为练习之用，容积一千一百零四吨，三十二匹马力，船上五寸四分径炮四门，士官以上七人，下士以下诸卒三十五人。筑紫舰是光绪八年（1882 年）向英国购买，船身是钢质，容积五百七十二吨，二千八百八十七匹马力，长度二百零九尺十一寸，阔三十五尺一寸，入水十五尺一寸，一小时行十七海里，船上置十寸径炮二门，五寸径炮四门，哈乞开目炮四门，士官以上有二十九人，下士以下兵士能容百六七十人。赤城舰是光绪十一年（1885 年）由相州横须贺船坞制造，船身是铁质，九百匹马力。船中士官以上十五人，下士以下一百人。乌海舰也与赤城舰相同。松岛及八重山二舰情况不明，只知道松岛舰自近年编入海防舰队，作用是封敌入港。八重山舰为递信船。此外，还有借自各邮会社的轮船十艘，作为转运军士及器械米粮之用。❶ 具体到日本的加紧备战，《申报》介绍，日本在沿海紧要地方添设警船灯塔，海部总管大臣妥议新的条款，保证海上情形得以随时通报。拟定五条：一、探察沿海要件；二、要求所有消息俱通过电音传递；三、经由日本海面各船，无论是兵船，还是商船，都必须登记；四、查看天气风浪变化，随时呈报；五、稽查船只失事情形。日本天皇与宰相、兵部、水师部各大臣，定于 7 月 14 日到广岛商讨战备机密。同时 7 月 19 日《会讯日人》登载抓获"日本人藤川赖藏剃发改装不领护照擅入内地"。❷《录港报记日本事》："迩来日本人在香港购办米石多多益善，尽因高丽之事未定，中日两国或有决裂之虞，是以购

❶　日本兵船表［N］. 申报，1894–07–19（2）.
❷　会讯日人［N］. 申报，1894–07–19（3）.

此以备军需。"❶《申报》未雨绸缪地为官方主战派提供战事信息，成为官方研究对日战略的最新资料。❷

以 7 月 20 日的《日事近闻》为节点，《申报》的报道发生了急剧的变化。"日本于高丽之事无理取闹，所费良多，大约已用至一千万圆之谱。本月国中各海口之税大不如前，华商之挟巨资者大半舍而他适，以致生意减色，市景寥寥……此是日本外强中干早已不言而喻……日本皆以孩子当兵，本馆按日人本短小若侏儒，从无高至四尺以上者，不似华人之身材高大体熊，昂西人恐未经见惯误以为小孩耳，他日者一经开仗，我华兵以大压小其不致糜烂者几希，日人奈其之何哉？"❸ 在报道中开始了大量负面的报道，甚至贬损讥笑日本人矮小的形象。 7 月 25 日《日人叵测》："闻日本招雇长江引港人其意尽欲在长江一带滋扰，观此益见日本心怀叵测"，提醒"中国各海口不可不严密设防也"。❹

虽然战争气氛愈紧，但是关于社会生活方面的报道，《申报》依然秉持客观，不置感情。《日生考察疫虫纪》《日人买包》可作一观。❺

二、战争期间：从日到"倭"(1894 年 7 月 25 日—1895 年 3 月 9 日)

1894 年 7 月 25 日，日本联合舰队在丰岛海域不宣而战，对北洋舰队实施了海盗式偷袭，战争正式爆发，《申报》也迅速跟进。

7 月 30 日《详记日人拦截师船事》描述了牙山操江运兵船被劫时的情景，《申报》评论："足见日人之恣睢暴戾肆意横行矣。"❻31 日《记西友述

---

❶ 录港报记日本事 [N].申报，1894-07-19 (3).
❷ 可见：日本军志 [N].申报，1894-07-12 (2)；日高军状 [N].申报，1894-07-17 (2)；日本兵船表 [N].申报，1894-07-19 (2)；译西报述日本兵制 [N].申报，1894-07-24 (1)；日本增船 [N].申报，1894-07-25 (1)；日本购船纪数 [N].申报，1894-07-26 (1).
❸ 日事近闻 [N].申报，1894-07-20 (2).
❹ 日人叵测 [N].申报，1894-07-25 (1).
❺ 日生考察疫虫纪 [N].申报，1894-07-19 (2)；日人买包 [N].申报，1894-07-21 (3).
❻ 详记日人拦截师船事 [N].申报，1894-07-30 (1).

高丽事》："日人虽各带食物，而其兵多不服水土，得病而亡，壁垒之旁尸骸累积。其中少年鲁莽者困守多日，往往剖腹自裁……问其兵每日费用多至银二万五千元，已费不赀……再延数月，日兵资粮即竭，自裁者当益复众……"❶这段描述日本远途作战所遇到的种种困难，表达了当时官方主张"持久战"者占据主流的形势。

《日人查船》则描绘日军舰"见有德国商船行经，即阻截稽查……观此狡而且悍其奈之何？"❷《日人挥刃》把虹口斗鸡场前闹事的三个日人丑态刊登版面："斗鸡场前每有人设摊售西瓜，借博蝇头之利。前晚钟鸣九点，有广东小流氓乘机窃食摊主，往南追逐，路遇甲乙丙三日人面北而行，见其舍命飞奔，疑是与为难，突出利刃相向，摊主见而惊恐大声疾呼，随有十余人蜂拥来援。三日人见势不佳潜行遁去。"❸这则斗鸡场的日人的描写与前文所述在山东日人因口角殴打中国摊主事件的描写，无甚不同，都是客观地描述事实经过，但两个行凶的日人的结果却不尽相同，甲午中日战争未发生时，山东行凶的日人的结局是得了些小钱，而战争中行凶的日人的结果却是"潜行遁去"。同日还有记述日本国内的灾害两则：《日地火灾》《日地又震》。❹

随着战事的深入，《申报》涉日报道大致不出局势分析、军备军情、政治社会生活几种类别，但用词已发生了重大的变化，从9月末开始对日一律贬称为"倭"，称日人为"倭奴"，日本为"倭国""倭邦"，日本报纸则为"倭报"，等等。社会报道也多以揭露日本的阴暗面为主。关于日本军备军情的有：8月1日《日人防海》《日船游弋》《译西信记日人占领韩京事》，8月2日《乌合之师》《形同海盗》，8月3日《录烟台访事人信述中日交兵事》，8月6日《日本修船》，8月12日《日本添兵》，8月14日《日兵调兵续信》，8月18日《日员谲诈》，8月21日《日兵放纵》，8月25日《日事近闻》(日本以兵舰不敷将商船改制)，8月28日《日本购船》，

❶ 记西友述高丽事［N］.申报，1894-07-31（2）.
❷ 日本查船［N］.申报，1894-07-31（3）.
❸ 日人挥刃［N］.申报，1894-07-31（3）.
❹ 日地火灾［N］.申报，1894-07-31（3）；日地又震［N］.申报，1894-07-31（3）.

9月1日《忍弃其民》，9月15日《日兵唱歌》，9月23日《倭国添兵》，9月25日《仁川近信》，9月27日《欺人太甚》，9月27日《倭奴讳败》，9月29日《倭国调兵》，9月30日《倭奴购舰》，10月2日《修理兵船》，10月8日《改作兵船》，10月24日《诱人入伍》，11月18日《倭奴冻毙》《倭奴用诈》，12月2日《天已弃倭》，12月3日《倭奴肆掠》，12月11日《倭奴残酷》，12月11日《倭人狡诈》，12月20日《倭国购船》《倭设炮厂》，12月23日《倭舰易人》，12月26日《倭奴苦况》，12月28日《倭奴苦况》。1895年有：1月1日《倭奴残忍》，1月2日《倭人残暴》，1月7日《倭国军情》，1月11日《倭技已穷》，1月15日《倭军冻毙》，1月17日《日本新船》《倭军苦况》，1月31日《英报论倭兵暴虐事》，2月1日《倭事琐闻》，2月10日《倭人残酷》，2月28日《倭报夸兵》，3月1日《倭报译登》等46例。

局势分析中涉及日本的有：8月1日《日人胆怯》，8月3日《醒日篇》，8月16日《日人启衅客述》，8月20日《论日本蓄谋已久》，9月6日《论倭兵窘况》，9月17日《嘲倭篇》，10月15日《论制日本自有其道》，10月21日《说梦》，1895年1月5日《论用兵谋国当先审几料敌》等9例。

关于日本政治社会生活的有：8月1日《日工坐困》，8月3日《东报无耻》《窥日要言》，8月5日《本馆驻东访事人函述日本近情》《拟借国债》《日人胆小》，8月6日《日关税绌》，8月7日《全不知耻》，8月8日《日人无礼》，8月9日《记客述日本近日商情》，8月10日《译西人论日本情形》，8月12日《日人狡狯》，8月15日《日人狼狈》，8月18日《民不聊生》《日本地震》，8月22日《粉饰可笑》，8月22日《日人谰语》，8月23日《抱佛脚》《欺及先人》，8月24日《日人越俎》，8月25日《日事近闻》，8月29日《日人借债》，8月31日《日将不国》，9月2日《借贷无门》《日本邮简》，9月6日《论倭人窘况》，9月8日《倭奴献媚》，9月9日《全不知羞》，9月12日《倭主离京》，9月26日《倭人势绌》《倭人凶状》，9月27日《欺人太甚》，9月29日《自认死伤》，10月3日《倭奴梦呓》，10 月 4 日《克扣军粮》，10 月 9 日《倭奴见恶》，10 月 11 日《倭奴杂事》，10 月 12 日《倭奴无耻》，10 月 21 日《不值一笑》，10 月 24 日《华民被虐》，10 月 26 日《残民以逞》，10 月 28 日《倭报妄言》《倭奴无状》，11 月 6 日《日本地震》《徒劳无济》《倭商焚漆》，11 月 27《徒劳梦想》《西人被掳》，12 月 2 日《天已弃倭》，12 月 14 日《倭奴无礼》，12 月 20 日《倭邦地震》，12 月 23 日《倭奴窘状》，12 月 24 日《倭奴丑态》，12 月 25 日《倭奴献媚》，12 月 31 日《倭国近情》。1895 年有：1 月 2 日《倭奴心怯》，1 月 7 日《倭报译登》，1 月 10 日《东倭杂记》，1 月 15 日《倭人内讧》，1 月 16 日《倭事杂闻》，1 月 19 日《倭事述闻》，1 月 21 日《日本火警》，1 月 21 日《倭奴户籍志》，1 月 22 日《日本贡献考》，2 月 1 日《倭邦地震》《倭邦火厄》《倭事琐闻》，2 月 5 日《倭人杜撰》《议添兵饷》，2 月 8 日《倭人无礼》，2 月 12 日《倭人穷蹙》，2 月 14 日《倭奴越俎》，2 月 17 日《倭事杂译》《详述日本地震事》，2 月 26 日《倭邦秽史》，3 月 7 日《倭员横议》等 76 例。

　　显而易见，从这些题目的用词上，《申报》已显现出明显的情感和立场表达，不再坚持客观冷静的报道立场，已带有鲜明的民族主义色彩。

三、战争末期：从"贬损"到"赞誉"（1895 年 3 月 9 日以后）

　　1895 年 3 月 9 日，辽南最后一战田庄台战役结束，清军败退。"自田庄台沿辽河而东，自鞍山站而西，皆为倭据……海陆交乘，畿疆危遇，而议款益亟已！"❶ 情况危急之下，中国武力抵抗逐渐沉寂，斗争转移到外交之上。3 月 13 日，李鸿章受命出使，开始了赴日乞和的历程。

　　《申报》3 月 14 日刊发《论中国之患不在今日之倭而在后日之兵》认为："（日本）今虽事事更张，效法泰西，各国穷兵黩武，甘以戎首自居，而究之其素性，仍未尝稍改观于得险要而不敢守，得军火而即时运回，可

---

❶ 姚锡光．东方兵事纪略·中日战争［M］．上海：上海人民出版社，2000：50.

知其初无大志，而仍唯以抢掠蹂躏为能……倘能布置周密计划万全，与倭奴诘朝相见，吾知一鼓而歼，可操券待。"❶ 3 月 23 日报道英美水手在横滨斗殴，日本人"拉偏架"帮美国人，得出"区区一事观之而亦显分轩轾可见胸襟之狭隘"的结论。❷ 3 月 25 日日本人在沪偷盗被《申报》示众。❸ 李鸿章在日地被刺，消息传回国内，《申报》直呼"倭人之残忍者矣，致有非常之变，然曲直自有公论，天下万国必有群起而译"。❹ 4 月 1 日，《逆迹记三》中，客观报道了日本报刊对甲午战役的报道，曰："倭京读卖新闻云，丰岛之役中国广乙兵船受击损坏，操江兵船被日兵捕获。海洋岛之役，中国致远、经远、超勇、扬威四兵船被日兵劫去，广甲兵船损坏不堪。威海卫之役，定远、来远、靖远、镇海四兵船次第沉没，镇远、济远、平远、广丙、镇边、镇东、镇西、镇中、镇南、镇北十兵船俱经已革，提督丁汝昌献与日将伊东祐亨。营中之役，湄云兵船又被日兵所掳，至此北洋只泰安一船矣。国民新闻云，倭历三月二十一日即华历二月五日午后两点钟越数分时，李傅相与伊藤伯会议和局，伊藤伯令内阁书记官井上氏操英语书记，奈良氏操华语以相问答。傅相则令参赞伍观察廷芳用英语酬对，议至四点二刻时始握手而别，所议如何外人无由访悉。唯闻是夜，傅相连发电报二次至中华。又云李傅相所带各人已悉数登陆，计前出使日本大臣李经芳，头等参赞官罗丰禄、马建忠、伍廷芳，医官林耿辉，翻译官卢永铭、罗庚龄，大均翻译学生柏斌、黄祭俊、高壮凯、王崇厚、史悠禄、吕芳龄，供事黄正武、弁杨、福同、倪顺、邱荣、阎钦、田尚霖、吴忠元、吴锡宝、柴振邦、田锡珍，此外尚有家丁十名，庖丁二名，剃发匠一名，仆役八名，盥夫八名……"❺

谈判期间日方威胁再战，社会上亦有传闻日本库藏颇丰。针对此种情况，《申报》4 月 1 日特地撰文《日本贫乏说》来反驳。"有客语于余曰，

---

❶ 论中国之患不在今日之倭而在后日之兵［N］. 申报，1895-03-14（1）.

❷ 倭奴见解［N］. 申报，1895-03-23（2）.

❸ 倭奴作贼［N］. 申报，1895-03-25（3）.

❹ 电传噩耗［N］. 申报，1895-03-27（1）.

❺ 逆迹记三［N］. 申报，1895-04-01（1）.

日本帑藏中储有银钱八十兆圆以备急迫时之用，子亦曾知之否，首则应之曰此说也，仆固之前闻子何由而得知意者，日人夸大之词殆误听而误信之耳，客曰：否，我盖得之友人而友人。则得之彼国大藏首某官者曰，此说乌足深信。犹忆十五年前日人自称库中存现银一千二百万圆，外人多有窃笑之者，与官乃延西国驻节东京各公使入库同观，有西人论之曰柜中之银并不逐一启视有无，固不得而知，即使真实不虚，亦不过合英金三百万磅，英国富商大贾一人之私财，尚不止此，而况国乎？噫！日本之贫不贫于土地瘠薄，而贫于事事急于仿行西法，以致金银悉数流入泰西，夫西法岂足以致贫。而日人躁进圆功，今日备战船，明日备战具，已不能制，则悉向欧洲购之。迄今维新后甫二十有八年，虽凡事粗得西国皮毛而财贷已因之而尽，或谓日本蕞尔小国一岛，国帑藏既不充轫恐流出者，亦未必能多日，是不然日主欲聚饮于民，而虑民之怨咨交作也，乃设计以诱骗之，制为纸币责民间以现银易去行使，市中民间守法奉公不敢违抗，于是银皆归之帑藏，而民间唯以方寸之纸片作家私，日主窃宫此计得行乃大放。"❶

4月17日，中日双方谈判签约，但未换约。《申报》评论依然心怀不甘，5月1日日本天皇准备和约庆典，然而受风寒只能取消庆典，该报报道："以逆犯顺非礼也，以小胜大非福也，倭与我战屡得小胜，意气之盛，睥睨一时，庸它知和局尚未大定，而眈眈窥伺其旁者已不乏其人乎？吊且不暇贺于何有？"❷然而终究回天无力，战场上胜负决定了外交地位，中国失败已成定局。

5月8日，中日两国在烟台顺德酒店举行换约仪式，和约正式生效。《申报》立即表现出对日本的礼赞。5月9日，在《换约礼成》的报道中，《申报》认为：从此中日两国化干戈为玉帛，尽弃前嫌，重修于好，岂非两国人民之福。同时，对于割地有损国利，这一点很多人难以接受，针对这种悲哀的心理，《申报》发表《论割地轻重》一文，曰："凡事莫不有轻得轻重之故，必因乎时势明乎是非，察乎利害，有为昔日之所重，而今日

❶　日本贫乏说［N］.申报，1895-04-01（1）.
❷　停止庆贺［N］.申报，1895-05-01（1）.

之所轻者，有乎今日之所轻者，而后日之所重者。有为人之所重，而我之所轻者，有为人之所轻，而我之所重者。若就轻论，就重论，重是仅为目前之，未可与言轻重者也。中日议和张邵二星使，因权之未全不满于倭人之意，徒劳往返迫上相渡，始得订约，上相之权重于前使，孟子所谓权，然后知轻重，此事轻重之故，唯上相知之审矣，乃草约傅布始知偿费之外又须割权之，以及东省所失地方以与倭人，于是中外人民同生触望，皆若以数千万金资为不足惜，唯中国之版图断不以敝在草野人民。何知轻重，然其心之所发，若有不约而同者，然后知轻重之故自在人心，不必速而求者也。然当时草，虽定我皇上尚未用宝或有更张之举，并闻内外大小臣工封章叠上咸不顾以土地与人，且与国诸邦共抱不，法俄三国几欲与倭人以干戈相见，此和事之转机也。昨接京电，皇上已批准中日合约并无改动之处，虽断悉由恭亲王及孙徐二大臣及内阁上章吁请而成，想诸大臣统筹大局，必审夫时势，洞察夫利害，明辨夫是非。"❶

5 月 10 日，《论中日议和换约事》报道中，日本被开始作为正例，"倭国""倭邦""倭人""倭事"等贬损之词汇一扫而空，代之以"日本"的称呼："天下一战争之局也，时至今日又战争之势也，顾三二十年来欧洲诸国筹备攻战之具殚心竭力，皆怵他人之，我先而不闻有战争之事者，和欧洲诸国智力相等形势相倚，皆不敢先发难端，则一旦蓄及而发识者，咸料其必发难于亚洲，顾其所以迟迟不发者，岂不以时会未至，未便兴无名之师，致为公论之所不容而不谓会逢其适，不先不后，乃有朝鲜东学党作乱之事也，日本虽区区岛国，然自维新以后发奋自雄，欲为亚洲至强之国，图得朝鲜以自广其封殖且以杜外人之觊觎其用意未可厚非，以堂堂中国苟兵力确有可恃，则当发难之始猛着先鞭，力争要隘，如诸葛之七擒七纵，亦可使东人永不敢侵凌上国，待其幡然悔悟，然后与之订盟修好，患难相恤，缓急相救，然后唇齿之谊联，而亚洲之大局可借以永保，万不料以十部之兵，十倍之饷，竟致每战必溃败，丧师失地覆辙相寻，万不得已而遣使议和，德璀琳被阻于前，张邵两星使见拒于后，似和局将从此决裂

---

❶ 论割地轻重［N］.申报，1895-05-09（1）.

矣，不谓日人以李傅相赴日，商议为请中朝久厌兵事，遂以堂堂上相之尊轻舆减，从深入不测之渊，未几而即有小山放枪之事变生意外，日主恐犯众怒，为之踟蹰不安。"❶

　　5月12日，又登出《日本学校考实》，指出："日本之所以能称强宇内者，虽由于事事效法泰西，一掷从前旧习，实则通国多设各种学校，所以能作育人才也……"❷ 然后介绍了日本在改革学制方面的具体做法，自维新变法以来，旧时书本悉数毁弃，旧的教育制度荡然无存，设大中小三等书院，仿西方教育制度，一切事宜，悉归文部管辖定例。幼孩自八岁至十岁，一律入学，违反者父母会受到惩罚。日本全国大小书院共有三万余所，有官立的，有民立的，学舍的大小，生徒的多寡，各有不同，而章程则大致相同，以东京大学院为例，一为理化学专业，三年毕业，分别学习教育、伦理、英语、机器、化学、矿产地质、植物、动物、生理、农业、画图、音乐、体操等；二为文学专业，三年毕业，分为教育、伦理、国语、汉文、英语、地理，历代史记、理财、音乐、体操；三是女学专业，则以四年为期，分别学习伦理、教育、国语、汉文、英语、数学、簿记、地理、历代史记、博物、物理，化学、家政、画图、音乐、体操等。这是日本男女书院的大致情况。自小学以至大学，所习课程大概如此。只是精粗有别，深浅不同。日本大小各学校，没有不学习英文，没有不练兵的，练兵一科归入体操。体操就是每日运动手脚，以振作身体筋骨。初为养身而设，今本是以练兵，因势利导，易于奋发。练兵时各学生咸手执洋枪，由教师教以离合进退的方法，步伐井然有序……日本自设的工艺学堂，仅存在了十或八年的时间，大学院的创立也不过十年时间，其所造就的人才，由学塾而升入学院者，已形济济。……西人帮助时期，训导有方，人才辈出，到甲午战争前，日本的工艺事业已获得很大的发展，假以岁月，造诣益深，当不难与泰西各国并驾齐驱。这都是重视教育的结果，所以，《申报》认为国家的安危，在于人才，人才的盛衰，在于学校，今中国要

---

❶　论中日议和换约事［N］.申报，1895-05-10（1）.
❷　日本学校考实［N］.申报，1895-05-12（1）.

想教育人才，应该以设立学校作为起点，学校的兴建，应仿西法。今日变法自强，首在学校，学校既盛，自不至借才异域，并发出感叹：呜呼！事势至今日，可不汲汲焉。讲求造就人才之道，以抗衡乎泰西诸大国哉。至此，方才正视对手，晚矣！

至此，甲午中日战争以中日不平等条约《马关条约》的签订为结局，中国向半殖民地半封建社会的深渊迈进，但丝毫没有听到《申报》表现出任何哀怨之声，它始终与清政府保持了一致的立场，去排解签订丧权辱国的不平等条约给清政府带来的舆论压力。当然中国也在甲午战争中见证了日本日益发展的实力，《申报》的一些报道，也展示出"蕞尔小国"未可轻视的心理变化。

第四节　《申报》在甲午战争中宣传沟通作用

甲午战前，《申报》对日本的明治维新就非常关注，加之上海是经济繁荣之处，获取日本各方面信息极为便利。所以，关于日本的报道占到《申报》国际新闻报道的 80%。借助于此前《申报》编辑对日本情况的了解，以及已有的采访途径、地理位置的便利条件，《申报》在甲午战争期间刊载了大量涉日报道，其间态度发生了较为明显的转变。开战之前，即使战争气氛已趋激烈，《申报》依然秉持真实客观原则，尽管少部分报道对日本存在稍负面的评价（《攘日议》的"日本一岛国能及法人之万一否……区区日本不度德不量力"[1] 和《战必胜说》"日本人心纷纷不定……人心不足恃而尚欲奋螳螂之臂妄自当车恐不待交锋而早已辙乱旗靡矣"[2]），但总体维持在就事论事的态度。特别是《日人肇祸》[3] 一文在日本人明显理屈的情况下没有夹杂任何轻辱之语，和后来涉日报道必对日本奚落一番形

[1] 攘日议［N］.申报，1894-07-09（2）.
[2] 战必胜说［N］.申报，1894-07-11（2）.
[3] 日人肇祸［N］.申报，1894-06-29（3）.

成鲜明的对比。

战争爆发后,《申报》报道倾向迅速转变,日本形象也马上滑落谷底。在该报看来,中日之战清军完全是"以大制小,以顺讨逆",❶ 要对日本大加惩创,因此这种思想也反映在了报道之上。首先,一大明显变化是对日本的称呼。9月6日《论倭人窘况》❷ 一文首次将之前报道中的"日本"替换为"倭"的丑化称呼。"倭"表现出一种明显的憎恶感,是中国语言文化之道义立场在对日关系方面的表现。❸

其次,普通的灾害事故被《申报》视作为"天人感应"的表现。丰岛海战过后,《申报》评论7月31日日本火灾:"兵端甫起而劫耗迭开,殆有为之先兆乎?"❹ 之后每一条的相关报道依然如此。8月18日地震被看作是"哭声遍野,惨不忍闻,天殆其黩武穷兵故示之以非常之警乎"。❺ 此类新闻大都如是。传统中国"天人感应"学说认为,灾异一定程度上包含着自然与人世的内在关联,"自然的灾异现象是由于人的活动改变了宇宙自然中的阴阳和谐,阴阳失调导致灾异发生,要使阴阳和谐就必须纠正人世间引起阴阳失调的不正当的活动"。❻ 日本的灾害正是上天对其侵略行为的惩罚,所以必定没有好结果。

最后,对于日本国内出现的民不聊生、社会治安恶化等诸多情况,《申报》都归结为"多行不义必自毙"。《申报》舆论认为:日本纷乱的国情,窘迫的状态,已流露于楮墨间,但依然跋扈飞扬,称兵海外,真是不知进退者,我请以一言定之,曰多行不义必自毙。❼《申报》还把日本的社会问题归因于战争的发动,日本仿造的洋货,大部分运售到中国,现在两国交兵暂停贸易,工人辍业,生活维艰,衣食无着。日本大阪各机器制造

---

❶ 论朝鲜实与东北相维系[N].申报,1894-08-07(2).

❷ 论倭人窘况[N].申报,1894-09-06(2).

❸ 陆晓光.古代中国对日本称名演变的历史考索[J].华东师范大学学报,2000(1):26-34.

❹ 日本火灾[N].申报,1894-07-31(3).

❺ 日本地震[N].申报,1894-08-18(2).

❻ 张首先.天人感应与灾异天谴:传统中国自然与政治的逻辑关联及历史面相[J].深圳大学学报,2019(1):147-161.

❼ 记客述日本近日商情[N].申报,1894-08-09(1).

场，共有烟筒 1027 个，西京有 52 个，所用工匠数万人之多，枵腹堪虞，哀鸿遍野，皆痛骂日本执政者之穷兵黩武，殃及小民。❶日本国本年旱魃为灾，田畴龟坼，加之发动战争劳师动众，需饷浩繁，以致米贵如珠，民不果腹，远近盗贼纷起，专以剽掠百姓为生，虽有巡差，苦难防备，某日有乱党数百人，拥至大阪米埠，对米商会社恣意搜罗，直至警官亲出查拿，方才一哄而散。国之一贫如洗，民之好乱又如此，而日本尚不知收敛，藐视征伐邻国，恐灭亡近在眼前，日本君臣，还昏昏在醉梦中耶。❷

除此之外，战争期间《申报》还注重从"日人残暴"和"日本国弱"两个方面来报道日本。8月8日在新闻中《申报》描写了高升号被击沉后的惨状。❸旅顺大屠杀发生后，《申报》报道经过并评论："此残忍酷虐能勿令人闻而发指乎？"❹为此连发四篇文章控诉日军暴行。❺其所作所为《申报》直呼："嚣张跋扈凡与海盗无殊。"❻不仅军队横虐，平民也无法得到安全保证。12月14日《倭奴无礼》报道厦门日本水手每经登岸就殴打华人，❼中国旅日侨民在中方大臣回国后也被日本当局任意欺凌，《申报》为此发言："倭奴之在中国者，苟系生意中人，华官无不优加保护，乃华人偶犯小过，倭官竟任意重惩，尚得谓为持平之道乎？"❽即使非华人，日本人也依然如此，"倭奴之猖獗无忌"，❾天性残暴。❿

至于日本国情，《申报》一概藐视之。在《申报》的报道中，日本国内经济上，"故库虚与空虚……通行于市者唯纸币耳，一出国即弃如敝

---

❶ 民不聊生［N］.申报，1894-08-18（2）.
❷ 本馆驻东访事人函述日本近情［N］.申报，1894-08-05（1）.
❸ 日人残忍［N］.申报，1894-08-08（2）.
❹ 倭兵残酷［N］.申报，1894-12-11（2）.
❺ 分别是 12 月 3 日的《倭奴肆掠》，12 月 5 日的《论倭奴残暴》，12 月 6 日的《倭奴无状》，12 月 11 日的《倭兵残酷》。
❻ 形同海盗［N］.申报，1894-08-02（1）.
❼ 倭奴无礼［N］.申报，1894-12-14（1）.
❽ 华民被虐［N］.申报，1894-10-24（2）.
❾ 西人被掳［N］.申报，1894-11-27（1）.
❿ 可见 8 月 8 日《日人无礼》描述日军欺辱朝鲜王公，9 月 27 日《欺人太甚》记载日军欺凌英国公使，11 月 27 日《西人被掳》各洋行访事人被日军抓捕，1895 年 2 月 8 日《倭奴无礼》等。

屣……民间踊跃捐输尚无所用……徒见其束手无策而已矣"。❶军事上兵员难继:"募兵情势甚为狼狈,因其国小民贫,一旦勾衅,不得不强行抽募。今将国中民籍统行编列,按丁抽取,有三丁抽二,两丁抽一之说……民之困苦可知查此。"❷政府不恤民众:"民间已左支右绌,十室九空,倭主乃择倭奴中之稍有资财者拘至广岛,勒令不捐则闭置空室使不得与外人通告……虽古之桀纣等暴君亦不至此。"❸国民士气低落:"无论男妇老小一律不准出门,凡有事端不可群聚一处……此是日人已心惊胆落,深惧华人矣……"❹天皇束手无策:"日本国皇赴广岛以便调戎……此事无非因倭兵在高丽败,故忿而出此作孤注一掷也,唯困兽犹斗。"❺通过一系列报道,《申报》得出结论:"劳师动众需饷浩繁,以致米贵如珠,民难果腹尔者,盗贼迭起,专以剽掠为生。虽有巡巡,苦难防备……恐灭亡无日矣,君臣犹昏昏在醉梦中耶。"❻因此,"日本之兵,外有虚骄之气,内无坚忍之心,勇于私斗怯于公战,又未尝一遇大敌,断不能当中国之兵",❼日本只能"朝野惊惧,朝夕惶惶,日皇恐宗社为墟,妄冀乞灵于佛祖……谚所谓急来抱佛脚与"。❽然而依然"其先人泉下有知,当深恨子孙之国祚将倾,为之痛哭流涕矣"。❾

　　针对日本国内关于战争形势的信息,《申报》也将其视为妄语。"本馆诚不屑我笔墨斥责其,非唯有一任其猖猖狂吠而已。"❿或者"虚张声势今倭报竟作是其夸诈欺人,洵不值识者一哂也"。⓫无论是日本报刊上登载胜利消息,还是普通民众为胜利举行的庆祝活动,《申报》都认为:"犹逞其

❶ 拟借国债[N].申报,1894年8月5(2).
❷ 日人狼狈[N].申报,1894年8月15(3).
❸ 倭奴窘状[N].申报,1894年12月23(1).
❹ 日人胆小[N].申报,1894-08-05(3).
❺ 倭主离京[N].申报,1894-09-12(2).
❻ 民不聊生[N].申报,1894-08-18(2).
❼ 论中国之兵可胜日本[N].申报,1894-07-23(2).
❽ 抱佛脚[N].申报,1894-08-23(2).
❾ 欺及先人[N].申报,1894-08-23(2).
❿ 东报狂言[N].申报,1894-08-2(2).
⓫ 倭报夸兵[N].申报,1895-02-28(2).

谲诈,大言欺人乎?我直以片语断之曰全不知耻。"❶

整个战争期间,《申报》言论大抵如此。当战争结束双方换约后,《申报》才又回到之前较为客观的报道立场上。《论中日议和换约事》❷《日本学校考实》❸等报道强调了日本兴盛的原因。"夺我藩属,荡我边疆,败我骄师,丧我士卒,覆我师舰,毁我舶澳,振动我人民,重贻我君父之忧者,乃在向所藐焉,不足虑而轻视之日本也,即亦出人意料之外者矣。"❹吸取了之前报道教训,日本的正面形象开始进入《申报》的视野。

纵观甲午战争中《申报》的报道,有几个方面突出特征。

第一,近代以来,能够及时、连续、定期向受众提供各种消息的报刊成为构建国家形象的重要素材。而甲午战争之中《申报》出于战争宣传的需要,就扮演着这样一个角色,他们给晚清中国人创建出一个明显的日本负面形象。

作为政治文化符号的国家形象,也是一种象征性权力,它反映的是公众对国家本身、国家行为、国家的各项活动及其成果所给予的总的评价和认定。❺国家形象具有相对可塑造性,即国家形象是可以产生和改变的。第一,它是指作为国家形象塑造主体的国家可以根据本国的国家形象定位以及国家形象战略,进行全面的国家形象塑造。第二,国家形象感受主体会根据自己的文化传统、价值观念、意识形态有意或无意地美化或丑化、强化或弱化某个国家的形象,给这个国家的形象塑造打上深刻的偏见烙印。❻清末的中国闭关锁国,人们不可能靠亲身的经历构建起日本的国家形象,只能靠报刊这个间接的媒介认识评价日本。任何形象在创建之余免不了多方面的影响与制约,特别是国家形象决定了资源的占有与政治合法性等多元内涵。尤其是在战争双方尖锐对立的矛盾中,双方都会借助新闻媒体建构他们需要的敌方或我方"国家形象",这是民族利益所决定的。

---

❶ 全不知耻 [N]. 申报,1894-08-07(2).

❷ 论中日议和换约事 [N]. 申报,1895-05-10(1).

❸ 日本学校考实 [N]. 申报,1895-05-12(1).

❹ 论中国万不可允日人割地之请 [N]. 申报,1895-03-22(2).

❺ 管文虎,等. 国家形象论 [M]. 成都:电子科技大学出版社,1999:1.

❻ 吴友富. 中国国家形象的塑造和传播 [M]. 上海:复旦大学出版社,2009:5.

即使追求客观公正的新闻媒体依然是从特定视角和所处环境来对事件加以报道。《申报》作为一家商业媒体，其开业之初就直言："本报之开馆，余愿直言不讳焉，原因谋业所开者耳。"❶加上它一直以中国人作为主笔，其创始人又不排斥在关键时刻仗义执言，所以《申报》的立场一直以中华民族为主，声讨日本侵略者的罪恶行为是它在甲午战争时期的总体倾向。在所有的涉日报道中，它通过政治、经济、军事、社会大众等多层次的报道构建出一个国家残暴、民众离心、经济趋于崩溃、军事薄弱、外强中干的日本形象，虽然其中不免掺杂着时势的蒙昧和虚骄成分，但总的来说是为了呼吁国人奋起抗战，激励大众信心。战争之中，宣传的目的就在于使公众相信战争的正义性，"用敌人傲慢和堕落的事例来强化国民的头脑是十分稳妥的，任何一个发动战争并阻碍和平的国家都是不可救药的"❷。《申报》的报道正是这一宣传意识的体现。

在整个报道过程中，《申报》态度瞬息变化，对日本国家形象的建构也是从真实客观到讥笑贬损，再到赞誉有加，这恰恰体现了《申报》在随着中日两国矛盾对立的舒缓与剧烈而策略性的调整。譬如，即将缔约时，日本态度强硬，以再次开战相要挟，《申报》的话语立即发生了变化，负面的用词与表达使日本形象迅速滑入谷底。一旦条约缔结，正式生效，《申报》迅速转变态度，甚至产生了"（中国）与之订盟修好，患难相恤，缓急相救，然后唇齿之谊联，而亚洲之大局可借以永保"的幻想。❸虽看似前后有自相矛盾之处，然而报道立场改变的背后是对民族存亡的担忧，是对战争侵略者的憎恶。《申报》对日本形象的建构与塑造，显然并不是呈现出完整、真实的认识。它的这一塑造过程，是真实与主观倾向之间的重叠与混合，而这种交融又是与现实战争进程环境之间不断互动的产物。虽然不乏日本的真实信息，但是明显存在着夸张与扭曲。战争期间一味贬低，战后又迅速赞赏，背后正是复杂的必然性与偶然性的交织。

第二，《申报》成为沟通中国与世界联系，扩大认识版图的一种方式。

❶　本报作报本意［N］.申报，1875–10–11（1）.
❷　拉斯韦尔.世界大战中的宣传技巧［M］.北京：中国人民大学出版社，2003：73.
❸　论中日议和换约事［N］.申报，1895–05–10（1）.

在晚清信息沟通并不顺畅、交流方式单一的情况下，大多数中国人对日本的认识只能基于极为有限的传说故事。其余更多部分往往杂记着人为构建的历史记忆，既不准确且充满着主观的偏见，对日本"蕞尔小国"固有形象的认识即是如此。新闻媒体在甲午战争的报道中，塑造不管是正面的日本形象，还是负面的日本形象，都让中国人知道了日本更多的国情信息，让中国人看到了日本的军事力量和技术、经济发展。在与日本战争实力的对比中，人们真正意识到日本的巨大变化，中国人感受到了差距，但真正痛彻的感悟还是战争的失败。《申报》一下子将真实的世界暴露在大众面前，从前几千年来所积累的"倭寇""蕞尔小国"的印象被现实击碎，重新定位中国在"世界版图"内的位置，中国对日观从轻视防御到学习模仿发生了根本性逆转。《申报》的报道正是这种观念分水岭的体现。

总体而言，《申报》在甲午战争中扮演了宣传沟通的角色。宣传是运用各种符号，传播一定的观点以影响和引导人们的思想和行为的一种社会性传播活动。《申报》在甲午发动战争中的宣传主要是对日本负面形象的构建，目的是从民族主义的立场揭示日本对中国发动战争的非正义性。其次也通过选择性的报道或带有主观倾向性的报道，传递清政府的主战派和主和派态度。在甲午战争中，《申报》为清政府及大众提供了日本军备、国情、民意等诸多方面的丰富信息，成为中国同日本信息沟通的中介。如1894 年 6 月 11 日的《论日本工艺制造之精》一文，介绍了日本自维新变法以后，工艺制造已经由原先依赖外国人，到现在独立发展的现状。日本注重工艺人才的培养，推动了工艺事业的发展，"工艺之事无不造其精微"。非但不用再依赖外国人，还能独出心裁，有自己的发挥创造。且物美价廉，比西方的工艺品销路更为广远。日本人从西方学得开矿之学及冶炼五金的方法，且心领神会。所以日本的铜、煤，每年销运到中国为数甚巨，这是日本盈利的第一个重要来源；比如日本在生产煤气灯方面，发明了新的有效方法，价格低廉，计每百盏灯每月收取价洋仅需四元之数，人皆乐用。而日本之取价尤廉，设能推广于通商口岸，则西人利权必为所夺。日本地火电厂公司可以通行而无碍，这是日本擅于盈利的第二个方面。再如煤油，日本以化学之法提取煤油中猛烈之质，炼制发明了煤精，销往中国后，中国豆油等之销路为之略减，以前喜欢点用豆油者，今皆改用煤油，取其价廉而光明过于豆油也……日本的煤油，质性平善，可保无从前失事之险，且燃点之时，其光明与未经提过者曾无彼此之别，而其所提之煤精，别有要用，不至废弃。煤油一项，日本所出者，可保其有利而无害，其销路之日盛一日，可悬揣而知，这是日本擅于盈利的第三个方面。还有棉纱洋纱，日本不靠洋人，自己广种洋棉，取材宏富，以其纺织之余，纺成洋纱，售入中国，故洋纱自日本进口者亦属价格不菲，这是日本擅于盈利的第四个方面。当提到轮船的时候，《申报》把日本和中国作了对比。中国兵轮商船，多从国外购买，材料是否坚固？做工是否精良？全由外国人掌握，自己无法把控。日本则皆能自行制造，无须借助外国人……所有大小各船，船上所有技术人员全是日本人。权操于己，而利无外散，这是日本擅于盈利的第五个方面。最后是铁路，日本人在建筑铁路方面，自工程师工匠，到施工的每一道手续，填道路，建桥梁，本国之人皆优为之。而且所有的原材料都取材于本国，故价廉而工省，轻而易举。凡于应建铁路之处，皆已一律告竣。而无当行不行，当为不为之虑，这是日本擅于盈利的第六个方面。❶对在明治维新后，日本全面向西方列强学习，近代资本主义工商业得到迅速发展，《申报》舆论给予了充分肯定。除此之外还有很多这样的信息，准确、客观、具体，还关涉中国，对于中国了解日本，借鉴日本，发展自己的经济、国防、文化、教育等有极大的帮助。

---

❶　论日本工艺制造之精［N］.申报，1894 –06 – 11（1）.

第二章

《女子世界》在妇女思想解放中的启蒙

　　对于本章的研究，必然要涉及新闻报刊事业史和妇女解放史这两个研究领域。妇女解放是人类解放的天然尺度，妇女报刊历史发展沿革可以反映妇女解放过程以及社会问题。

　　妇女解放话语问题首先是由作为社会精英阶层的知识分子发现的，近代中国的第一份妇女报刊首先是由康梁为代表的资产阶级维新派创办的。近代妇女报刊多短命，而《女子世界》历时三年之久，且由此掀起了第一次妇女报刊创办的高潮，有承上启下之作用。其出版发行到内容创作以及其社会实践必有超越其他妇女报刊之处，其新闻报刊价值不言而喻。同时，作为舆论宣传的重要媒介之一的妇女报刊，成为讨论妇女问题、宣传妇女解放的前沿阵地。通过对《女子世界》的个案研究，对于了解中国近代妇女史具有重要的理论意义。

　　《女子世界》中的妇女解放话语建构是具有历史进步性的，对促进中国妇女的觉醒起到重要作用。探析《女子世界》这一妇女报刊可以在历史背景中，感知新闻报刊为追求男女平等、妇女解放而作出的努力，为国家危亡奋起呐喊，并深刻体会到现代女性能够获得尊重来之不易。同时，反观当今妇女报纸杂志的两种形式及状态，偏重情感疏解抑或是时尚潮流，大多追求风花雪月的浪漫，高级奢华的消费，仿佛是历史的倒退。对《女子世界》报刊的梳理和学习可以深化忧国忧民情怀的认识。同时其作为一种舆论宣传范本，了解其对一种话语的建构，对当今妇女报刊引导正确价值观，发挥其最大价值，具有现实指导意义。

　　本章主要是从妇女解放话语这一角度切入研究《女子世界》，探讨《女子世界》内容文本对于中国女性意识觉醒、思想解放的巨大作用，并将这一关系置于辛亥革命时期妇女报刊出现创办高潮这一大的历史背景之下加以宏观把握。将《女子世界》这一女性历史报刊作进一步的梳理，系统分析它存在的三年时间里对女性解放话语的建构，以教育推进女学，以参政推进女权，以婚姻推进女性自由平等，最终开启妇女解放的思想大门，更为全面、系统地分析《女子世界》新闻价值、传播价值、社会价值。

妇女解放思潮是由西方传来，因此要想完整地了解妇女报刊面对大思潮的变化发展内涵需阅读西方的原始著作，本章试图从西方女性主义视角出发研究《女子世界》对女性意识的启蒙作用，这就要求理解学习并吃透所引入的新学理。

从既有的研究来看，中国妇女报刊的发展多被置于近代中国报刊发展史中进行讨论研究，鲜有以辛亥革命这一特定历史时期为背景，对妇女报刊社会角色进行特殊解读的成果出现。《女子世界》作为这一时期具有承上启下作用的报刊范本，开启了妇女报刊创办的高潮。本章重点研究其内容文本在妇女解放话语建构中的角色，以新闻学视角考察其意义和影响。通过对这一时期《女子世界》报刊的研究和认识，加深对报刊在社会思想转型中的角色的认识。

辛亥革命指自 19 世纪末到辛亥年推翻清朝专制帝制、建立共和政体的这场革命运动。这一时期大致从 1894 年兴中会成立开始，至 1912 年元旦孙中山就职中华民国临时大总统。中国近代第一份妇女报刊创办于 1898年。《女子世界》作为辛亥革命时期中国存在时间最长的妇女报刊，于1904 年 1 月 17 日创刊于上海，1907 年因资金问题被迫停刊，历时三年，共出版发行 18 期，是辛亥革命时期促进妇女觉醒的刊物。因此本章的时间界定基本为 1898—1912 年，为叙述上的方便，时间或稍上溯或稍下延。

妇女解放又称女性主义、女权（女权主义）、性别平权（男女平等）主义，是指为结束性别主义（sexism）、性剥削（sexual exploitation）、性歧视和性压迫（sexual oppression），促进性阶层平等而创立和发起的社会理论与政治运动。妇女解放来源于西方，指女性对自身作为人，尤其是女人的价值的体验和醒悟。但在近代中国，由于特殊的国情和历史原因，女人作为人的价值发现不是一个独立的活动，而是被融入社会革命的大潮，是社会解放的一部分。对于女性价值的发现不仅是女人的事情，也是男人的事情。因此，关于中国的妇女解放，除了要重点考察女性自身的觉醒外，更多的是关注男性对女性价值的醒悟。

话语建构即围绕着特定语境（context）中的特定文本（text）所形成的传播实践和社会实践。作为媒介的报刊具有实现这一话语建构机制的能力。

对于研究而言，难点在于相关史料、文献冗杂，历史性语言晦涩，直接相关研究文献稀少。辛亥革命时期作为清末民初的一部分，学者往往将其放入大背景之下进行考察，缺乏对辛亥革命这一时期女性报刊出现高潮的系统分析；同时，关于《女子世界》这一妇女报刊也被放入历史大潮中进行分析解读，缺乏将其作为报刊传播角色的认识，特别是对于其新闻价值的考察甚少，需要利用新闻理论客观分析。

第一节　辛亥革命时期《女子世界》的创刊与发展

一、《女子世界》的创刊背景

（一）社会变革下，西学东渐中的报刊

晚清，欧美传教士和商人来华办报，将西方报纸模式输入中土，开启中国近代报业之端。新兴报纸不仅向公众报告新闻、介绍新知，而且评议时政、发抒意见，对晚清的政治、社会和文化的变迁，产生重要的影响。西方列强的入侵，激起中国数千年未有之巨变。庚子之后，革命报纸相继

创刊，以革命大义鼓动群伦，使志士风偃，人心归向，革命风潮由是弥漫全国。辛亥革命之成功，实基于此。

1. 辛亥革命前夕民族危机日益加深

1840 年鸦片战争以后，中国开始一步步沦为半殖民地半封建国家，帝国主义列强在政治、经济、文化、思想等各个方面加强对中国的掠夺、压迫和控制，清朝政府也逐渐沦为"洋人的朝廷"。不久农民组织发起义和团运动，以此表示对政府的不满。清政府出于巩固政权、安抚人民情绪的目的，宣布实行"新政"。"新政"并没能挽救岌岌可危的清政府，反而加速了它的灭亡。"新政"加重了捐税，因而大大地扩展了自己的对立面；新式学堂培养了近代学生，因而造就了成批的反封建志士；新军淘汰了绿营练勇，结果却铸成把枪口指向王朝的武装力量。"自救的'新政'不仅无法保持王朝的内在凝聚力和集体价值，反而使社会益形梦乱，成了王朝的催命符。"❶1900 年八国联军发动侵华战争，掀起瓜分中国的狂潮，皇帝和太后逃亡，亡国之祸迫在眉睫，民族危机空前严重。正如孙中山所说："八国联军之破北京，清后、帝之出走，议和之赔款九万万两而后，则清廷之威信已扫地无余，而人民之生计从此日蹙。国势危急，岌岌不可终日，有志之士，多起救国之思，而革命风潮自此萌芽矣。"❷

丧权辱国的《辛丑条约》签订后，帝国主义势力进一步深入到中国的内地，到处建筑铁路、开办工厂、开掘矿藏、创立银行，并牢牢掌控中国的经济命脉，中国的民族灾难更为深重。面对八国联军的共同武装侵略，软弱无能的晚清政府却开门揖盗、为虎作伥，全面投降了帝国主义，朝野上下基本丧失对清政府救亡图存能力的信任。为了支付巨额赔款而实行的普遍加捐加税，急速加剧广大人民的生活负担，人民穷困潦倒，受晚清政府和帝国主义的双重迫害，社会矛盾激化。社会各阶层开始寻求反抗自救，农民群众掀起了此起彼伏的抗捐反教运动；城市工商业者和其他居民进行了罢市、罢捐的运动；中小地主也在寻找改变困境的方法；而资产阶

---

❶　陈旭麓 . 近代中国社会的新陈代谢［M］. 北京：中国人民大学出版社，2015：253–254.
❷　孙中山全集（第 6 卷）［M］. 北京：中华书局，2011：235.

级知识分子也纷纷出国留学探索救国救民的道路,社会变革与民族革命一触即发。

2. 西方报刊的传入及对妇女解放话语的关注

西方列强使古老中国被迫打开国门的同时,也给中国带来先进的技术和思想。欧美传教士和各国商人来华办报,将西方的报纸模式输入中国,开启中国近代报业之端。《察世俗每月统记传》是当时中国朝野视基督教为异端的境况中,西洋传教士用中国的文字以华人为对象,在马六甲出版的最早的现代报刊。创刊者米怜出于宣传策略的考虑,以宗教、新闻以及新知识为基础,巧妙地利用中国经典为苦难的中国人民塑造了一个静谧、安详的东方自我镜像,以期获得读者的认同,同时塑造另一个更为优越的以西方科技为先导的他者形象,其间充斥着愚昧、落后对现代文明的敬意,从而有效化解了中西文化差异带来的对峙关系,并且试图弥合这一鸿沟,其中不乏执笔者对中西文化不断的调试和对接。这让长期处于封建思想禁锢之中的先进知识分子看到了一个崭新的西方世界,并在强烈的对比中看到西方制度和文明的优越性。由此中国西学思想得到广泛传播。

随后以推广西学为宗旨的广学会创办《万国公报》,译介大量西方社会经济政治伦理学说和自然科学知识,并逐步发展成为一份集新闻报道、中外时事评论、中西学介绍与研究的综合性刊物,向士大夫阶层传播西方理论。客观上,《万国公报》给国破家亡的知识分子进行社会变革,提供论说和活动的媒介平台。《万国公报》对于妇女解放问题极其关注,斯宾塞的《女权篇》、约翰·弥勒的《女人压制论》和第二国际的《女权宣言书》等先后被译介到国内。这些女权理论的输入,打开了国人的眼界,为妇女解放运动的发展提供了思想基础,并在很大程度上开始解构中国传统封建文化,重构妇女知识体系,是中国妇女解放话语建构的先锋式实验。其刊载文章宣传不缠足、兴女学、革除封建旧习等,颠覆着中国数千年来的封建文化格局。西方传教士不仅办刊传播西学,也在同期创办教会女校,为中国第一代知识女性的成长提供了一块重要的人才培养基地。教会女学猛烈冲击中国"女子无才便是德"的传统观念,冲破了国人长期禁锢

的封建传统思想，为辛亥革命时期妇女解放思想的传播培养了第一代女学
受众，客观上对中国妇女解放运动起了思想启蒙作用，以此反观传统妇女
观，促进了近代妇女的觉醒。但是，西方传教士并没有把西方资产阶级妇
女解放理论系统地介绍到中国来，其出于传播西学和基督教的目的使其带
有很强的局限性。

3. 国人西学自主办报风潮

西人宗教性质的报刊生产使女性解放媒介及整个社会的媒介生产回归
到原始传教意图的传播机制。随着西学在爱国知识分子中的广泛传播，亡
国灭种的危机感和耻辱感笼罩在中土，国人救亡图存自主办报的实践开
始，且与变法革命运动密切相连。这期间《申报》作为早期商业类媒介的
典范，历经晚清、北洋政府、国民政府三个时代，被人称为研究近代报刊
事业的"百科全书"，作为战斗之号角的《中外纪闻》《强学报》《时务报》
《大公报》等既具有研究意义，也是"西学东渐"的重要成果。康有为先
生作为维新派代表，为中国的报业格局勾勒了一个崭新的政治家办报的体
系，造成中国媒介重大的面向改观。一方面设法抓住统治阶级，争取最高
政治权威的支持，不断上书请愿；另一方面在士大夫中"广联人才，创通
风气"，以扩大力量与声势，这里采取的办法便是开学会、办报纸，将报
纸作为其思维结构和文化结构的与舆论场，以此实现一种由个人式作业到
共同认知的士大夫或者说文人文化结构的认同。

深受康有为思想影响的梁启超先生致力于《时务报》的实践，是最早
一批接触新闻学启蒙的知识分子。他宣传了一套先进的、新颖的资产阶级
思想学说，用新的现代意识、现代理论来传播自己的政治主张，为正处在
新旧过渡时期的国民指出了前进的方向，并开始有妇女解放的觉知，"夫
为妻纲"是"天下最奇骇不公不平之事，不可解之理"，"人者，天所生
也，有是身体，即有其权利，侵权者谓之亲天权，让权者谓之失天职。男
与女虽异形，其为天民而公受天权一也"。"以公理言之，女人当与男子一
切同之以实效征之，女人当与男子一切同之，此为天理之至公，人道之至

平。"❶维新派关于妇女问题的主张为辛亥革命时期妇女解放思潮和女性意识的觉醒打下思想基础，但在古今中西文化相激相荡的剧烈碰撞下过度强调刊物的政治自觉意识取向，导致掩盖了新闻专业主义独立发展的可能，全面西学并未使女性报刊真正得到发展。

（二）国内女界情势与文化交流

1. 中国女学的发展与知识女性群体的出现

辛亥革命时期救亡与启蒙、反帝与反封建是这一时期的首要任务，为此阶段期刊的总体发展奠定了方向。女界争取解放的舆论呼声增强，宣传意识提高，已具备创办妇女报刊的基础。秋瑾认为，具左右舆论之势力，担监督国民之责任者，非办报不可。可见知识女性渴望通过报刊发出声音，在这种情势的影响下，爱国知识分子开始创办妇女报刊，掀起救民族于危亡的运动，产生了《女界钟》《女界泪》等专门研究妇女问题的重要成果以及《女子世界》《女报》《妇女时报》等由男性主办的妇女刊物。以近代报刊为平台，男性知识分子代舌以笔，掀起了研讨妇女问题的新一轮热潮。颇具影响的还有秋瑾创办的《中国女报》、陈撷芬创办的《女报》、燕斌创办的《中国新女界杂志》等。这些报刊力图通过发布女性的声音来改变以往由男权主导下的"男尊女卑"的陈腐观念，全面控诉女子所受之苦，并论说女性应该得到教育权、财产权、劳动权和自由权，标志着知识女性自救意识的日趋成熟，自主成为妇女报刊的主要受众并尝试创办妇女报刊。这一时期的妇女报刊以批驳旧世界、描绘新女性世界为重心，并对女性国民心态予以关注，高扬着解放妇女的大旗。

随着女子教育的发展、女子留学的增多以及女性社会实践的拓展，知识女性逐渐汇聚成了一个群体。她们传播女权思想，以自觉自主的形象投入到妇女解放的浪潮中，标志着女性自身觉醒的现状已经发生了很大改变。争自由、复女权是辛亥革命时期妇女解放的重要标志，也是辛亥革命时期女权运动的主题。争自由、复女权，根本上是争取男女平等和男女平

---

❶　康有为.大同书［M］.北京：中华书局，1993：65-66，199.

权。出现了一批极具代表性的女杰，如秋瑾："吾辈爱自由，勉励自由一杯酒。男女平权天赋就，岂甘居牛后？"❶ 宣扬自由、平等，标志着压抑数千年的中国女性权利意识的苏醒。她在著名的《敬告二万万女同胞》中讲道："试问诸位姊妹，为人一生，曾受着些自由自主的幸福呢？"她所说的女性自立就是摆脱传统女性的性别角色，主张女子像男子一样生活。秋瑾所主张的理想女性是"尽与男子一样任务"的女性。几乎与秋瑾同时，女界出现又一位新女性张竹君。学医归国的张竹君从女性自身出发，从女性健康的角度指出缠足对女性身体健康造成的巨大伤害，同时批判女性的依赖性，认为女性作为国民之母的角色有义务要女学，"夫女子为人群之母，母教之不讲，民品所由败也，女学之不昌，人种所由弱也"❷。辛亥革命后，张竹君评论参加革命的女军："纵今日所编之女子军队，俱能挑选合格。而就生理上言切实言之，比较男子，相差终远。况今日之女子军队，半皆大家闺秀……而欲与强悍之北军，决斗于疆场，不必论其胜负。"❸ 主张女性要根据自身特点发展素质，不必完全求同于男性。辛亥革命后期还有刘青霞、唐群英、何香凝等知识女性不断涌现，为争取妇女解放作出巨大贡献。

2. 女性主义文化的发展与中日文化交流

辛亥革命时期具有救亡意识的资产阶级和知识分子群体承担起了社会思潮的传播任务。西方女权理论的影响下，不少知识女性已经觉醒，并积极参与到由男性发起的解放运动中，参与创办女学堂及报刊，并撰写文章发声，组织参与妇女团体，影响巨大。西方的女权主义理论是伴随着西方的女权运动产生的。在法国大革命和启蒙运动的浪潮中，以"天赋人权"为理论武器，西方女性开始追求男女平等的漫长历程。而中国近代妇女解放话语的传播是伴随着反帝、反封建的资产阶级民族民主革命而出现的，并且深刻地纳入社会革命的历史当中，在传统积淀异常深厚的中国，女性

❶　秋瑾 . 勉女权歌［J］. 中国女报，1907（2）.
❷　张竹君 . 女子兴学保险会序［N］. 警钟日报，1904-04-23，1904-04-24.
❸　张竹君 . 论组织女子军队［J］. 东方杂志，8 卷 10 号 .

主义的发展"同真正意义上的历史进步同命运"❶，虽然批判了封建礼教道德，以及旧俗三纲五常之类的学说，提倡男女平等，但更多的是体现了女性作为国民的义务而非权利。女性作为独立人的个体发展，并没有得到应有的空间，这种不彻底性也导致女性解放话语艰难前行，也是辛亥革命后期女性参政运动失败的原因之一，影响了女性主义文化的发展方向，部分重构了社会性别和女性文化，造就了一种与女性全面独立解放初衷不同的女性期刊传播机制，深深地影响着今天女性报刊的发展。基于社会、历史和文化的差异，中国的女性主义不同于西方女权主义，其在实现自己本土化的过程中构建着自己的话语体系。

中国女性主义深受日本文化影响，成书于世纪中期的女训《女式目》中称："女人不分地位高低，各有所爱，然首先应学艺、写文章，如不谙此道，则一生中不识善事也不辨恶事，亦没有乐趣，无有慰藉。"❷20世纪初，清政府多派官员赴日考察其女子教育情况，深受启迪，由此引发了中国国内对于女子教育的探讨，并最终促成了中国女学的出现。日本倡导的贤妻良母主义成为维新派的办学宗旨，并逐渐取代了"女子无才便是德"的传统女子教育观。中国近代的新式女学影响了一代知识女性，康有为的女儿康同薇深受日本女学的影响，精通中、日、英三国语言，翻译了大量的日本书籍，创办我国第一份女子报刊《女学报》，并发表了专论女子教育的《女学利弊说》，介绍"日本新树小邦，前十年间，女学生徒二百余万，教习千余员，学校三百余所"❸。女学发达使日本"既无坐食蠹国之民，即收兴业殖产之益"❹。同时康同薇还将女子教育与强国保种联系起来，认为"国之强弱视乎人才，才之良莠视乎幼学"，"而幼学溯源还得先讲母

❶ 刘四谦.中国女性文学的现代性［J］.文艺研究，1998（1）.转引自：人大复印资料.文艺理论.1998（4）.

❷ 转引自：李卓.近代日本女性观——良妻贤母论辨析［J］.日本研究，2000（4）：80-96.

❸ 康同薇.女学利弊说［A］//朱有献.中国近代学制史料（第2辑下册）.华东师范大学出版社，1898：878.

❹ 康同薇.女学利弊说［A］//朱有献.中国近代学制史料（第2辑下册）.华东师范大学出版社，1898：877.

教"，故"女学者，所以端本也，本端则万事理"。❶深受日本影响下的女性主义有朴素的贤妻良母观，这种观念在推动女性主义文化进步的同时，也不可避免因为过分强调女性"母亲"这一形象，有一定局限性。

（三）妇女报刊的起源与勃兴

1. 综合性报刊对女性解放话语的关注

辛亥革命时期有不少论及妇女解放问题的综合性报刊。1902年10月2日新世界学报馆出版的《新世界学报》刊有《劝女子不缠足启》《女子教育平议》《婚制改革论》等关注女性问题的文章。1903年出版的《智群白话报》第1期便载有抨击封建礼教的《女子无才便是德》《女儿赔钱货不赔议不过》的议论文。同年于日本出版的《江苏》月刊载有译文《欧米（美）诸国女子之体育》《日本留学女学生共爱会章程》等劝导妇女向学的文章，6月开设"女学论文""女子文存"专栏后，载有陈彦安的《劝女子留学说》、胡彬的《论中国之衰弱女子不得辞其罪》、方君的《兴女学以复女权说》、曹汝锦的《爱国及自爱》《恋家乡者无远志》、忆琴的《论中国女子之前途》、何香凝的《敬告我同胞姊妹》、龚圆常的《男女平权说》、胡彬夏的《祝共爱会之前途》等。这些文章猛烈抨击了封建专制主义，指出"女子无才便是德""百忍成金""万般皆是命"等言论都是"卑鄙猥琐"的"亡国之言"，使"国民高尚之人格丧失尽矣"。❷在《支那女子之爱国心》一文中指出，"支那之女子非完全人而附庸人也，非国民而家民也，女子之生命与财产之全权，皆操之为夫也者"。❸

2. 妇女专门报刊的勃兴

辛亥革命时期出现了近代第一个创办妇女报刊的高潮。1902—1914年，全国各地涌现女性报刊共50余种，极具代表性的有1902年陈撷芬主办的《女学报》，1904年丁初我主编的《女子世界》，1904年、1907年

---

❶ 康同薇.女学利弊说［A］//朱有献.中国近代学制史料（第2辑下册）.华东师范大学出版社，1898：878.

❷ 湖北留学生［J］.湖北学生界，1903（1）.

❸ 支那女子之爱国心［J］.湖北学生界，1903（3）.

秋瑾主办的《白话》和《中国女报》，1905年张展云主办的《北京女报》，
1906年、1907年、1909年陈以益先后主办的《新女子世界》《神州女报》
《女报》等，1907年燕斌主编的《中国新女界杂志》，1907年陈伯平主办
的《神州女报》，1907年何震主办的《天义报》，1911年唐群英主编的
《留日女学会杂志》等（具体参见表2-1）。妇女报刊由此成为报刊史上重
要的组成部分。

表 2-1　辛亥革命时期妇女报刊创办大致情况（1902—1914）❶

序号	报刊名称	时间	地点	主办单位主要负责人	刊期
1	《女报》	1902.5	上海	陈撷芬	月刊
2	《女学报》	1902.2—1903（后1903年在日本复刊，1904年停刊）	上海	陈撷芬	月刊
3	《女子学报》	1903	广州		
4	《岭南女学新报》	1903.3	广州	冯活泉	月刊
5	《女子世界》	1904.1—1907	上海	丁初我	月刊
6	《妇孺报》	1904.5—1904.12	广州	广州蒙学书局	月刊
7	《白话》	1904年9月	日本	秋瑾	
8	《女界灯学报》	1905.5	佛山	女界灯学报社	月刊
9	《女镜报》	1905	广州	黄锋霄、郭用逮	月刊
10	《北京女报》	1905.8—1909.1		张展云、张药萝	日报
11	《新女子世界》	1906	上海	陈以益	
12	《中国新女界杂志》	1907	东京	燕斌	
13	《中国女报》	1907.1—1907.2	上海	秋瑾	月刊
14	《中国妇女会小杂志》	1907.3—1907.4		北京中国妇人会、燕斌	半月
15	《中国妇女报》	1907.3			
16	《天足会报》	1907夏	上海	上海天足会	季刊
17	《神州女报》	1907.9	上海	陈以益	

❶ 资料来源：丁守和.辛亥革命时期期刊介绍（第4集）［M］.北京：人民出版社，1983；刘巨才.中国近代妇女运动史［M］.北京：中国妇女出版社，1989；杨光辉.中国近代报刊发展概况［M］.北京：新华出版社，1986；方汉奇.中国新闻事业编年史［M］.福州：福建人民出版社，2000；宋应离.中国期刊发展史［M］.郑州：河南大学出版社，2006；尹深.中国近代妇女报刊与妇女解放思想［D］.呼和浩特：内蒙古大学，2013.

序号	报刊名称	时间	地点	主办单位 主要负责人	刊期
18	《神州女报》	1907.12—1908.2	上海	陈伯平	
19	《天义报》	1907	东京	何震、刘师培	半月刊
20	《女子世界》（续办）	1907.7	上海	陈勤	月刊
21	《女学报》	1907	北京	善保（佑臣）	
22	《妇女会报》	1907	北京	杜药洲	
23	《妇孺日报》	1908.4	广州	陈诚	日刊
24	《惠兴女学报》	1908.5	杭州		月刊
25	《湖北女学日报》	1908.9	湖北	冯德生等	日刊
26	《女报》	1909.1	上海	陈以益	月刊
27	《女学生》	1909—1912	上海	城东女学社	共三期
28	《女界星期录》	1910	香港	洪舜英、洪美矣	
29	《妇女改良会报》	1910.12	天津	英淑仲	
30	《妇女日报》	1911.5	上海		一周五刊
31	《女铎》	1911 夏	上海	林贯虹	月刊
32	《留日女学会杂志》	1911	东京	唐群英	季刊
33	《妇女时报》	1911.6—1917.5	上海	有正书局	月刊
34	《民国女报》	1912	上海	女子参政同志会	半月刊
35	《复报》	1912.2	浙江	浙江女子策近社	周刊
36	《女子白话报》	1912.2	浙江	浙江男女平权维持会	
37	《女界》	1912.4		吴曾兰	
38	《中华女报》	1912.9	上海	汤云秋	周刊
39	《神州女报》	1912.11	上海	张昭汉、唐群英	旬刊
40	《女权月报》	1912.12	上海	文典、乐勤	月刊
41	《女学日报》	1912	上海	沈佩贞	日报
42	《女权报》	约 1912	上海	张亚昭、姜国英	
43	《青年女子星期报》	1913	浙江		周刊
44	《万国女子参政会月刊》	1913	上海	万国女子参政会中国部会员	月刊
45	《自治学生》	1913	长沙	自治女校学生自治会	
46	《女权日报》	1913.2	长沙	唐群英	日报
47	《妇女鉴》	1914.10	成都	佘余煮	共三期

续表

序号	报刊名称	时间	地点	主办单位主要负责人	刊期
48	《眉语》	1914.10—1916.10		高剑华	月刊
49	《女子世界》	1914.12	上海	天虚我生	共六期

二、《女子世界》创刊及概述

辛亥革命是中国历史上一次伟大的社会变革，也是一次深刻的思想解放运动。这一时期继承和发展了 19 世纪末期资产阶级改良派的维新思想，同时吸取并学习西方科学文明，全面摒弃封建王朝统治，把资产阶级民主革命思想推向高峰。在伟大的社会变革中，涌现了一大批妇女解放运动的革命先驱，其杰出代表是何香凝、秋瑾、陈撷芬、尹锐志、唐群英、燕斌等。她们和当时许多爱国的知识分子一样，怀着强烈的爱国热情，深感列强环逼，内难迭兴。在资产阶级民主革命思想影响下，她们勇敢地冲破束缚妇女的封建牢笼，挣脱"三从四德"的精神枷锁，带领妇女投身辛亥革命的洪流，创办妇女报刊，传播民主思想，批判封建主义，振兴革命精神。就是在这样的潮流下，创刊者丁初我看到女界发展需要思想传播之平台，报刊创办时机成熟，便创办了《女子世界》。

（一）刊物的出版与发行

《女子世界》是中国近现代历史上最著名的妇女刊物之一，也是辛亥革命时期历史最久、册书最多、内容最丰富的报刊。1904 年 1 月 17 日在上海创刊，为月刊，是一份旨在面向广大女性发行的杂志。由常熟女子世界社编辑，上海大同印书局发行。《女子世界》也是继中国第一份妇女杂志《女学报》问世后，首个影响中国妇女期刊发展史大型刊物。其发行地区不仅包括上海等长江沿岸大城市，还包括内陆的北京和山东地区。在辛亥革命时期无论是发行时间、发行区域，还是读者群、社会影响等都是其他妇女刊物所无法比拟的，在中国近代妇女发展史上的地位不可小觑。辛亥革命时期，妇女报刊在异常险恶的形势下，由于人力、财力、物力的严重不足，存活时间短，经常出现延期发行甚至刊物易名的现象，但《女子世界》在社会浪潮中始终如一，历经三年，坚持完成 18 期出版，其创刊者从未停止过办刊活动。1907 年由于欠款拖欠严重，创业艰难，《女子世界》被迫停刊。《女子世界》对近代妇女解放话语的传播具有承上启下的作用，自《女子世界》始，妇女刊物出现办报高潮。

　　癸卯腊月朔日，即公元 1904 年 1 月 17 日，《女子世界》在丁初我等同人的主持下创刊于上海。第 1 期封面右下方印有"每月一回，朔日发行"的文字，可知编者同人属意为月刊，实际出版情况则为不定刊（见表 2-2）。刊物售价每期二角，邮费一分。全年 12 册两元，邮费一角二分。这个价目到了第二年调整为每期二角五分，全年十三册，共计二元五角，邮费每期三分。但是此期杂志在广告栏目中附赠"女子世界特别减价券"，用此券的读者订阅全年报刊时仍旧享受大洋二元的优惠价格。代派处价格比较优惠，"满十份照表八折，满三十份七折"。❶ 各期页数不固定，创刊号为 68 页，此后逐渐增多，最多一期为第 13 期，多达 112 页。大致来说，前 12 期基本保持在 80—90 页，后 5 期则均在 100 页以上，第 16、第 17 期为合刊，共计 124 页。第 18 期为续刊，共计 122 页。

　　《女子世界》第一期"购阅各则"处说明报刊的编辑所为"常熟女子世界社"，并未标注出具体地址。而发行所为上海大同印书局，"来函迳递上海棋盘街本志发行所"（第 8 期后，书局迁至四马路惠福里），与通讯处地址相同。可略见，这份由常熟人创办的报刊，其前期编辑工作是在上海完成的。第 9 期以后由上海小说林发行，编辑所仍是常熟女子世界社，但是前面加注了地址"寺前海虞图书馆"。而第 15 期以后，编辑所地址不再列出。续刊发行时，编辑与发行地点发生了变化，编辑所"新女子世界社"设在"上海新闸路泰德里一千一百四十二号"，发行所"中国女报馆"位于"上海北四川路厚德里九十一号"，并以"中国女报馆"为联络

---

❶　购阅略则［J］. 女子世界，第 1 期.

中心。❶

《女子世界》主要编辑、出版于上海，但其流通范围相当可观。首期刊物的分售处共有33家，除了上海五家、常熟两家、苏州3家外，主要集中在南方的南京、扬州、南昌、武昌、长沙等地，另外在北方还有北京和山东各1家。仅仅一个月过后，第2期的分售处便增至43家，第5期时，总共有48家分售处在销售此刊物，达到销售最高峰。第9期后，基本稳定在36家。分售处的增减变化主要集中在南方的长江沿岸地区，首期参与其中的8个省份的分售处无一退出。关于《女子世界》的发行数字，今日几乎不能得到确切数字，但从该刊催缴费的布告中可以看出一些发行状况。"兹届第四期发行，而各代派处尚多未付报资及付而未足者。用特登报奉闻，务祈速寄报资，以便源源续寄；否则，一概停止，仍追前款。"❷可见，第4期开始报刊便有拖欠刊款的情况，第7期后杂志社便在封底张榜公布了《代派处欠缴报资数》，有10家需求量较小分售处上榜，共计115份。此期分售处共有47家，可以得出《女子世界》发行数量在550份以上。后期拖欠报款现象严重，《女子世界》不得不延期发行，最终导致停刊，经济困难无疑是主要原因之一。后期还采用多种方法来吸引订户。1904年第5期广告中有启事一则："本志大增刊《美人妆》，阅本志全年者附赠一册。"第13期中有"《白玫瑰》8月发行，阅全年者附赠"，说明《女子世界》在发行册数下滑之后曾尝试赠阅图册手段力求挽救。

第1期刊物尚在草创期，栏目设置仍在探索阶段。第2期开始，栏目设置较为稳定，主要有社说（后改称"论说"）、演坛、传记（后改称"史传"）、译林、说数、小说、女学文丛等，后增"专件""因花集""攻玉集"等。编辑因检讨"前四期趋重文学，尚少实业"，故第4期封底广告处宣布"本志下期大改良"，即从第5期开始，"加入科学（自然科学之有裨女子智识学业者）、教育（演解女子及家庭之教育以改良陋习养成学识为主）、卫生（注重家庭及育儿保产方法）、实业（述刺绣、裁缝、手工

---

❶ 代派诸君鉴［J］.女子世界，第1期.
❷ 代派诸君鉴［J］.女子世界，第4期.

诸项之裨益生计者）四科"。"译林"的内容便由或编或译的上述四科栏目所取代。且"立说务求浅易，裨阅者人人能晓解，人人能实行"，以期达到"女子独立自营之绍介"的目的。❶以后刊物仍有微小变化调整，却无碍于其基本定位。总体上看，栏目比较多，内容很丰富。本杂志采用文言文和白话文结合的方式，另外部分文章还用苏州土白。

表2-2   《女子世界》各期出版时间推测一览表 ❷

期号	卷号	标示出版时间	实际出版时间（公历）
第1期	第一年第一期	癸卯腊月朔日	1904 年 1 月 17 日
第2期	第一年第二期	甲辰新正元旦日	1904 年 2 月 16 日
第3期	第一年第三期	甲辰二月朔日	1904 年 3 月 17 日
第4期	第一年第四期	甲辰三月朔日	1904 年 4 月 16 日
第5期	第一年第五期	甲辰四月朔日	1904 年 5 月 15 日
第6期	第一年第六期	甲辰五月朔日	1904 年 6 月 14 日
第7期	第一年第七期	甲辰六月朔日	1904 年 7 月 13 日
第8期	第一年第八期	甲辰七月朔日	1904 年 8 月 11 日
第9期	第一年第九期	甲辰八月朔日	1904 年 9 月 10 日
第10期	第一年第十期	估甲辰年十一月至十二月	1905 年 2 月上旬
第11期	第一年第十一期	估乙巳新年后	1905 年 3 月下旬
第12期	第一年第十二期	乙巳年三月	1905 年 5 月中旬
第13期	第二年第一期	乙巳年五月	1905 年 7 月中旬
第14期	第二年第二期	乙巳年七月	1905 年 9 月上旬
第15期	第二年第三期	乙巳年十月至十二月	1906 年 1 月中旬
第16、17期	第二年第四、五期	丙午新年后	1906 年 7 月上旬
第18期	第二年第六期	丁未年五月	1907 年

❶ 本志下期大改良［J］.女子世界，第4期.
❷ 资料来源：谢仁敏.《女子世界》出版时间考辨——兼及周氏兄弟早期部分作品的出版时间［J］.鲁迅研究月刊，2013（1）；夏晓虹.《女子世界》文选·导读［G］.贵阳：贵州教育出版社，2003：3.

（二）刊物的创刊者、执笔人、读者群

1. 创刊者

《女子世界》的创刊人丁初我，江苏常熟人，名祖荫（1871—1930年），字芝孙，初我为其别号，❶近代学者、藏书家。曾就读于江阴南菁书院，长期致力于地方教育、财政、公益事业。1897年，丁初我与同乡好友徐念慈受到"新学潮流，输入内地"之感染，在常熟创立中西学社。❷1903年，中国教育会常熟支部成立，同由二人主持。1904年10月，丁、徐等教育会会员在常熟组建竞化女学校，自任教员。同年秋，二人与曾朴（字孟朴）在上海创办小说林社。与此同时，《女子世界》发刊至第9期，即前文提及开始布告刊物拖欠的代派处名单，且此时的发行社改为小说林社。可以推知，创立之初的小说林社需要资金投入，加之原先已有的各代派处拖欠报款问题严重，导致《女子世界》从第10期开始出版延误。丁初我为创刊人刊出的文章在诸作者中数量最多，除3期外，"初我"之名每册必见，遍布社说、译林、附录、教育、实业、谈薮、文苑、传记、社会、记事诸栏目，署名"记者"的点评不少也出自其手。杂志创刊初期，作者短缺，为避免面孔单一，丁初我也有变换笔名之疑。

《女子世界》的创办，丁初我还借助了在女界颇有号召力的金一。金一，名天翮（1874—1947年），后改名天羽，字松岑，号鹤望，别署"爱自由者"，江苏吴江县（现苏州吴江区）同里镇人。他受西方女权理论影响，大力宣传男女平等思想，认为妇女解放与国家富强联系紧密，"欲文明中国必先文明我女子"，号召妇女们要赶快摆脱束缚，投入到革命当中去。介入《女子世界》前后，金一在上海出版过《三十三年落花梦》《女界钟》《自由血》。尤其是1903年刊行的《女界钟》一书，是中国近代第一部系统全面地论述妇女解放的著作。倡言女权革命，为金氏赢得了巨大声

---

❶ 张一麐.常熟丁府君墓志铭；时萌.徐念慈年谱［A］//时萌.中国近代文学论稿.上海：上海古籍出版社，1986：247.

❷ 丁祖荫.徐念慈先生行述［J］.小说林，1908（10）.

誉，金一亦被时人推许为"我中国女界之卢骚也"❶。《女界钟》对穿耳、涂粉、盘髻等进行批判，指出在身体上，要消除封建社会的缠足和各种装饰。在精神上，要摒弃腐朽专制的旧道德，提倡文明新道德，包括男女平等、婚姻自由、倡导妇女教育等。金一在这本书中特别强调的是女子教育与妇女参政权。曾入江阴南菁书院（后改称"南菁高等学堂"）任学长，与丁初我既为先后同学，也算有半师之谊。❷金一以常用名发表在《女子世界》上的作品并不多，仅《〈女子世界〉发刊词》《论写情小说于新社会之关系》（署"松岑"）和《祝中国妇女会之前途》三文，以及《女学生入学歌》《读〈利俾瑟战血余腥记〉》《读〈埃斯兰情侠传〉》三组诗歌。另外，1904 年他在家乡同里创办了明华女学校，《女子世界》第 2 期刊载的《明华女学章程》自然为其所撰，出现在杂志上的该校报道、照片以及学生们的习作，应该也与他有关。❸1903 年，因蔡元培、章太炎等在上海组织中国教育会，蔡元培招金一前往，任会计。金一因此常常往来两地，便在家乡组建了中国教育会同里支部，❹又与丁初我同为中国教育会会员，也由二人引进几位主要撰稿人，共同支撑起这份月刊。

2. 执笔人

第 1 期的执笔人除了两位创刊者，目前所能发现的真名当属徐念慈。可以说他对《女子世界》影响非同小可。徐念慈（1875—1908 年）（署"东海觉我"或"觉我"）在《女子世界》刊有小说《情天债》、传记《英国大慈善家美利加阿宾他传》以及科学栏目的《说龙》。徐念慈同为"小说林"的创建者之一，后期忙于出版业务，鲜有文章见刊于《女子世界》。

柳亚子（1887—1958 年），本名慰高，号安如，江苏省苏州市吴江区黎里镇人。第 2 期开始参与《女子世界》撰稿。因受革命思潮影响，改名人权，号亚卢（取义"亚洲的卢梭"），后又改名弃疾，号亚子，以号行。

❶　林宗素.女界钟叙［J］.江苏，1903（5）.

❷　金元宪.伯兄贞献先生行状［A］//卞孝萱，唐文权.民国人物碑传集.北京：团结出版社，1995：699.

❸　明华女学章程［J］.女子世界，第 2 期.

❹　柳亚子.五十七年［A］//柳亚子文集：自传·年谱·日记.上海：上海人民出版社，1986：149–151.

1902 年与金一结识。他为《女子世界》撰稿的 1904—1905 年，恰逢在金氏创立的同里自治学社读书，❶可知，他与《女子世界》的关系是通过金一建立的。柳亚子的文章除最早发表的戏曲和诗作之外，计有《黎里不缠足会缘起》（系代同里倪寿芝作，入"专件"栏）、《哀女界》（亚卢）与《论女界之前途》（安如）三篇议论文，均属晚清重要的妇女解放文献，以及《中国第一女豪杰女军人家花木兰传》（亚卢）、《中国女剑侠红线聂隐娘传》（松陵女子潘小璜）、《中国民族主义女军人梁红玉传》（松陵女子潘小璜）、《女雄谈屑》（亚卢）、《为民族流血无名之女杰传》（潘小璜）五篇传记文章，在此栏刊文之多可拔头筹。

高燮（1879—1958 年）、高旭（1877—1925 年）、高增（1881—1943 年）叔侄三人。三人为江苏金山县（今上海市金山区）人，在家乡创办了《觉民》月刊。《女子世界》面世时，该杂志仍在编辑。高燮（署名"吹万"）作品出现于《女子世界》第 3 期，且与高旭（署名"天梅""剑公"）的稿件均为诗歌。因数量多，丁初我于《女子世界》第 7 期作文《吹万屡以女界诗歌相遗，赋此志答》答谢。高增于诗歌外，尚有戏曲《女中华传奇》（署名"大雄"）与弹词《狮子吼》（署名"觉佛"）。❷

周作人是《女子世界》后期重要的撰稿人。周作人 1904—1905 年正就读于南京江南水师学堂。他以"萍云女士"、"碧罗女士"与"病云"的化名，自第 8 期，先后刊出译作《侠女奴》（采自《天方夜谭》的《阿里巴巴与四十大盗》）、《荒矶》（《福尔摩斯侦探案》的作者柯南·道尔著）与《女娲传》，又有创作的短篇小说《好花枝》与《女猎人》并《题〈侠女奴〉原本》诗 10 首。即使署名"索子"、实为鲁迅节译的《造人术》，也是由周作人推荐给该刊的，篇末"萍云"的大段批语即为证明。

《女子世界》的撰稿人还有何昭（笔名何亚希）、冯平（笔名壮公）、沈砺（笔名勉旿）、张昭汉等人，他们为女性觉醒提供大量先进思想和理

---

❶ 柳亚子. 五十七年［A］// 柳亚子文集：自传·年谱·日记. 上海：上海人民出版社，1986：149–151.
❷ 高铦，谷文娟.《觉民》月刊整理重排前记［A］//《觉民》月刊整理重排本. 北京：社会科学文献出版社，1996.

论基础。

辛亥革命时期女性撰稿人稀缺，为增加刊物作者的多样性，在《女子世界》前期创刊人及几位男性撰稿人偶有冒以女子姓名发刊的情况。直至第4期《女学调查专约》上出现了首批"担任调查员姓氏"共3名，张堰高时若（即高燮）、广东杜清池、常州赵爱华。第5期增至7位，其中女性4名，情况才有所改善。至第17期，启示中列出26名调查员，全部为女性，江浙人居多数。

总体上看，《女子世界》各执笔人之间是相互熟识的亲戚、朋友以及同乡，这种作者队伍有传统文人结社的余风，但从后期周作人从投稿者变为固定撰稿人可以看出，《女子世界》作为"近代化"报刊具有一定进步性，使其成为当时"宣传最持久，言论最勇猛，反应最强烈"❶的一家革命妇女杂志；且创刊者积极扩展培养新的作者以扩展补充报刊来源，刊载《女学悬赏征文》与《女学调查部专约》两则广告，进行征文并招聘特约撰稿人。

3. 读者群

《女子世界》从其命名到"女子世界"的构想即可看出创刊者以女性为拟想读者，但是辛亥革命背景下的动荡时期，男性的受教育人数尚且有限，女性中受过教育的少之又少，所以其读者主要是受过教育的女性以及她们的家庭。《女子世界》的栏目设置为我们提供了一定依据，"因花集"和"女学文丛"两个栏目中的文章大多都出自女性之手，这些女性当中不乏广东女学堂、明华女学校、务本女校等女校师生。报刊用较大的篇幅报道了女学堂的情况，杂志共有18期，其中有10期登载了女学堂学生的合影，如癸卯务本女塾教习学生摄影、广东女学堂摄影、石门女学讲习所会考各塾学生摄影、天津淑范学堂学生摄影、常熟竞化女学校摄影、苏州同里明华女学校之摄影、无锡竞志女学校摄影、黎里求我蒙塾女生摄影，还有日本女学校的照片。且杂志还以大量的篇幅登载了各地女学堂的章程。在"唱歌集"中也有不少为女学生创作的歌曲，如女学生入学歌等，可以推测女校师生以及学堂主持者为刊物的主要读者群。

三、《女子世界》编辑特点

《女子世界》作为辛亥革命时期男性知识分子创办的极具影响力的妇女报刊，不仅作为革命派宣传革命话语的阵地，还为知识女性开展妇女解放运动提供表达的平台。处于整个历史社会办报大风潮之中的《女子世界》，与当时同批报刊具有相同的社会性，但其自身的编辑思路仍独具特色。

（一）版面设计：以文字为主、图像为辅的古朴设计

《女子世界》的整体版面颜色是黑白的，版式基调简单、朴素，以文字内容为主，配以简单花朵样式插图，体现创刊者丁初我的创作初衷，建构"二十世纪花团锦簇、丽天漫地、无量无边、光明万古之女子世界" ❶。《女子世界》封面设计历经几次变换发展（见图 2-1），反映该刊经历的几次迭代发展。前 9 期封面均以花为修饰图案，在类似书卷的图形中间写有"女子世界"四字，左上端标注发刊日期与期号，右下方写有报刊出版频次；自第 10 期至第 14 期封面下端出现妇女图像，此妇女站于楼台上，手举大旗，上端刊名部分绘有锦簇鲜花，并增添湖水、树木、城楼等背景，这一时期封面不再刊载发行的具体时间，只记有刊名及出版期数，刊面的变换与当时该刊第 9 期更换发行所时间相吻合，同期由于该刊资金问题导致发行时间延误，故不计具体刊行时间；第 15 期开始的封面一直到 17 期停刊前，封面以素雅鲜花图案为主体，正上端写有刊名与期号，下端标明"小说林社代发行"；最后一期续办的第 18 期，以莲花为背景，写于正中央的醒目刊名"女子世界"四字，出自秋瑾之手，整个刊面简洁、大方，封面左上角标明"续办"二字，期号位于封面下端。

---

❶ 丁初我 .《女子世界》颂词［J］. 女子世界，第 1 期 .

图 2-1　《女子世界》的四种封面样式

自办刊开始，《女子世界》的目录页图案便有两种版本，一种是女子身着旗袍于户内织毛衣形象，另一种为女子于户外手拿书本行走的形象，文字简单，页码标注较少。最后一期目录制作精细，加有页码，栏目字体与标题字体之间有明显区别。图画一栏置于目录页后，多来自女学堂学生合影、近代先进女性小影，最后一期刊登了美国旧金山苛待华工的照片。当时的进步女性周虹梅、薛锦琴、杜清池、张竹君、吕筠青、杨寿梅等诸位照片多刊载于此（见图 2-2）。对这些进步女性大量刊载宣传，冲击了男尊女卑的纲常名教和压在妇女们头上的种种精神枷锁，给更多女性以鼓舞，为女性思想的解放起到促进作用。

周虹梅　　　　　　薛锦琴　　　　　　杜清池

张竹君　　　　　　吕筠青　　　　　　杨寿梅

图2-2 《女子世界》画刊人物（部分）

广告版面制作简单，只有文字，后期加有边框。自第 3 期开始，每专栏结束时插入各种鲜花、树木及小动物等样式插画进行分隔，活跃刊物版面。该刊正文版面变化不大，栏目名称字体比文章标题、作者姓名以及正文字体粗、字号也大。而文章标题、作者姓名与正文字体字号一致，文章自右向左以竖排形式进行排版，文中没有标点，较少分段，视觉效果较差。这种现象在后期有所改善，文章渐渐出现段首空格，多分段，偶有文章开始加注标点，缓和视觉压力。后期，诗歌多作为文章之间的"分隔符"被采用，且这些诗歌多被设计为不同形状，如圆形、方形、菱形以及不规则图形等（见图 2-3）。

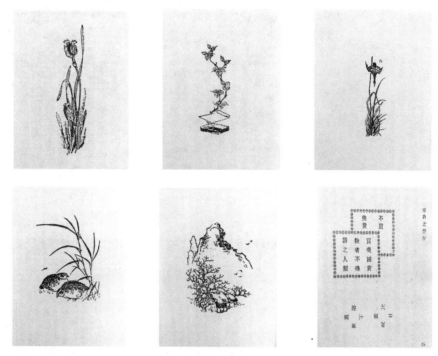

图2-3 《女子世界》栏目分割样式图

（二）体裁类型：以论说文章为主，多种体裁并行发展

《女子世界》不仅刊载新闻报道，而且刊载各类论说、传记、小说等文章，分类编辑，形式介于报纸与书籍之间。《女子世界》的新闻报道，主要为消息，通讯较少。消息多集中在记事栏的国内及国外版，以介绍国内女学发展情况及国外妇女活动情况为主要内容，事实单一、文字简洁、时效性较强。通讯比消息更详细和生动地报道客观事实，以叙述描写为主，兼用议论、抒情等表达方式，及时报道现实生活中有影响的事件、地方风俗等。《女子世界》中的通讯主要是对日本女子大学第四回秋季大运动会的报道，文章详细、生动地介绍了运动会的现场布置、比赛过程、来宾情况等，文章结尾作者兼用议论、抒情的方式，总结全文："三十年前之日本女子，犹是今日我女子。体育之发达一至，是吾其甘为病夫，终吾

宁速祝弱虫死。"❶

《女子世界》主要以刊载各类文章为主，多为议论文、说明文，记叙文较少。《女子世界》独辟论说栏以及女性发表言说的女学文丛栏，其中文章多通过议论的方式表明作者的见解与主张，宣传女性独立解放，促进女性思想觉醒，作者主要是丁初我、金一，如《〈女子世界〉发刊词》《说女魔》《哀女种》等文章；说明文多在实业、科学栏中，如《说耳》《说心》《说食》《裁书》等，说明事物的构成、性质、特点等内容的文章；文学方面，《女子世界》多采用诗歌形式，小说独辟一栏，戏剧间有其中。《女子世界》文苑栏中的"因花集"，专门刊载女性创作的诗歌，《女子世界》后期出现的插文，也多以诗歌为主。小说部分多以介绍中外杰出女性，还有译作《侠女奴》《荒矶》《女娲传》等。剧本有安如的《松陵新女儿传奇》、大雄的《女中华传奇》等。在辛亥革命时期的妇女报刊中，《女子世界》的体裁类型数量首屈一指。

（三）话语风格：基于妇女解放话语展开的生动表达

《女子世界》文字表达通俗易懂，生动形象，且兼具文学性，雅俗共赏。《女子世界》以广大女性群体为受众目标（实际主要为女学生），考虑当时女性多处于思想闭塞的情况，其在话语表述上，既需考虑到知识女性争取独立解放的迫切需求，又需顾及大多数女性文化程度不高的现实。文章一般多采用白话、诗词、文白间杂的文体形式，亦不乏浅显的文言文；多采用形象化、感性化和抒情化的语言风格。在语言上力求通俗、平白，使用歌曲形式与苏州土白；自由活泼的话语风格使普通女性读者感到亲切并产生阅读兴趣，易于妇女接受，符合妇女心态并实践于自身，既保证了进步女性的文化需求，又同时满足广大女性求知欲望。可见《女子世界》在追求文化提升和思想进步，同时使妇女得到思想的启迪和审美享受。从标题、栏目设置上看，标题制作、栏目名称反映出其文化格调，如论说、演坛、文苑、谈薮等，短小有力，意旨鲜明。《女子世界》的标题，

---

❶ 大运动会［J］.女子世界，第 10 期.

如《说女魔》《哀女界》《女权说》《女子教育》等，一目了然，通俗易懂。部分标题口语化与文学性兼顾，如《论婚姻自由的关系》《论中国女学不兴之害》《女子家庭革命说》、《女子无才为德辨》等。文学性较强的标题多出现于小说栏，如《情天债》《自由花》《狮子吼》《同情梦传奇》等。传记中的《海外珍闻》《美国妇人之自活》《英国大慈善家美利加阿宝他传》等一些介绍国外先进女性活动事迹的文章，读者对于这些新鲜、神秘的外国知识多怀有好奇心理，常常吸引女性及其家人阅读。从歌曲词作上看，话语风格简洁流畅，内容活泼生动，利于学生之间的传播，"来来来，快快快，快来运动会，草地一色旗五彩，日暖微风吹，军乐洋洋歌慷慨，精神添百倍，请合大众同一赛，快来快来快快来。"语言工整、措辞优雅的歌词利于学生培养美感，高洁心情，涵养性情。"野云漠漠练川长，风动浪尘扬；滋兰树蕙有芬芳，吐气答春阳；万古阴霾，一朝开朗，女界荣光；文明柔顺人宗仰，才德须兼仗；尽收拾脂粉排场，还我天然样，天赋人权，一般智慧，一般思想；思想神州，莽莽黄人，老大白人强；有一半担承干系，在吾身上；秀得江山珠辉玉丽，视我同裳。"❶

从文章话语上看，《女子世界》创刊第 1 期上《颂词》一文就已奠定了《女子世界》的文学性及社会性，其形式工整，排比迭出，辞藻华丽精美："以教育之根底，扬其芬，吐其葩，培其根，俟其实，军人之体格实救疗脆弱病之方针，游侠之意气实施救治恇怯病之良药，文学美术之发育实开通暗昧病不二之治法……以再造二十世纪花团锦簇、丽天漫地、无量无边、光明万古之女子世界……群龙无首、一鸣惊人、瑞霭缤纷、玉莲涌现，三千年来中国之新世界一旦出现于女子身，吾将香花颂，膜拜祝望。花魂其若仙，招花魂其来归，稽首慈云三鞠躬。而致敬曰：女世界万岁，女国民万岁，女中国万岁"。1904—1907 年的报刊活动中，《女子世界》以建构"女子世界"为目标，始终围绕"妇女解放"这一主题进行长达 3 年的报道宣传，构建了女性头脑中"自由解放的女子世界图景"，它塑造新女性，强调女性的自由权利，也强调民族内部女性男性平等，反映着本民

---

❶　嘉定普通女学校歌［J］. 女子世界，第 13 期.

族女性反对外来压迫，反对封建压迫，争取独立自由的愿望，特别是当本民族面对外来入侵时，妇女解放话语的建构小到影响个人如何认识自己，大到决定整个民族、种族的未来发展走向。

《女子世界》是近代女性文明传播媒介，它的进步性，首先，表现在它所建构"女子世界"的进步性，宣传西方资产阶级革命时期妇女运动的成就，介绍各国杰出的妇女运动领袖，学习西方新女性，探求西方新思想，包括对西方科学文明、体育文明的传播；用"法律面前人人平等"的民权观念，和进化论的观点，作为批判封建主义意识形态的理论武器。其次，表现在它的传播方式、编辑方式的进步性，它具有综合性的特点，不仅刊载新闻报道，而且刊载各类文章，分类编辑。最后，表现在它所采用的话语风格的现代性，它是最早采用白话的妇女刊物。

四、《女子世界》停刊

首先是由于主办者经营意识的缺乏，后期《女子世界》拖欠款严重，无法收回。其次由于出版环境的恶劣：民族危机严重，内忧外患的国家形势下报刊发展举步维艰。还有一个原因则是因为女性报刊的经济基础十分薄弱：社会经济落后，主办者实力不够，资金来源艰难；倡导女性解放的只是很少的一部分知识女性，《女子世界》受众多为学堂里的女学生、上层精英女性，与下层平民女性相脱离，女性解放话语未能真正传入下层平民女性意识里。

1906 年 12 月由丁初我发行、薛凤昌（笔名公侠）编辑的《理学杂志》的创刊，则是《女子世界》在 16、17 期合刊后停办的直接原因，丁氏的兴趣由此转向科学杂志，对女性杂志关注度降低。

第二节 《女子世界》妇女解放话语建构

一、以教育建构女学观

《女子世界》刊行的 1904—1907 年，正是晚清女子教育历经初创之后的建设与发展高潮时期。1889 年第一份妇女报刊《女学报》以兴女学开创了女子教育的先河，但很快便以失败告终，《女子世界》作为辛亥革命时期出版时间最长地女性报刊自然担起女子教育之重任。之后的妇女报刊迭出不穷，女子教育成为社会变革讨论问题中被提及的重要问题之一，多种女性刊物、书籍以及报章中都有阐述和讨论。可见《女子世界》在历史舞台上对女子教育具有承上启下的作用。作为研究女性问题的刊物，《女子世界》对女子教育问题尤为关注，对"兴女学"的重要性进行了大量的宣传和阐述。

（一）女子革命教育

甲午战争后，帝国主义列强掀起了瓜分中国的狂潮，强租港湾，划分势力范围，设厂投资，中国闭关锁国的封建主义社会大门被迫完全打开了，在东方这块古老的土地上出现了一幅炎黄子孙行将被宰割的图景，中华民族的形势危如累卵。爱国知识分子开始寻求革命运动，因此宣传爱国主义思想是辛亥时期报刊的最大特色之一。《女子世界》作为辛亥革命时期的女性报刊，其内容定位于爱国、革命，通过政治革命实现妇女解放，❶发表大量文章，对欺凌中国的列强进行尖锐的批判，同时还揭露出清朝

---

❶ 宋素红.女性媒介：历史与传统［M］.北京：中国传媒大学出版社，2006：44.

的腐朽统治是导致中国积贫积弱、民愚财尽的根本原因，把妇女的解放与反清民主革命联系在一起，这显然是超越戊戌时期妇女解放思想的一大进步。

1. 爱国反帝

古老的中国被迫打开国门，人民穷困潦倒。"二十世纪之中国，亡矣弱矣。"❶ 辛亥革命时期的知识分子显然看清帝国主义列强是中国面临的首要敌人。民族到了存亡的危急关头，继 20 世纪初义和团爱国反帝运动失败后，资产阶级革命派又继续吹响了"爱国、反帝"的号角，把它作为革命教育的启蒙。在革命派的大力宣传下，爱国、反帝、救亡已成为中国人民普遍觉醒的民族意识，成为中国近代进步历史潮流的支点。同时，女性作为"国民之母"，要强国保种必须使女性参与到爱国反帝行动中。金一在《女子世界》的发刊词中即写道："女子者，国民之母也。欲新中国，必新女子；欲强中国，必强女子。""女子世界出现于二十世纪最初之年，医吾中国，庶有瘳焉！"❷ 强调女子务必强己救国，中国才有不被灭亡的可能。务本女学生刊载《说爱》一文："苟有强邻异族，侮我同胞，蚀我土地，则眦裂发指，卧薪尝胆，引为大仇，期于必报。""中国今日危矣，然得无数志士，犹可救也。"❸ 由此可见，《女子世界》创刊首要目的即是向广大女性宣传爱国反帝，以史为鉴，加强自身学习。

2. 宣传革命，批驳改良

戊戌变法失败后，人们看清腐朽的清王朝无力挽救民众。同时康、梁移居海外，继续宣传改良主义，与资产阶级革命派发生了激烈的冲突。1903 年以后，革命派的报纸杂志开始陆续登载批判康、梁改良主义的文章，以至 1905—1907 年的革命派与保皇派的大论战达到高潮。据不完全统计，双方投入这场争论的国内外报刊有二三十种。在此背景下创刊的《女子世界》深受革命派影响，对于保皇派所谓的由于中国"民智不逮"，只能保专制行改良的谬论，给予了严正的批判。

---

❶ 金一.《女子世界》发刊词［J］.女子世界，第 1 期.
❷ 金一.《女子世界》发刊词［J］.女子世界，第 1 期.
❸ 张昭汉.说爱［J］.女子世界，第 15 期.

首先,《女子世界》撰文指出:《辛丑条约》签订后,清廷已彻底变成了"洋人的朝廷",在外国侵略者面前,卑躬屈膝,丑态百出,毫无民族气节。同时,认为"人心之智慧,自竞争而后生;今日之民智,不必恃他事以开之,而但恃革命以开之"❶。"南都沦陷北都亡,眼看山河变血场。借问谁家好儿女,争流鲜血溅豺狼。"❷告诫女子只有革命的鲜血才是开通民智最好的方法,要想救亡爱国,就必须革命。1905年革命派陈天华壮烈牺牲警醒世人,作为革命派战友秋瑾女士续办《女子世界》,刊载《革命与女权》《争约之警告(四)》等文章与保皇派激烈论战,既是中国近代政治派别的较量,又是资产阶级革命派"革命教育"继爱国反帝后最大的教育论点,它使绝大部分资产阶级、小资产阶级知识分子及广大的下层民众认识了清王朝的反动本质,推进资产阶级的民主革命思想在女学界更广泛地传播开来。

(二)女子身体解放教育

缠足是中世纪以来中国女性所遭受的最残忍、最野蛮的摧残之一。女子缠足,作为一种对女性身体任意摧残的陋俗,始于何时说法不一。到了清代,缠足之风愈来愈盛。缠足可以说是男权统治下的社会把妇女禁锢在闺阁之中的手段,对她们的活动范围加以严格的限制。

近代以来,随着西方传教士的到来,缠足开始遭到传教士的抨击。他们不仅在教会和西方商人所控制的报刊上批评妇女缠足,同时还发起组织了"不缠足会""天足会"等团体。维新派从号召不缠足开始,将妇女解放的主张付诸实践,掀起了轰轰烈烈的不缠足运动。上海的《时务报》报馆内创设了不缠足总会,并拟定章程。接着,湖南、广东、福建等省也先后设立了不缠足会,一些府、厅、州、县也设立了分会。20世纪初民族危机日益加深,要解放妇女就要先解放妇女身体,使之行动方便后,方可忧心国家。反缠足成为近代中国女性解放史上的一个重要内容,出于救亡图存

---

❶ 刘晴波,彭国兴.陈天华集[M].长沙:湖南人民出版社,2008:36.
❷ 转引自:夏晓虹.《女子世界》文选[G].贵阳:贵州教育出版社,2014:310.

的现实需要和适应近代西方的文明等角度，《女子世界》刊载了大量宣传反缠足的文章，标题鲜明，主旨突出。报刊不仅希望女性心灵得到教化，心智得以解放，还不遗余力倡导女性的身体解放，认为女性只有在身体真正得到自由后，思想才能进一步解放。《女子世界》主要从揭露缠足的危害和论述不缠足科学依据两方面对女性进行反缠足教育。

1. 揭露缠足危害

《女子世界》刊文对妇女遭受的种种苦难和不平等待遇作了淋漓尽致的揭露和描述，对压迫妇女的种种暴行进行了无情的抨击和批判。缠足不仅对女性身体健康上进行摧残，甚至使女性无法获得同男性一样支配身体的自由。

缠足对女性身体上的摧残是终身的，"血肉崩溃，则容颜憔悴；步履艰难，则行止倾侧"❶。"就在富贵的人家，终日敷着粉，带着花，缠着足，扶着婢儿行，打着轿儿走，呼茶喝饭，混了一生，就算是莫大的幸福。哪晓得身体的弊病，就从此生出来。"❷缠足极大危害女性健康，缠足使女性无法正常行走，步履艰难，就是有奴婢搀扶的富贵人家，妇女也会因缠足带了一身疾病。"偶有举步要走，便成畸形状，东倒西歪的样子。所以血气容易消耗，身体容易衰弱。"❸"再说凡缠足的妇女多有得杂病的，活不到多大年岁就死了，那活到老的，也都是早早的腿上有了病，不能行动，竟在炕上坐着，整个儿的是一个活死人。经著名的医生考验过，那全是缠脚的毛病。其余受脚的累处甚多，如遇见变乱，不能快跑逃命，遇见失火，不能快跑避灾。"❹缠足使女性落得一身疾病，甚至在遇见危险时也无力自保生命安全，更何况是国家危难之时，女性如不能获得身体解放，连平等生存的权利也无法获得。

缠足使女性身体无法获得平等权利，心理上女性便放弃追求自由的权利，失去自我，依附于男性而生活，最终沦为男性的工具。"讲复女权，

---

❶ 倪寿芝. 黎里不缠足会缘起［J］. 女子世界，第 3 期.
❷ 亚华. 女子简易的体育［J］. 女子世界，第 10 期.
❸ 亚华. 女子简易的体育［J］. 女子世界，第 10 期.
❹ 刘孟杨. 缠脚的妇女多受脚的累［J］. 女子世界，第 2 期.

就一定先讲不裹脚；讲兴女学，就一定先讲读书。""他们生怕女人家走出圈子外去，所以他就连圈子里头的地方，也一步不准他走，这个岂不是压制到极顶吗？而且不裹脚同读书这两件事，不独在女子一无流弊，且有益于男子不少呢。"❶"而必缠小双足，供人玩弄，因此而伤生害疾者，不可枚举。"❷缠足是男性掌控女性的手段，将女子控制于屋脊之下。不仅从女性角度劝解女性缠足备受压迫，同时也从男性角度出发，"望各位男性，极力来扶助女子做这件事，将来同享自由的幸福"❸。

《女子世界》从强国保种角度出发，认为"女子乃国民之母"，缠足危害国家繁衍后代，不利于女性生产壮丁。"羸弱的疾病，遗传儿子下来。一代一代，就变成了弱种的原因。"❹"女子害于裹足，体质必弱，则不有健母，焉有壮子？中国所以文弱见诮于天下者，亦有以致之矣。"❺"傅萼纱德夫人有言曰：女权不昌之国，其邻于亡也近。今我同胞，尚不能保全其肢体，而摧残削弱之，遑论权利？我国民之覆宗绝祀，万劫不复，我女子其罪魁矣，而乌可不自思也？"❻

2.宣传不缠足科学依据

《女子世界》以进化论为理论基础，以西方文明为参照，力图用科学阐释缠足对女性的危害。"生理学者有言曰：人类者兽类之进化也，进化愈早者，足愈大而发达愈强。今我同胞之嗜好，乃反是焉，而崇拜此蹄迹时代之旧影，诚不可思议之怪现象矣。……我同胞其狂耶，其野蛮耶？"❼倪寿芝以严厉的口吻呼吁女性认识缠足违背人类进化，同胞万不可盲目迷信，走入缠足的怪圈，阻碍社会发展和进步。"某报载有英人某，代办闽省品物赴美洲赛会。内有妇女三人，描摹闽省恶俗：一缠足妇人，一赤脚处女，一新嫁娘。置于人类馆以辱华人之事。呜呼！中国之国奴，沉沦于

---

❶　杜清持.男女都一样［J］.女子世界，第6期.
❷　转引自：夏晓虹.《女子世界》文选［G］.贵阳：贵州教育出版社，2014：210-211.
❸　杜清持.男女都一样［J］.女子世界，第6期.
❹　亚华.女子简易的体育［J］.女子世界，第10期.
❺　转引自：夏晓虹.《女子世界》文选［G］.贵阳：贵州教育出版社，2014：173-174.
❻　倪寿芝.黎里不缠足会缘起［J］.女子世界，第3期.
❼　倪寿芝.黎里不缠足会缘起［J］.女子世界，第3期.

平水线以下也久矣；中国之妇女，为人类馆之陈列品久矣；往者大阪博览会员列缠足妇女，为人类馆之陈列品久矣。"❶作者愤慨万分，西方将国民旧习陈列展出，国人却仍未警醒。"诸君其以为此举第关于女人之品格已乎？此实中国国权之大关系，而我黄帝子孙、神明汉裔之大耻辱也。以诸君之故，遂使国权沉失，种族蒙羞，诸君之罪，其能擢发数乎？"❷

由于放足过程中血液流通所带来的肿胀之痛，放足的痛苦远甚于缠足，为了减轻这一痛苦，有的不缠足组织和社团向放足女性的宣传放脚的科学方法，如吴门天足社的《演说放脚的法子》："如果一天工夫，忽然解去脚带不缠，血脉下行太爆，往往脚要肿痛，所以初放脚总要留二三尺脚带，松松的在叫上缠一两层，多余的绕在脚踝骨的上头。"❸还介绍去里面高低的法子和去皮肤绷痛的法子。由于传统缠足女性所穿的鞋又短又尖又窄，放足之后不能再穿，天足女鞋很难寻求。为了解决放足女性和不缠足女性的穿鞋问题，反缠足组织向社会各界发放女子天足鞋样，黎里不缠足会即发文称，"欲知放足之法及靴鞋样者，请至本会所问取，远处来函当速奉覆"。虽然这一时期的反缠足运动是以救亡图存为目标的，但是在反缠足的过程中注重从女子身体的解放和思想的解放两方面进行宣传教育，收到了良好的效果，反缠足运动逐渐成为妇女解放运动的重要部分。

（三）女子体育教育

《女子世界》对女性的女学教育还体现在女学体育的报道上，可以说近代女性体育的产生与发展都离不开女学教育的兴起。未开化的中国女性，面对体育教育，缺乏自主学习和发展的独立性。鸦片战争之后，中国社会在西方船坚炮利的轰击面前出现危机，传统教育已无力承担救亡图存的政治使命，传统教育的重文轻武，以养"仕"为宗旨的功能无济于时代之需要。❹"强国保种"的大背景下，《女子世界》为了克服中国传统

❶ 香山女士刘瑞平.敬告二万万同胞姐妹［J］.女子世界，第7期.
❷ 香山女士刘瑞平.敬告二万万同胞姐妹［J］.女子世界，第7期.
❸ 转引自：夏晓虹.《女子世界》文选［G］.贵阳：贵州教育出版社，2014：343–345.
❹ 陈晴.清末民初新式体育的传入与嬗变［M］.武汉：华中师范大学出版社，2007：112.

的"文弱"教育的弊端，学习西方的"尚武"精神，体育自然在教育中被列入重要的教学范围。报刊提倡妇女要讲究卫生，重视体操学习，认为女子学校教育在德育、智育、体育三方面都要同男子教育相同，实现彻底的男女平等。"夫德育、智育、体育三者，皆不能或缺，且德育为重，智育次，体育又次矣。岂知处于今日竞争角逐之世界，累卵危亡之国家，则大反是。"❶面对民族危亡的现实，女性体育教育迫在眉睫。关于女学体育教育的情况主要来自于教育栏，还有少量内容刊载在记事栏，国学、女学文丛中以及唱歌集中的歌曲。

《女子世界》以科学的观念鼓励女性了解自己的身体，重视卫生。虽然其作为辛亥革命时期革命派的妇女报刊，具有"强国保种"的目的性，以"国民之母"之手段，认为女性需要注意卫生健康，才能培育出优良健康的民族后代。虽然出发点具有时代性和落后性，但对于女性身体、心理上的解放是极具进步性的。

通过表 2–3 可以看出《女子世界》重视讲解身体器官，为女校学生普及科学知识，倡导女性注重卫生健康，并告诫女性通过运动可以提高身体素质。《说舌》一文向女性介绍舌头的神经系统，舌头的功能，谈及舌头健康问题的重要性。"舌的卫生不是保护舌使他不至于伤坏，但味觉一不好，则养生二字便大误了。试想一个人一点东西不吃，或者吃东西一点没有味，这个身体会好吗？所以味觉器的卫生方法是要紧的。"❷并提出科学建议："第一，年少时不可常吃一物使自己厌恶，年长时不可常吃杂味，酸甜不一使感觉疲弱。第二，嗅味二觉本相互辅助，一切恶味不论年纪大小，永宜远避。第三，欲味觉灵敏必须适度运动使消化肌的作用不至衰弱，否则味难美必不能下咽。第四，酒类椒芥等最刺激神经，不宜多食。第五，食烟最能变动味神经的知觉力，尤能变味，是宜切戒。"❸《女子世界》以科学告诫广大女性爱护身体，并提出可行性卫生健康方法，这些方法在今天看来也是极具进步性的。妇女解放思想的传播渗透在妇女日常生

❶ 张肩任.急救甲辰年女子之方法［J］.女子世界，第6期.
❷ 说舌［J］.女子世界，第11期.
❸ 说舌［J］.女子世界，第11期.

活中，使广大女性能够通过教育加强对自身的了解，参加体育锻炼，提高身体素质。

表 2-3 《女子世界》中了解身体、讲究卫生教育类文章

期数	题目
第 1 期	《女子世界颂词》《运动歌》
第 2 期	《长身术》
第 3 期	《女子唱歌》
第 4 期	《女界革命》
第 5 期	《说食》《女子社会教育的方法》
第 6 期	《说齿》《卫生讲习会章程》
第 7 期	《为母的心得》《说脑》《记女学体操》
第 8 期	《说心》（未完）
第 9 期	《说心》（承前）、《竞渡之损益论》《民立小学章程》《九江民立女校章程》《城东女学社章程》
第 10 期	《小儿休前之扫帚》《说耳》《女子简易的体育》
第 11 期	《说鼻》《说舌》《新年之感》《泰西逸话》
第 12 期	《运动》《外国柔术教育》《说眼》《妇人之教育》《育儿法》《第一幼女学堂章程》
第 13 期	《实用话：沐浴》《神经系统之卫生说》《人间一生之食量》《女子师范工艺速成科规则》
第 14 期	《纠俗篇》
第 15 期	《革命妇人》《神经系统之卫生说》（续）、《儿童教育话》（续）
第 16、17 期	《儿童教育话》（续）
第 18 期	《女子教育》《独逸之高等女学校》《女子蚕业学校章程》《内国记事》

由表 2-4 的初步统计可以看出《女子世界》十分重视女性学校体育的学习，每期的国内记事栏目中都会以消息报道的形式刊登女性教育的近况。从刊载的文章可以略见女子学堂定期举办各类运动会，开展棋类益智游戏活动，组织女学生唱歌宣传体育运动，《女子世界》无疑是女子学校历史体育教育发展的见证者。刊载《女子学堂体育宣传歌》："齐队出课堂，大家同到体育场，开步快行飞身一跃秋千上，姊走浪木，妹盘杠，我

把双环荡，即得身体强，活泼精神谁能尚！" ❶宣传女性体育教育，记录女学校运动会的举办："丙午九月十九日下午一时，上海西门外外务本女塾举行运动大会，男女宾到者约一千数百人。运动顺序凡二十节。正式体操居其七，跳舞类居其四，团体竞争居其六。个人竞争居其三。" ❷内容有"整队、唱歌、徒手体操、美容术、矫正术、游戏、竞走、哑铃、普通体操、兵式体操、木槌操等" ❸。

表 2-4　《女子世界》强化学校教育，重视体操学习类文章

期数	题目
第 1 期	《女学生入学歌》
第 2 期	《明华女学章程》
第 3 期	《公立杭州女学校章程》
第 4 期	《广东女学堂简要章程》
第 5 期	《记宗孟女学堂殷孝烈纪念会》
第 6 期	《爱国女学校第三次改良章程》
第 7 期	《急救甲辰年女子之方法》《香山女学校试办简章》《记女学体操》《教习之荣》《女学保存》
第 8 期	《培荨初级女学校简章》《石门公立文明女塾简章》《女子新读本导言》
第 9 期	《普通女学生改订章程》《九江民立女学校章程》《城东女学社简章》
第 10 期	《女子简易体育》
第 11 期	《外国大运动会》
第 12 期	《国内棋营设学》
第 13 期	《女生就操》
第 14 期	《记事内国——自治设会、女生会考、运动两志》
第 15 期	《论体操之益》
第 16、17 期	《唱歌集运动场》
第 18 期	《记事内国——秋季运动》《爱国女学校春季运动会顺序单》《务本运动会记事》

除女子运动会，《女子世界》中还有其他形式的课外体育活动的描述，如游艺、远足等室外活动，使学生能够活泼身心，发挥运动潜能。这

---

❶　运动场 [J]. 女子世界，第 18 期.

❷　秋季运动 [J]. 女子世界，第 18 期.

❸　爱国女学校春季运动会顺序单 [J]. 女子世界，第 18 期.

些活动增加了女性与自然界和社会界的相互联系，并借以修身养性、增强女性常识。上海城东女学校游艺会由演说、理化、音乐、手工、图画、运动六部分组成，运动部分包括："王女士保珩跳高三尺五寸、秦女士韵琴举十八磅铁杆八十次"，"观众咋舌"，到场男女宾客约二百人，"诚女界创举也"。务本女生屈蕴辉也写了一篇《游春记》，文章中指出游玩之事的益处，"练体魄、壮精神、求实业，以尽国民之天职，谋强国之大道，庶不负此春光"。同时又提醒"宜善游"，善游者"增其益"，滥游者"或增其损"。她举例"外国之游人乎，或结队远足，练习军游也"，而与我国仅以游玩而论，"亦可别其国势之强弱矣"。一篇辛亥革命时期的《游春记》，不仅可以看出当时女性课余生活的丰富，并且反映出此时女性思考问题的能力有所提升，亦可谓是女学体育之成绩。

二、以参政建构女权观

在封建纲常伦理的规约下，中国的男性与女性呈现极度不平衡的社会格局，"夫为阳，女为阴""阳贵阴贱""男尊女卑"，直到辛亥革命时期，这一中国传统的社会心理现象和现实境遇依然是社会的主流，一部分开明的资产阶级知识分子，在西方天赋人权思想的影响下，对沿袭了数千年的剥夺女性权利的封建礼教予以猛烈抨击，并旗帜鲜明地倡导女权，呼吁男女平等。

女性参政的说法源于西方文化的输入，晚清时期的瓜分狂潮带来压迫的同时，也带来了西方的政治性文化，尤其是英美等国家正经历激烈的女权运动，女性开始争取平等参政权。西方女子参政运动起源于法国大革命时期，兴起于19世纪三四十年代，至20世纪初，有些国家的女性已经取得法律上的参政权，有些国家的女性仍在艰苦奋斗。1902年，美国"万国妇女参政同盟"正式成立。1903年英国出现了"妇女社会政治同盟"，团体以激进的手段著称，发起争取女性参政权的战斗。由此女界争取女性参政的运动也被传入中国文明中，这些行动和思想经过辛亥革命爱国志士以及先进知识分子的传播，逐渐走入思想落后的女性群体当中。《女子世界》以西方女权运动为榜样，以与国际女子参政运动联合以及以民族悲亡为己任三方面宣传女性积极参政，掌握女性话语权以达到女性身体的真正独立和思想的真正解放。

丁初我办刊之初即把创刊宗旨确定为"振兴女学，提倡女权"❶，可见女子教育与女性争取权利是报刊的两大核心内容，虽然在二者的先后问题上，报刊内部有过"女学"与"女权"何为先的大讨论。作为结论发表的《论复女权必以教育为预备》❷可视为争论的阶段性成果，并随着二者在报刊内部论证的不断推进，女子教育与女性争取权利的关系越来越清晰，成为妇女解放的主旋律。

金一则旗帜鲜明地反对戊戌时期的以强国保种为目的的"贤妻良母"教育观念，他认为，对妇女进行各方面培养与教育的目的应是"把她们教育成反抗压迫、独立自由、品质高尚、体魄健强、献身革命的人"❸。作为中国最早明确提出女子为"国民之母"概念的人，金一倡导"女国民教育"的宗旨，指出妇女教育要打破封建妇女"相夫教子"的社会角色，呼唤女性争取自己的权利，说二十世纪是女权革命的时代。在妇女政治参与问题上，金一大力提倡女权，即妇女参政议政、选举代议等权利，以使妇女同男子并肩以"国民"身份担起革命救国的重任。同时他驳斥封建社会严禁妇女干涉国家大事的传统，认为"大抵民权愈昌之国，其女权之发达愈速"❹，并把女权同资产阶级革命联系在一起，"自女权不昌，而后民权堕落，国权沦丧"❺。

（一）以西方女权运动为榜样

在中国女性报刊史上，将"传记"（史传）设置为固定栏目，《女子世

---

❶　金一.《女子世界》发刊词［J］.女子世界，第 1 期.
❷　丹忱.论复女权必以教育为预备［J］.女子世界，第 15 期.
❸　金一.女界钟［M］.上海：大同书局，1903：56.
❹　金一.女界钟·第七节·女子参预政治［A］//中国近代妇女运动历史资料 1840—1918.北京：中国妇女出版社，1991：178.
❺　金一.《女子世界》发刊词［J］.女子世界，第 1 期.

界》可谓首创。发刊前一年，已有《世界十二女杰》《世界十女杰》以及丁初我译的《（近世欧美）豪杰之细君》❶等倡西方女权的译集集中刊行，西方女杰的译介可谓一时称盛。中国女性在争取参政权利的运动中，面对国家危亡的现实以及落后的科学技术，不得不积极向西方女权先锋者学习，企图找到成功榜样以激励女性同胞。为了使中国妇女在争取女权运动中有一定借鉴和引导，《女子世界》对西方女权运动进行大量的报道和宣传，对西方女杰形象进行深刻的描写和刻画。

　　《女子世界》刊载的《论铸造国民母》的一段议论告诫女性，一切社会的进步都充斥着流血的牺牲："夫慈悲善良，为女子固有之特性也。试考察世界文明国中，无论王党、政党、温和党、进步党、革命党、虚无党、无政府党，一切社会人物，无不有惊天动地之女杰，以扶助于其间。至其所设之事业，则有施食所、施医所，有贫苦投泊所，有罪人保护所，有万国矫风会，有普救赤十字会……可知牺牲现在，牺牲一己，以普度众生一切事，凡女子无不欣然乐从之。"❷ "慷慨苏菲亚，身先天下忧。驰驱千斛血，梦想独夫头。生命无代价，牺牲即自由。可怜天纵杰，不到亚东洲。"❸ 歌颂东欧女性为争取女权的梦想而战斗，为争取自由之身作出巨大牺牲，希望能实现"中国妇女立志"，并以此激励中国女性投身革命运动中。徐念慈于《女子世界》刊载《看护妇南的瑙尔传》与《英国大慈善家美利加阿宾他传》两文，❹ 前者将南丁格尔之救死扶伤，放在当时激烈的日俄战争中，"两国之女子，发大愿，投身赤十字会，随往战地，看护负伤军人，尽国民母之责任者，不知凡几"的现实背景下，希望能通过西方女性传记激励中国女性直面本国现实状况；后者则叙述了创建贫儿免费学校与少年教养所的玛丽·卡彭特（Mary Carpenter，1807—1877年）一生伟

---

❶　[日]村松乐水.（近世欧美）豪杰之细君[M].丁初我，译.常熟：海虞图书馆，1903.

❷　亚特.论铸造国民母[J].女子世界，第7期.

❸　汪毓真.读《东欧女豪杰感赋》[J].女子世界，第8期.

❹　觚庵.看护妇南的瑙尔传[J].女子世界，第5期；觉我.英国大慈善家美利加阿宾他传[J].女子世界，第6期.觚庵为徐念慈，参见：栾伟平.《觚庵漫笔》作者考[J].中国现代文学研究丛刊，2003（1）：187-203；觉我为徐念慈，参见：张宪军、赵毅.简明中外文论词典[M].成都：巴蜀书社，2015：150.

大的慈善事业，并感叹道："女子之富于爱情，甚于男子。此特别之美德，固合古今中西而同然者也。"由此推介玛丽"疚心社会，忍耐刻苦"，"排斥圈笠主义，表见其慈善心肠"，是莫大勇气和高尚品德。这段话旨在传递给中国女性寻求社会地位和真正的解放，不只关注个人和家庭，心系女性社会服务大事业，争取社会之女权和地位，才能真正留名青史。

"记者曰：波斯碧眼，真天之骄子哉！何断脰抉目，视死如饴，牺牲殉国之烈女子，乃占尽革命史之位置乎？毋亦嗜自由若生命之好结果也。使人权思想，发达于千余年前之东亚大陆，彼红线、隐娘之俦，亦革命史中巾帼人豪矣。惜哉其不生于今也！"西方捍卫自由，争取女权之思想是女性同胞用生命换来的。古有聂隐娘、红线等中国女烈士，然今日中国女同胞尚未觉醒，"吾陟昆仑之巅，东望黄祖辛苦经营之神皋，腥膻满地，回视同胞，沉沉欲死。吾乃不得不望吾二万万神圣之女同胞，其有掷无量之赤血，为自由之代价者乎？铜山西鸣，洛钟东应。吾祝沙鲁土之早生天矣！"❶知识分子将西方女杰作为一种民族建构的角色，❷鼓励中国女性为参政、为教育、为实业而奋斗。

主编丁初我还敬告女性西学争取女权时应有态度："做女权运动不是为了出风头争名声，不是假借新名词传播旧社会的道德，也不能负运动女界之高尚名誉，设学敛财。家庭革命不是背伦蔑理，自由结婚不是桑间濮上之行，男女平权不是姑妇勃谿、伉俪离绝。"❸在主张女子享有和男子一样的自由、一样的权利的同时，又提醒女性享有的这种自由和权利不是绝对的，是相对的，不能利用这种自由和权利破坏家庭和社会秩序，不能因为运动而运动，而这正是西方的天赋人权思想在中国的具体探索和实践。

相较于中国女性身体"屈身曲背，蹒跚臃肿、累累如病夫"，"短小脆弱，痿痹偃蹇，奄奄如乞丐"，"缠足、脂粉妆、迷信神权、妖姿弱质、好阅恶奴小说、虐待奴婢、闲散坐食"，"面孔上常带着三分病容，心眼上常

❶　大侠．女刺客沙鲁土·格儿埕传［J］．女子世界，第 14 期．
❷　［加］Joan Judge．扩充女性 / 国族的想象：晚清妇女期刊中的社会女英雄及女战士［J］．曹南屏，译．近代中国妇女史研究，2007（15）．
❸　丁初我．女界之怪现象［J］．女子世界，第 10 期．

带着三分愁容，肌黄骨瘦，颜灰唇白，胸膛狭小，脚步短曲，偶然举步要走，变成畸形怪状，东倒西歪的样子……二十三岁的妙龄女子，就像七八十岁的衰退老妇人"。❶《女子世界》着重刻画西方女杰形象，刊载的如《美国妇女之自活》《赤十字社之看护妇》《看护妇南的掰尔传》《英国大慈善家美利加阿宝他传》《记日本娼妇安腾夭史事》《记俄女恰勒吞事》《为民族流血无名之女杰传》《泰西逸话》《女刺客沙鲁士·格儿垤传》《革命妇人》等西方女杰传记中都以大量篇幅描写西方女杰身体特征及生活方式，"挺胸正干，捷足飞行者"，"胸围长大，精悍猛者"；"背则直，眼则碧"；"面上那样丰润带着血色，眸子那样活动含着生气，胸部那样广阔，骨盘那样坚大，脊柱那样正直，脚步那样齐整"；"夕阳西下，携手同行，乐意与春风相送迎者，春秋佳日，公园浅草间抛球蹴鞠竞走秋千为戏乐者，其益然之生趣，得日吸新鲜之空气。"

（二）以国内女杰英姿为模范

《女子世界》为了让女性真正投入到拯救危亡的民族革命中，宣扬女子和男子对国家负有同样的责任和义务，并且拥有平等的权利："盖天生男女，未始有异，同具耳目，同具手足，同赋自由之权，同赋主人翁之责任。是故男子当尽爱国之责任，女子亦当尽爱国之责任；男子当尽国民之义务，女子亦当尽国民之义务也。"❷对于女性如何才能担当起国家的责任，享受平等的权利，《女子世界》认为其根本途径是铸新魂，去掉依赖性。简言之，要有新面貌的新女性形象，争取独立自主。要独立，则必去掉依赖性；要去掉依赖性，必铸新灵魂。《女子世界》为女性"铸造"众多新女杰作为模范，为女性重塑新灵魂找到学习的典型。其在创刊号中也表明"吾且扬国粹"，极力表彰中国古代杰出女子的"勇武"、"游侠"与"女军人"，并且期望"吾最亲爱最密切之二万万女同胞"能够继承、发扬传统之荣光，期待共养成女军人、女游侠、女文学士，以一息争存于20

---

❶ 丁初我.哀女种［J］.女子世界，第6期.
❷ 莫虎飞.女中华［J］.女子世界，第4期.

世纪中。显然中国"女界伟人"的重新建构，成为《女子世界》寻求女性典范、陶铸女性品格的重要举措。

报刊前期重点"铸中国之女新魂"，在思想上对女性进行宣传鼓舞，《女子世界》刊发《中国第一女豪杰军人家花木兰传》《女军人传》《中国女剑侠红线聂隐娘传》《中国民族主义女军人梁红玉传》《女雄谈屑》等众多女英雄作品，在评判旧时"女魔、地狱中的因奴、弄物"的同时，着重宣传并刻画出"女世界"中女国民的"女军人、女游侠、女学士、女英雄、女豪杰、女学夫"等新形象。"红玉乃自援鼓桴，于马上击之。声浪既及军士之耳，慷慨激昂，精神百倍，争致命前敌，杀人如草，虏骑死伤且尽。汉将从天，胡儿褫胆，兀术翘首乞怜，求得归死黄龙。"❶写出军人梁红玉杀敌的勇猛和坚决。且女军人的杀敌壮举可谓今日之楷模，"疆场磷火，染碧血于钗钿；风雨山阿，易黄埃为膏沐。飞花阁里，铁血丹心；花鬘前阵，须眉生愧。宫中教战，江上援桴；突阵求兵，牵裾逐射。蹴翻鳌背，羡媮婳之功名；淡扫蛾眉，洗凌烟之颜色。环顾神州，犹有一二女杰，足为女界吐气者。世之以英雄自命者，可以知所崇拜矣。"❷

而真正意义上的中国女性参政，不仅是要与男子并肩战斗，更是以国民的姿态登上历史的舞台，并积极提出男女平权和女子参政的诉求。辛亥革命这一关键时期，中国的女性解放思想从原始的对人格平等的期许开始向着政治觉醒逐渐转化，而在这一转化的过程当中，留日女性知识分子可以说是不可或缺的催化剂。以日本留学生为主的知识女性在远离故土、远离封建礼教的异乡，目睹了日本明治维新后日本女性社会地位明显提高的事实，国家和民族意识也不断增强，其作为国民一员的责任与权力意识也逐渐形成。"女子同为国民，当知爱国"，"社会进化权力伸，我女子亦国民"❸。留日的秋瑾便告诫，"然我诸姊妹，切勿因此一挫，自颓其志，而永沉埋男子压制之下。欲脱男子之范围，非自立不可……"并希望广大女性能够建立独立的争取权利之团体，"我诸姊妹如有此志，非游学日本不可。

---

❶　潘小璜.中国民族主义女军人梁红玉传［J］.女子世界，第7期.

❷　职公.女军人传·绪言［J］.女子世界，第1期.

❸　李又宁，张玉法.近代中国女权运动史料（上册）［M］.台北：龙文出版社，1995：451.

如愿来，妹处俱可照拂一切。妹欲结二万万女子之团体学问，故继兴共爱会，名之曰实行共爱会，公举陈撷芬，而妹任招待……" ❶ 国民意识中渗透着独立、民主、平等、自由等时代特色，与戊戌维新时期的"国民之母"相比是一种进步，全方位地推动着女性人格范式的塑造，激励着国内女性迅速成长为孙中山先生领导的反帝爱国运动有力的参与者。据不完全统计，辛亥革命时期参与革命团体并献身中国革命事业的女性骨干分子中，"有姓名可考者达 380 余人，其中同盟会女会员 54 人" ❷。孙中山先生对女性为革命事业所作出的巨大贡献给予了充分的肯定，赞扬女界"多才"，"其入同盟会奔走国事百折不回者，已与各省志士媲美"。❸ 辛亥革命胜利后，妇女界很快便提出了参政的要求。一时间女子参政同志会、女子后援会、女子同盟会等各种女性团体纷纷涌现，并在后期逐渐联合组成了以唐群英为领袖的女子参政同盟会，女权主义，倡导女性参政由此进入高潮。女性思想全面解放的同时，中国女性解放运动也由此翻开新的历史篇章。

但不得不承认在《女子世界》后期，围绕女权问题争论激烈，其揭示了"女权"作为一个外来概念在中国本土化过程中所遭遇的巨大疑惧与困惑。丁初我等人对女权的态度，由倡导转向批评。他们出于一种自我保护的心态，担心在条件不具备的情况下，会有人挟女权之名以谋其私、行其恶，成为满足一己私欲的工具。这种心态，与维新派的梁启超态度相同，其在《新民说》中认为："近年以来，举国嚣嚣靡靡，所谓利国进群之事业，一二未睹，而末流所趋，反贻顽钝者以口实，而曰新理想之贼人子而毒天下。" ❹ 因此，他们对女权态度转向批评，但这并不是《女子世界》的倒退，恰恰相反，是对女性参政争取女权认识的进一步深化。他们开始意识到女性效仿西方争取女权是有前提性的，认为应从政治、教育、经济等方面增强女子参政能力。在当时中国女性尚处于依附地位情况下，能够及时发现要以女学先行，以女子教育作为男女平等的保证。这种较为温和的

❶ 秋瑾. 留学日本秋女士瑾致湖南第一女学堂［J］. 女子世界，第 13 期.
❷ 上海社会科学院历史所. 辛亥革命在上海［M］. 上海：上海人民出版社，1982：919.
❸ 李又宁，张玉法. 近代中国女权运动史料（上册）［M］. 台北：龙文出版社，1995：95.
❹ 梁启超. 新民说［A］// 饮冰室合集·专集. 北京：中华书局，1989.

主张，为女性争取参政权提供根本性理论指导，在当时社会日趋激进的情况下，有着重要的思想史指导意义。当时有一部分男性以女子没有学识和能力反对女子参政，所以女权斗士们也能从女性自身找寻原因。虽然她们仍然坚持"尽义务享权利"之梦，但也认为女子参政权不可能唾手可得，关键是要具备参政的学问和能力。在女子参政权一再被否决时，《女子世界》给女性提供了反思的方向。

三、以婚姻建构自由平等观

在原始社会的初期，两性结合是一种出于生存本能的自然行为，并没有社会制度的约束。"男女杂游，不媒不聘。"❶ 受到生产力水平限制以及精神文化匮乏的影响，尚未出现婚姻制度，因此男性与女性拥有相同的社会地位。随着生产力水平的逐渐提高，婚姻的文化传承功能、人种延续功能以及所谓的婚姻礼制与婚姻观念才逐步建立起来。封建社会时期开始，男权统治与家族制度是整个社会的重要特点，在礼制与约法森严的社会结构中，婚姻开始被赋予多重意义，包括嫁娶的礼仪、夫妻的称谓以及姻亲的关系等。此时的婚姻缔结权上要奉行父母之命、媒妁之言；婚姻的目的是合两性之好，以嗣宗庙；婚姻注重礼仪性，且夫权至上，女性在婚姻关系中处于极其卑下的地位。封建社会是父权与夫权为主要特点的男权制度社会，女性不仅受父权的统治，更是切身要受到夫权制度的压抑。此时社会女性的婚姻观念是夫尊妇卑，女性对夫权绝对顺从，同时拥有卑微的贞操观以及不平等的离婚观。随着晚清时期封建王朝的没落，自由平等的婚姻观念与男女平等思潮一起传入中国，受到西方开明知识分子影响，自由婚姻观念与一夫一妻制对传统男尊女卑观念造成影响，中国传统的包办婚姻、早婚制、一夫多妻制以及片面的贞操观念等受到激烈抨击与批判。《女子世界》作为革命知识分子创办的女性报刊，观点鲜明，"婚姻为儿女第一切肤事情，与父母无干，更与媒妁无涉"，并斥责婚姻专制是"毒网

---

❶　管曙光.列子·汤问［M］//诸子集成（一）.长春：长春出版社，1999：402.

罗，惨地狱，坑陷了千千万万的同胞。非但家族不良，国势民力也就不振"。❶号召女性争取婚姻上的独立自主，建构女性自由平等观念，促进女性觉醒与解放。

（一）自由婚姻必要性与关键性

1. 自由婚姻关乎国家命运

1903 年，金一在其《女界钟》一书中提出女性解放应恢复的六项权利中即有"婚姻自由"权利。"婚姻自由是与女学关系最密切的，女子本来是社会的主动力，再济以学问，还他自由，家庭自然整饬了，国本也就强固了，国本一固，那有外力不膨胀的道理呢。"❷强调女性婚姻自由关乎国家命运，《女子世界》的诸作者基本也是从这种思路来说明自由婚姻的必要性的。汪毓真女士在其刊载的《论婚姻自由的关系》中引用金一之言语，对金一的观点表示极大认可。第 11 期中署名壮公的《自由结婚议》是论述自由婚姻的详文。他认为婚姻自由会使国强种蕃："人类无爱情，即无社会。男女之爱情深者，其家必兴，其国必强，其种必蕃盛，其社会之进化必速。"故"一夫一妻，世界公理。婚姻之制为代表爱情之团结者也，是以男女之交情"，"否则一朝遗误，悔恨终身，彼此之爱情伤，而家国种族社会由此皆蒙其害矣。""改造出新中国，要自新人起。"❸因此，自由结婚，"宜注重于国家种族盛衰强弱之关系也""宜注重于体质也""宜注重于性情也""宜注重于学识也""宜注重于品格也"。❹从需要注意的事项来看，基本都是关乎国家、关乎种族。从此处可窥见女性思想解放与国家有重大关系这一思路的影响如何之大。

2. 自由婚姻关系优生优育之途

婚姻不仅与男女双方关系重大，且关乎人种的延续问题。自由婚姻前提下组织的家庭，夫妇和睦，家庭和谐。这种环境有利于下一代的孕育与

---

❶ 汪毓真. 论婚姻自由的关系 ［J］. 女子世界，第 9 期.
❷ 汪毓真. 论婚姻自由的关系 ［J］. 女子世界，第 9 期.
❸ 壮公. 自由结婚议 ［J］. 女子世界，第 11 期.
❹ 壮公. 自由结婚议 ［J］. 女子世界，第 11 期.

成长，而子孙后代的存在也可以增进夫妻双方的感情。《女子世界》认为"以财物及别种利益结成的婚姻，是使种族变劣的办法，只有自由结婚乃自然的善种法。""今之爱国谈，莫不以教育为命脉矣。而学校教育，必基于家庭教育；家庭教育，必基于胎内教育。父母之品性，父母之情好，父母之体质，胎教之模范，受生秉气之根原也。故国家之原质，社会之阶级，学校教育之发达与否，俱视此婚姻之原理，以操人群进化之权。"❶丁初我认为自由婚姻的家庭，夫妻双方感情和睦，互相尊重礼敬，对于培养优秀的后代具有模范作用。这种自由婚姻是推进人群、人种进化的需要。

3. 自由婚姻是人生幸福的关键

自由婚姻是人生的重大问题，婚姻影响女性、男性今后的生活。《女子世界》刊载《自由结婚》，指出"如今婚姻革命、女权平等，一夫一妻世界最文明"❷，婚姻关系的成立不仅仅代表新社会组织——家庭的诞生，生活在新结构中的男女双方要长期生活，能否使婚姻家庭给男女双方带来幸福是非常关键的。媒妁之言促成下的旧式婚姻关系，夫妇会遭受一生之苦，"吾叹中国夫妇之道苦，直起因于结婚之问题，而结果于相从于地下。此身一误，蹂躏终生。悲哉悲哉！世间之爱情，莫如夫妇；家庭之压制，亦莫甚于夫妇。宁断爱情，不受压抑；能去压抑，始长爱情。诸姊妹勿以革命为斩情之利剑，吾且欲扬家庭独立之旗，击鼓进行于女权世界，不忍使二万万个人天赋之权利，牺牲于独夫之手也。"❸夫妇二人人生苦楚，自然谈不上国家大计。"既然强叫两个陌生人就可以谋终身的大计，那就家庭之间，苦趣百出。因为配非其偶，整日里木头对了石头，渐渐厌恶起来，勃谿起来毫无生趣。咳！毒网罗，惨地狱，坑陷了千千万万的同胞。非但家族不良，国势民生也就不振，到了今日地步，咳！真正没法可想。只有求热心的诸大君子，力倡婚姻自由，破数千年幽嗟怨郁的戾气，开四方万万文明强武的机关。"❹女性在还未得到自由解放时，《女子世界》便刊

❶　亚兰.论婚律［J］.女子世界，第16、17期
❷　自由结婚［J］.女子世界，第11期.
❸　初我.女子家庭革命说［J］.女子世界，第4期.
❹　汪毓真.论婚姻自由的关系［J］.女子世界，第9期.

文呼吁女性追求人生幸福，可谓是真正意义上女性解放觉醒之先锋。

（二）婚姻观念"人性化"及"女性化"

1. 自由婚姻是人性自由的体现

辛亥革命时期提倡女性解放，男女平等，所以应建立合理的、平等的、人格的婚姻关系，女性享有婚姻自由权是不可或缺的。《女子世界》从西方人性自由的角度宣传女性有追求婚姻自由的权利。刊载《自由结婚歌》唱到："改造出新中国，要自新人起。莫对着皇天后土，仆仆空行礼。记当初指环交换，拣着生平，最敬最爱的学堂知己。任你美妙花枝，氤氲香盒，怎比得爱情神圣涵天地？会堂开处，主婚人到，有情眷属，人天皆大欢喜。可笑那旧社会，全凭媒妁通情。待到那催妆却扇，胡闹看新人。如今是婚姻革命，女权平等，一夫一妻世界最文明。不问南方比目，北方比翼，一样是风流快意享难尽。满堂宾客，后方跳舞，前方演说，听侬也奏风琴。"❶ 相比始于忧国忧民的妇女解放观念，《女子世界》在宣传女性婚姻自由时更加"人性化"，从"人"的共同属性看，女性自由婚姻观念是改善家庭生活、丰富社会生活的途径，同时也是个人品德与性格的集中体现；是提升个人视野、体现男女平等的平台。同时也体现一个国家的文明自由，"外此者则不可以门第限也，不可以贫富论也，能一扫旧时之陋习，而实行新例者，方不愧为文明国民之自由结婚。"❷ 在《女子世界》上刊登过这样一则征婚启事："仆现年十八，留学日本东京，将来拟学文科，且有专肄英文，自东徂西之志，思想自命较凡人高一筹，素喜看哲理书及佛经，深痛祖国专制结婚，于是仿登报求婚之法，欲一洗旧俗，自我作古也。求婚之资格：一通汉文，一思想高，一稍知西文，一天足，一相貌不可丑陋，一年龄相等或稍小者。"❸ 体现其对自由婚姻的追求，对人性的关怀，极具进步性。

---

❶ 自由结婚歌［J］. 女子世界，第 11 期.
❷ 壮公. 自由结婚议［J］. 女子世界，第 11 期.
❸ 慕蝶谨启. 求妻告白［J］. 女子世界，第 11 期.

2. 自由婚姻对后代的关键性作用

从"女性"的特殊属性而言，生育是家庭继续、国家强化、民族发展、人类演进的关键环节，母性的维持与发展至关重要，《女子世界》在倡导自由选择婚姻时强调其对于后代的关键性作用，呼唤其作为母亲一角色时的良知。报刊利用女性与生俱来的、天然的生理特征，从"女性化"视角出发，"国民教育者，进化之母也；女子教育者，又国民教育之母也。"没有感情的媒妁之约会影响"子嗣"，"情意乖离，爱情不协，而遗传之种嗣不良矣。种种不改革，而全国之学校、社会，俱受影响"❶。"家庭教育者，种种教育之基础。而家庭教育之主脑，即在为人母者，盖儿童幼时，莫不疏父而亲母，事事以母为模范。"❷强调平等自由婚姻关系中的母亲是后代学习的模范，并对中国女性寄予了极大的期望，希望女性能从婚姻自由开始，真正获得解放，"吾愿二万万善女子，发大慈悲，施大愿力，共抉情根，共扶病体，共破迷心，共舍财产，以救同胞，以救中国，以救一身。……女子女子，同胞同胞，其亦以此魔力，移而用之战外虏，竞人权，复民种，再造我中国民之元气。群魔却走，灵魂独尊；精气往来，一飞冲跃。我女子世界，乃得出现于自由天，而共睹云日光辉、万花璀璨、二万万裙钗齐祝女中华之一日"❸。

第三节　妇女报刊建构下的社会实践

一、妇女报刊对民族革命思潮的形塑

20 世纪初是一个新与旧、中与西并存的时代，旧传统与新思潮此消彼

---

❶　亚兰. 论婚律［J］. 女子世界，第 16、17 期.
❷　志群. 女子教育［J］. 女子世界，第 6 期.
❸　初我. 说女魔［J］. 女子世界，第 2 期.

长并博弈不断，传统的性别制度和社会文化空间本身存在着很大的弹性，为文化的延续提供了缓冲的空间。在中西、古今文化冲突融合下，民族、民主意识思潮喧嚣噪起，以"保种、爱国、存学"的宗旨实现对传统文化的认同与弘扬，这一时期的妇女报刊顺应时代风潮，推波助澜，开始影响社会建构体系。

（一）新旧思潮碰撞下的民族意识

辛亥革命前夕，随着新知识阶层的出现和西方政治理论学说的输入与传播，封建统治岌岌可危，旧时封建统治下的思想土崩瓦解。为了改变中国长期积贫积弱的现状，地主阶级改革派、资产阶级革命派，通过一次次的改良、改革、革命来挽救民族危亡，振兴中国，国家民族危亡意识有了进一步发展和传播，中国民众的民族国家意识逐渐清晰明确。与国家民族意识同时出现的是民众的公民意识，即国民意识。在重新建构民族国家的大背景下，先进人士开始向往新的社会角色——国民。女性解放被视为振兴民族强国保种的有效途径与标准之一，在戊戌妇女解放思潮的启蒙和辛亥革命民主思潮的激荡下，一些开明人士包括先进的女性，不仅主张"天下兴亡，匹夫有责，匹妇亦有责焉"，也强调女性参与民族救亡的天赋权利。具有一定义务与权利的"国民之母"、"女军人"与"女国民"继"国民"观念出现后，也在社会的殷切呼唤中先后登场，成为当时最富时代特色的女性社会形象。辛亥革命女杰代表秋瑾在弹词《精卫石》的序言中写有《改造汉宫春》一文，上阕写祖国国势危难的悲愤伤感之情，"极目伤心，叹中华祖国，黑暗沉沦，大好江山，忍归异族鲸吞。空有四万万后裔，奴隶根深。甘屈服，他人胯下，靦颜献媚争荣。幸得重生忠义士，从头收拾旧乾坤。"下阕中指出女性国民应当如何报效国家，"可怜女界无光彩，只恹恹待毙，恨海愁城。湮没木兰壮胆，红玉雄心。蓦地驰来，欧风美雨返精魂。脱范围，奋然自拔，都成女杰雌英。飞上舞台新世界，天教红粉定神京"。❶

这一时期的妇女报刊在宏观的方向和微观的介入角度以及女性形象和

---

❶ 参见：阿英.晚清文学丛钞·说唱文学卷（下册）［M］.北京：中华书局，1960：593.

角色的塑造方面都很有局限性，它的话语内容实际上都只重点强调女性的社会角色、社会义务和责任，忽视了她们的家庭角色和个人个性追求。随着中国局部展开的妇女解放运动逐步进入民族革命的主流政治话语当中，在新闻传播领域，对于女性思想、文化的传播以及女性争取独立运动的传播也就被纳入了政治和国家的话语当中。妇女报刊这种媒介产品具有教化女性的作用和功能，它通过影响女性的思想观念进而影响其行为。辛亥革命时期的妇女报刊一方面塑造出一些与男性一起为挽救国家危亡英勇无畏奔走操劳的女性，鼓励女性从思想上走出"小我"，从家庭私人领域走向更为广阔的社会公共领域；另一方面又以"贤妻良母"为新标准，鼓励女性相夫教子，以己为榜样，培养优良后代，其实是以男性为中心实现自身价值和社会责任。二者建构的女性角色可以说都是以民族革命为背景的，是促进女性民族意识觉醒的前提准备。同时大众传媒的主要控制方式即掌控话语权，辛亥革命时期的革命特性使妇女报刊不可避免承担了其成长文化背景的话语生产者的责任，这个复杂的成长背景是以民族革命的宏大旋律、西方女权主义对于女性群体的忧虑以及封建宗法制度下儒家传统文化共同构建的，因此报刊所反映的正是这三者的交互与博弈，其中尤以民族革命话语的传播为甚。

《女子世界》第6期"社说"栏发表了丁初我的《哀女种》。此文接续第2期《说女魔》之批判女界种种劣根性的话题，进一步阐发中国女子衰弱的病因。丁氏指认"其遗传不良者有三"，即"非爱种""非侠种""非军人种"，后二者明显与前述期望造就"女游侠"与"女军人"之论相呼应。而放置第一位的"非爱种"之所谓"爱"，乃是排除了"男女之私"的"肉欲之爱"，具有更广大的精神性："爱根者，磅礴蟠护于个人、国家上，而为吸群之利器、铸国之胶质者也。"若与其《说女魔》中的"苟得是情而善用之，则天下善感人者莫如女子；一切国家观念，社会思想，民族主义，胥于是萌芽，胥于是胎育焉"合观，可知丁初我要求于女子的实为将一己之私情扩展到爱群爱国爱种，而这一认识也来自中西对比。《说女魔》还只是感慨："奈何西国之爱情，融合而交注；吾国之爱情，单独而孤行？"❶ 到《哀女种》，便已径直将所有中国女性遗传之病因全部归结为西国的对立面：观此三者遗传之良女种，皆西国所有，而我国所无，皆西国所日日培养，而我国所日日摧残，国安得而不亡？种安得而不灭？❷

（二）东西文化碰撞下的民主意识

辛亥革命前夕，清王朝腐朽没落，政治的控制力逐渐式微。清政府的很多官员均是兴办女学和赴日考察的全力推行者和执行者，像张之洞等清廷官员即抱有官绅合作创办报刊和兴办女学的主张，并在此基础上创办了若干妇女报刊和女学堂，成立了不缠足团体，这种较为宽松的政治环境给了各种西方社会思潮和理论学说更多自由传播的可能。各种思想学说错综复杂涤荡在中土，一方面西方先进的科学文化知识尤其是以自然、应用科学知识为代表的内容接踵而来，现代卫生文明甚至是医学文明开始走进大众视野，生物进化论学说逐渐为中国近代民众提供了另一种知识的视野和观照知识的角度；另一方面，西方的政治文化理念也在炮轰之下登陆中国，民主、平等、自由、博爱等西方理念随着传教士的传教活动以及办报活动大量涌入并且传播开来。康有为、梁启超把西方"天赋人权"和"男女平等"等思想引入中国后，把解放妇女看作是维新变法的一项重要内容，《女学报》作为首份妇女报刊开启妇女民主的大门，经过秋瑾、丁初我等革命派知识分子的深化和发展，达到新的高潮。此外还有萌芽时期的西方女权主义学说，女性意识的觉醒以及女性文化的建构也在这一时期一起冲击着古老的中国，如《女子世界》曾经形象地描述："约翰·弥勒，斯宾塞尔，'天赋人权''男女平等'学说，既风驰云涌于西欧，今乃携其潮流，经太平洋汩汩而来。西方新空气，行将渗漏于我女子世界，灌溉自由苗，培泽爱之花。"❸ 民族危机日益加深，社会动荡，苦难的中国民众恰逢西方民主学说的传入，认为此学说能直观保护个人身体自由、财产安全，西方民主意识学说首先被认识、接纳，人民的民主意识逐渐加深。

---

❶ 初我.说女魔［J］.女子世界，第2期.
❷ 初我.哀女种［J］.女子世界，第6期.
❸ 金一.《女子世界》发刊词［J］.女子世界，第1期.

二、《女子世界》对妇女文化的建构

中国民族主义包含双重内容：政治民族主义与文化民族主义。一方面希望建立一个独立的国家，反对外来的侵略；另一方面，要维护民族的文化独立，传承传统文化，回应外来冲击。❶可见，辛亥革命时期的中国民族主义发展面临双重任务，同时又夹杂着各类矛盾与冲突，造成其发展既具进步性又有时代局限性。妇女报刊这一媒介作为推进时代进步的工具之一，不可避免夹杂着矛盾、冲突，其作用影响亦如此。《女子世界》在一定程度上建构了辛亥革命时期的妇女文化，通过政治化手段建构充满觉醒的"女子世界"，同时又在男权话语下创造了"女性神话"，客观上二者推动了中国妇女的觉醒和解放，主观上无法规避其矛盾特征，造成中国妇女解放话语缓慢前行。

（一）政治化的"女子世界"

以性别文化视角重新审视辛亥革命时期的历史报刊，"不是单纯的性别关系问题或男女权利平等问题，它关系到我们对历史的整体看法和所有解释。……它是一种颠覆和重构，它将重新说明整个人类曾以什么方式生存并正在如何生存"❷。新闻报刊史并不是一个纯粹客观的存在，它以一定的历史面貌作为基础，融合了整个国家和民族的想象升华而成。《女子世界》作为妇女报刊史上重要的一部分，不可避免地成为民族危亡政治大背景下的产物，因而被打上深深的政治化烙印。这里的政治化色彩是指人为地将女子参政、妇女解放这种本该是单纯的以争取女性自身的权利为目的的活动当成是实现民族解放的一种工具或者手段。

丁初我称"欧洲十八、十九世纪为君权革命世界，二十世纪为女权革命世界"❸。金一的《〈女子世界〉发刊词》更明言："谓二十世纪中国之

---

❶ 郎净.近代体育在上海（1840—1937）［M］.上海：上海社会科学院出版社，2006：88.

❷ 陈惠芬，马元曦.当代中国女性文学文化批评文选［M］.桂林：广西师范大学出版社，2007：41.

❸ 丁初我.女子家庭革命说［J］.女子世界，第4期.

世界，女子之世界，亦何不可？"❶并指出爱国救亡与女性解放之间的关系，要兴女学、争女权，实现"女界革命"，经过一番改造，才会"女子世界出现，而吾四万万国魂乃有昭苏之一日"❷。两位创刊者都将美好"女子世界"的建构置于中国民族背景下。从积极意义而言，使得中国女性一发声，便与国家、民族、革命等联系在一起，并促使女性积极投入革命与救亡图存的运动当中，加速辛亥革命进程的同时加速了女性解放进程。许多女性走出闺阁、走出家庭，接受教育、创办实业，投入爱国救亡运动，争取参政权，等等，短短一二十年，便走过了西方女性解放几百年的历程。嘉德夫人曾经称赞："中国女子者，全世界最有能力之女子也。试观数千年来屈服男子专制之下，甚至闭置一室，足不出户……使各国女子受此等之压制，必无知无识，永远不能腾跃，而中国女子竟能保其天赋之能力，得非世界之最最奇乎！"❸可见，将女性声音置于政治化的民族国家构建语境中，带来了一个巨大意义：为中国女性建构了"女子世界"，在这个"女子世界"中女性作为主人翁具有"社会人"意义。这个"社会人"，有着"人权天赋原无别，男女还须一例担。……男和女同心协力方为美，四万万男女无分彼此焉。唤醒痴聋光睡国，和衷共济勿畏难"的豪迈情怀，更有着强烈的社会责任感和权利意识，"风潮剧烈命难知，大好江山欲付谁？我亦国民一分子，不教胡马越雷池。"女性开始认识到，她和男性一样，都是国民，都应为国家、为社会奉献自己的力量，而不仅仅是生儿育女、家务劳动的工具。她由此拥有了更为强烈的参政意识、社会意识、两性平等意识。"女子世界"中的妇女解放被人为地赋予了极强的政治意义，而关于妇女自身解放问题所展开的一系列讨论，也被无形地规范在了救亡图存的民族主义的认知框架内，而并未真正地从文化的深层次上去触及女性作为人的个性解放问题的本质。在这一建构世界既定的价值观里，女性的价值，或者说个人的价值均低于国家的价值，从属于国家政治。从这个层面上来讲，当时中国的妇女解放运动始终未能真正独立。

❶　金一.《女子世界》发刊词［J］.女子世界，第1期.
❷　丁初我.《女子世界》颂词［J］.女子世界，第1期.
❸　转引自：刘巨才.中国近代妇女运动史［M］.北京：中国妇女出版社，1987：371.

（二）男权下的"女性神话"

"所谓历史乃是由两面所构成，一面是当时发生的事实，一面是后来
讲述的事实。……没有事实而只有讲述则属于文学，只有事实而没有讲述
则属于乌有。事实固然是第一位的，没有事实便没有历史，但历史之所以
成为历史，则在于人的讲述。任何历史说到底都是人的讲述，而不可能是
已经发生、一去不返的事实。"❶ 说到底，辛亥革命时期的社会，男性掌握
了话语权，是故事的讲述者，"男性拥有创造密码、附会意义之权，有说
话之权与阐释之权"❷，其建构的女性文化、女性思想都不免充斥男权特色。
《女子世界》作为辛亥革命时期男性创办并组织发展的妇女报刊，表现尤
甚，给妇女建构了虚拟的"女性神话"。

神话提供的是人们据以直觉和思考的意义与概念体系，是特定历史条
件下意识形态化的叙事和言说，并以媒介话语的形式使人们认同与接收。
神话形成的过程也就是意识形态形塑的过程，女性神话和救亡神话的缔造
过程便是男性依据时代需要对女性进行塑造的过程，但女性们对这一形塑
过程全然不知，且不由自主地陷入这一神话的缔造中，并内化为自己的无
意识。❸ 因此，当《女子世界》男性创刊人和撰稿人主动、自觉地将妇女
解放话语纳入现代民族国家构建的语境之中时，知识女性们也都义无反顾
地投入民族救亡运动中。秋瑾经常的装束就是男子的衣着打扮，而她刊载
于《女子世界》的笔名，诸如"鉴湖女侠""竞雄""铁肝生""强汉"等，
都昭示着她"做男人一般的女人"的思想观念。❹

有人甚至认为，"女性神话"其"实质是父权社会实施的一种控制和
驯服心灵的缜密温柔型的权力技术，它不仅将女性的生命囚禁于父权权力
机制所制定的位置，而且将对女性感性生命的践踏圣洁化了"。且不论男

---

❶ 李彬."新新闻史"：关于新闻史研究的一点设想［J］.新闻大学，2007（1）：39-43.

❷ 陈惠芬，马元曦.当代中国女性文学文化批评文选［M］.桂林：广西师范大学出版社，
2007：47.

❸ 周红金.女性主义视角下的江永女书文化研究［J］.船山学刊，2011（3）：55-58.

❹ 简姿亚.从辛亥革命时期女性报刊看女性的觉醒［J］.湘潭大学学报·哲学社会科学版，2005
（5）：76-78.

权建构下的"神话"有多少"践踏"女性生命，但《女子世界》意欲建构"女性神话"是不争的事实，"磨刀须把奇仇报，活婵娟，激起神州革命潮。看他年像儿巍巍云表"❶，认为女性当是木兰般实战英勇之女丈夫，能激起革命之浪潮，正所谓"善女子，誓为缇萦，誓为木兰，誓为聂姊、庞娥……誓为娜丁格尔，誓为傅萼纱德夫人、苏秦流夫人，誓为马尼他、玛丽侬、贞德、韦露、苏菲亚，此皆我女子之师也"❷。《松陵新女儿传奇》《同情梦传奇》《侠女奴》《女文豪海丽爱德斐曲士传》《革命妇人》等近30多篇文章都充斥"女性神话"色彩，认为女性是超越男性的存在。丁初我肯定女性"其天性良于男子者万倍，其脑力胜于男子者万倍"。金一在其《女界钟》第四节《女子之能力》中说："据生理学而验脑力之优劣，以判人种之贵贱高下，此欧洲至精之学说也。今女子体量之硕大，或者不如男人，至于脑力程度，直无差异，或更有优焉。此世界所公认也。又脑髓之大小，与其身之长短重率有比例凡身体愈大者，其脑之比例愈细。……然则女子身量弱小，正其能力决可以发达之证。"以生物进化论的观点，得出"女子者，天所赋使特优于男子者也"的结论。正是通过这种"神话"，男性为女性编织了一个为国家利益、民族利益服务的文化价值系统。在这个系统中，女性唯有全力参与民族国家的构建或者说全力为民族国家构建服务，才可能取得自身的解放，"欲普救女子，必先普救中国"。不断建构着女性对国家建设、民族救亡、民主革命的向往与投入。男性主导社会群体的观念和理想通过大众媒介得到真实再现，并以"神话"手段形塑了女性知识群体，然后，女性协助男性一起再造了现存社会结构和社会秩序。这种"女性神话"建构，正是在辛亥革命时期这个国将不国的特殊时代，男性对女性铁血精神的呼唤，对女性参与救国的另一种渴望。他们不仅仅希望女性在精神上赋予他们力量，更希望女性能够与其并肩作战，共同面对苦难，直面生死。辛亥革命初期社会鼓吹的女子革命军即是明证。参军、革命，既是部分女性自我意识觉醒，力图摆脱由于"战争缺席"而毫

❶ 大雄.女中华传奇［J］.女子世界，第5期.
❷ 金一.女界钟［M］.上海：上海古籍出版社，2003：82。

无地位的境况，更是男性同受压迫下的一种无助求援。不过神话终究是神话，人们最终还是得回归现实，所以当革命胜利、共和国家建立起来，而女性却没有得到当初男性承诺的一切，包括选举权、参政权等，女性神话随之破灭，只是女性们开始了沉默和思考，另一种声音——拥有更多独立话语权的女性声音将在"五四"时期崛起。《女子世界》也完成其在辛亥革命时期的"神话"使命。

报刊作为19世纪末20世纪初期唯一的大众传媒，在建构民族想象，缔造民族语言的过程中起到了至关重要的作用。本尼迪克特·安德森在其学术著作《民族：想象的共同体》中提出民族是一种想象的本质上有限同时享有主权的政治共同体的概念。由此延伸，辛亥革命时期的民族、国家亦是以想象的认同感为基础的。妇女报刊在人类社会生活中的地位是非常重要的，对改变妇女的思想观念、行为模式和生活习惯等都具有不可估量的作用。

《女子世界》在当时作为一份革命色彩浓烈、历时较长、册数较多、内容较丰富、影响也较为深远的女性期刊之一，其创办有历史必然性：辛亥革命前夕严重的民族危机；民族资本主义的初步发展及资产阶级、小资产阶级知识分子的出现；近代西方社会思想和女权思想的传入；近代印刷、出版业的发展等。《女子世界》以改造中国妇女，建构"女子世界"为宗旨，以西方资产阶级自由民权说为思想武器，鼓吹民族革命，大力提倡反缠足，推进女性体育学习；以西方杰出女权运动者为榜样，以国内女杰为模范，鼓励女性争取女权，参与国家政治活动；从"人性化"和"女性化"角度描绘女性婚姻自由的重要性和必要性。作为中国近代女性解放运动的舆论工具、反对封建主义的革命号角，冲破了传统思想的束缚，对女性解放运动和民族民主运动有着积极的推动作用：建构了民族革命视角下的"女子世界"和男权话语下的"女性神话"。但由于报刊是以文字为主的媒介，并具有商业经营性质，所以报刊的传播和发行仅仅局限在大中城市的知识女性中间。在广大妇女群众中，并没有产生太大的影响。

第三章

《新青年》在风俗文化变迁中的舆论动员

　　社会风俗作为世代传承的生活模式和文化现象，起源于人类社会群体生活的需要，反映了一定时期内的社会结构和民众的生活文化。社会风俗门类众多、涵盖广泛，从吃穿住行到婚丧嫁娶，从节日娱乐到社会交际等，涉及物质生活和精神生活诸多层面，都是人们在漫长的生活实践和社会交往中渐渐创造、传承和积累起来的。社会风俗会随着外部社会物质条件和社会环境的变化而演变。社会风俗的变迁是政治、经济、文化变革的产物，旧风俗的衰微乃至消亡常常伴随着新风俗的滋生和形成。在一定时期内，风俗变迁甚至成为社会变革的前奏。社会风俗与社会变革的密切联系，推动形成一股移风易俗的潮流，要求改变与历史发展趋势相抵牾的封建落后风俗习惯和社会风气，以风俗改良推动社会进步与发展。

　　在社会急剧变革动荡的历史时期，要求移风易俗的呼声尤为热烈高涨，对社会风俗进行改良的局面和声势前所未有。"五四"时期正是这样一个中西文化激烈碰撞、融合，传统与现代纠缠不休的历史阶段。1919年爆发的五四运动"带着为辛亥革命还不曾有的姿态"登上历史舞台，它"彻底地不妥协地反帝国主义和彻底地不妥协地反封建主义"，[1]为岌岌可危的中国社会指明了方向。"五四"时期，以儒家思想为理论基础、以封建礼教为表现形式的传统社会风俗已经成为社会发展的"拦路虎"，严重阻碍着进步思想文化和文明社会新风尚的传播，因而受到了先进知识分子的猛烈抨击。他们高举"民主"和"科学"两面大旗，提出"打倒孔家店"的口号，把矛头直指封建礼教，希望以资产阶级个人本位的道德观和民主、科学、自由、平等的价值观来摧毁封建专制迷信思想，扫除社会陋

---

[1]　毛泽东.毛泽东选集（第二卷）［M］.北京：人民出版社，1991：699.

俗，达到唤醒民众、改造国民性、推动社会进步的目的。在他们眼中，移风易俗不仅是社会思想启蒙的重要内容，也是摧毁封建伦理秩序和富国强民的重要途径。

报刊是先进知识分子匡时济俗和教育民众的主要武器，也是"五四"时期思想启蒙和移风易俗的重要战场。"五四"时期是中国报刊业繁荣发展的时期，各种新式报刊层出不穷，学术性刊物、无产阶级刊物大量涌现，成为传播进步思潮、开展移风易俗宣传、推动社会变革的有力工具。其中，又以《新青年》引领风骚。《新青年》同人被一种神圣的使命感所鼓舞，以富有战斗性的犀利笔锋、浅显通俗的表达语言和鞭辟入里的思想论述，引一时潮流，执掌社会舆论之牛耳。《新青年》对新旧文化的辨析与论争，对新思想、新伦理、新道德的提倡与推动，为传统中国向现代化转型吹响了号角。《新青年》关于移风易俗的舆论宣传，继承了古代社会看重风俗社会作用的历史传统，是进步中国人以世界眼光和进化思维审视社会文化变革的产物，体现了西风东渐下有志之士对中国传统与未来的深切反思，闪耀着个体解放和自由主义的光辉。

《新青年》是如何一步步从普通刊物成长为一呼百应的时代名刊？《新青年》对"五四"时期移风易俗关注的焦点究竟是什么？《新青年》如何在移风易俗中有效地发挥舆论宣传的作用？这些问题都值得探索与阐释。此外，社会风俗是中国传统文化和民族精神的重要载体，它不仅是了解民族历史与文化传统的一面镜子，也是解释和改造现实生活的一把利器。社会风俗研究是一个历久弥新的话题。当下，风俗改良与社会主义精神文明建设和社会现代化进程紧密结合在一起，移风易俗仍然是党和国家工作的重点内容和社会舆论关注的热点问题。因而，十分有必要探究移风易俗的历史传统和有益实践，分析和考察社会各方在移风易俗中扮演的角色和发挥的功能，为当前社会风俗改革与社会主义文化建设提供一些经验与教训。

对《新青年》关于"五四"时期移风易俗舆论进行研究，既能拓展《新青年》研究的思路，加深对"五四"时期社会风貌及其变动的阐述，也可以呈现出中国社会风俗变迁的一些基本特征与规律。通过把报刊舆论放在宏大的历史事件和大众文化的背景下进行考察，可以还原报刊在文化变革中的传播角色和策略，极大地丰富报刊在中国近代史上所扮演角色的内涵和意义。与此同时，《新青年》在"五四"时期移风易俗中的舆论宣传也对当今媒介在社会文化建设中进行舆论建构具有强烈的现实指导意义，深化了媒介与社会的互动关系研究。

第一节 《新青年》的创办与崛起

晚清以降，封建王朝日薄西山，气息奄奄。伴随着坚船利炮，列强打开中国大门，鲸吞蚕食企图瓜分中国。内外忧患重重，国运衰微，中华民族陷入苦难的泥沼。与此同时，欧风美雨袭来，与绵延千年的文化传统交织碰撞，中国文明深刻的秩序和意义面临西方现代性的挑战，国民道德取向、精神取向和文化认同遭遇全面危机。

由此，中国人踏上追求现代化的曲折之途，在崇拜与抗拒、困惑与迷茫中寻找使古老中国焕发生机的新出路。其中，先进知识分子群体得益于受教育程度高及多元化的教育背景，使得其思想开化程度较高，对西方文明的反应尤为敏感迅速，对传统中国文化的思索也更为深刻全面，成为最先觉醒的一批中国人。他们中的大部分人选择借助报刊这一近代最为重要的大众传播媒介，作为传播思想与意见表达的平台，最终成为影响社会、开启民智的启蒙阵地。

一、《新青年》的创刊背景

近代中国沉沦与进步相伴而生，帝国主义的炮声埋葬了"天朝帝国"的美梦，也迎来了古老东方的觉醒。从此，颟顸的掌权者被推翻，受过现代教育的知识分子，开始以清醒者的姿态，肩负起匡扶正义、唤醒民众的责任。在近代中国社会转型语境下，《新青年》（首卷名《青年杂志》）应运而生、顺势而动，凝结了当时政治经济、思想文化变动的重要内容，反映出"救亡"与"启蒙"两大时代主题。

（一）辛亥革命后的复辟与倒退

辛亥革命是中国历史上最伟大的事件之一，它不仅推翻了以皇帝为象征的中国两千余年封建专制统治，也为被迫进入近代社会的中国解绑，使其挣脱旧传统的束缚，义无反顾踏上现代化征程。然而，辛亥革命来得过于突然和急剧，导致理论和组织准备并不充足，从而在革命后一个相当长的时期内，"无法稳住局势，恢复秩序，推动中国在现代化的轨道上持续发展，反而因旧辙已坏、新轨未立而陷入空前的混乱"❶。再加上辛亥革命存在理想化的色彩，对民主政治演变发展的一般规律认识不足，缺乏现实生活基础，忽视中国国情和固有文化传统，抛弃渐进的改革和阶段性发展，企图以暴风骤雨式的革命推翻皇权并在"革命成功之日，效法美国选举总统，废除专制，实行共和"❷，使得客观效果与主观愿望常常发生背离乃至相反。它在实践层面上的缺陷也为20世纪的中国留下许多遗憾和难题。辛亥革命后，除了"中华民国"这副空招牌外，中国社会的实际情况并没有发生多少根本性的改变。资产阶级共和国道路不仅没能有效地解决中国问题，带领中国走向现代化的康庄大道，反而导致社会、政治秩序进一步恶化，形成了比晚清更为黑暗的政治统治局面，甚至一度出现袁世凯、张勋帝制复辟的思潮和行为。

辛亥革命后，封建势力卷土重来，政治上出现了洪宪帝制及张勋复辟这样逆历史潮流而动的闹剧，践踏了辛亥革命的胜利果实，使民主共和名存实亡。思想上，绝大多数国民并未根本觉悟，无法摆脱传统社会环境下形成的生活习惯和思想意识，"尊孔复古"等封建专制主义思想逆流而动，

---

❶ 马勇 . 超越革命与改良［M］. 上海：上海三联书店，2001：56.

❷ 孙中山 . 在檀香山正埠荷梯厘街戏院的演说［A］// 孙中山全集（第 1 卷）. 北京：中华书局，2011：226.

恶风陋俗沉渣泛起，博爱、自由、平等思想遭到诋毁与反扑。

当 1915 年 6 月陈独秀从日本归国回到上海之时，面对辛亥革命以来政治革命不断、社会动荡不安的现状，感受到被陈旧腐朽思想搞得乌烟瘴气的社会环境，他感到政治革命不能替代思想革命，欲使共和名副其实，必须改变人的思想，须办杂志。陈独秀寄希望于《新青年》的创办，改变国人愚昧、落后的封建观念，促使中国与旧文明彻底决裂。

（二）陈独秀的办报经验与留学经历

作为一位志存高远的知识分子和坚定不移的爱国人士，陈独秀对报刊启蒙与教化的作用有着深刻认识和无限期许。早在《新青年》创办之前，陈独秀就与报刊结下了不解之缘。1903 年因在家乡宣传鼓动"拒俄运动"、倡导成立安徽爱国学社遭到通缉，陈独秀由安庆潜往上海。此时，清政府大肆打压革命言论，以章士钊为主笔的《苏报》为清廷查封，革命斗争在初期便陷入低潮。为承继《苏报》精神，继续鼓吹反清革命斗争，1903 年8 月 7 日，章士钊和张继等人又在上海创办《国民日日报》，由章士钊任主笔。在章的邀请下，陈独秀参与该报编辑工作，并与章士钊一起总理编辑事务。这是他第一次涉足报刊事业。《国民日日报》以提倡国民革命精神为目的，大量刊发揭露清廷腐败、攻击官僚的文学作品并坚定抨击清政府的正统地位，因而遭到清廷的多重镇压。再加上经费短缺等原因，不得已在 1903 年底宣告停刊。尽管从创刊到终刊只有短短几个月的时间，陈独秀却洋洋洒洒写出了不少诗文，其编辑才能也得到锻炼。

《国民日日报》停刊后，陈独秀返回家乡安庆继续从事革命活动。因"觉得安徽的风气闭塞，较沿江的其他各省更甚"❶，陈独秀联合留日学生房秩五和吴守一创办《安徽俗话报》。《安徽俗话报》于 1904 年创刊于芜湖，为半月刊。作为白话报纸的《安徽俗话报》既有对启蒙思想的宣传，也体现出较为浓烈的革命倾向。其中，陈独秀以"三爱"为笔名撰写的政

---

❶ 辛亥革命前安徽文教界的革命活动［A］// 文史资料委员会.辛亥革命回忆录（第 4 集）.北京：中国文史资料出版社，1981：377-386.

论文，因其通俗易懂、文笔犀利的风格而广受读者欢迎。然而，《安徽俗话报》同样由于思想内容而遭到外部打压，在出版了23期后于同年8月15日停刊。《安徽俗话报》是陈独秀经营报刊事业的一次重要实践。他大胆变文言为白话，用浅显易懂的表达拉近了与读者的距离，通过刊登通俗的文学作品，紧扣时政主题、传播新的价值理念。可以说，《安徽俗话报》为《新青年》的创办做了充足的理论和实践准备。

在接连经历了辛亥革命、二次革命后，在因被通缉逃亡而难以度日之时，陈独秀接受了章士钊的邀请，东渡日本协助其编辑《甲寅》杂志。作为政论刊物的《甲寅》杂志于1914年5月创刊于东京，"以条陈时弊，朴实说理为宗旨"❶，反对袁世凯的专制统治。在协办《甲寅》时期，陈独秀不仅在思想内容上进一步深化成熟，同时也重视编辑设计上的推陈出新。更为重要的是，他结识了诸如李大钊、高一涵、易白沙等许多优秀的《甲寅》作者，为未来《新青年》的创办储备了人才力量。

此外，作为《新青年》杂志的创办者和灵魂人物，陈独秀日本留学的经历也深深影响着《新青年》的思想来源和人员构成。作为第一代日本留学生，陈独秀于1901—1915年先后四次赴日留学。陈独秀出国留学之始，是受到八国联军攻占北京的"庚子事变"的刺激，想要通过赴日留学亲身探查中国不如外国、被外国欺负的原因。四次留学日本期间，"陈独秀完成了由一个旧式知识分子向民族民主革命志士的重大改变"❷，一方面学习到丰富的近代科学知识，受到西方近代进步思潮的多元影响；另一方面通过广泛地参与日本及国内的各种社会政治活动得到锻炼，为回国后从事民主革命宣传和启蒙，奠定了学识理论基础，培养了社会政治经验，积累了人脉资源。

（三）群益书社的支持

由陈子沛、陈子寿兄弟开办的群益书社是清末民初时期一家重要的民

---

❶ 戈公振.中国报学史［M］.上海：上海古籍出版社，2003：223.
❷ 权赫秀."南陈北李"的留学日本经历及其影响［J］.社会科学战线，2012（4）:107–115.

营出版机构，在新式出版物生产和传播的中心——上海占据一席之地，并在近代史上留下了较大的文化影响。此外，作为《新青年》赞助者的群益书社，承担了《新青年》前七卷的发行和印刷工作，与《新青年》的创办及后期发展密不可分。

群益书社于 1902 年创设于湖南长沙，先后出版了许多影响深远的读物，其中以翻译出版外语读物和编纂理科教科书而广为人知。陈独秀与群益书社的渊源可以追溯到他为群益书社编纂英语教科书《模范英文教本》的时候，自此开始和群益书社接触。直至 1915 年陈独秀创办新杂志的构想，因亚东图书馆无力承担发行工作受阻之时，在汪孟邹（亚东图书馆创始人）的"作伐"下找到群益书社。

群益书社与《新青年》的结合，不是偶然。群益书社在选书和经营上的现代眼光，早期创办人及编译者群体的日本教育背景和宽广的中外交流视野，在传播西学、翻译编纂西方读物等方面的经验及新思想和新知识的积累，促成它与《新青年》的合作。群益书社不仅出资赞助陈独秀，为《新青年》的创刊与早期发展解除了后顾之忧，也把先进的营销策略和大胆的编辑理念带入《新青年》的经营当中，推动其实现破旧立新、启迪民智、引领启蒙的宏伟设想。

二、《新青年》创刊宗旨

1915 年陈独秀由日本回到上海，政治斗争的挫折和流亡生活的感受，使他认识到中国社会普遍存在"生机断绝"的精神现象比动荡的政局更为堪忧，由此他特别重视对民众的思想启蒙，希冀惊醒愚弱的国民，提高民族思想素质，把中国人的思想引入现代化，从而实现根本性的救国。1915年，陈独秀创办《新青年》，将他挽救国家与国民的畅想付诸实际行动。

《新青年》最初定名为《青年杂志》，于 1915 年 9 月 15 日在上海创刊。基于创刊时艰难的政治环境和严格的法律限制，陈独秀宣称《青年杂志》的宗旨不是"批评时政"，他创办杂志的目的是"改造青年之思想，辅导青年之修养"❶，"欲与青年诸君商榷将来所以修身治国之道"❷。《青年杂志》创刊号的首篇是陈独秀撰写的《敬告青年》，在其中饱含着他对青年的殷切希望，赋予"新青年"六重内涵："自主的而非奴隶的"，"进步的而非保守的"，"进取的而非退隐的"，"世界的而非锁国的"，"实利的而非虚文的"，"科学的而非想象的"。❸陈独秀号召青年反对中国传统的各个方面，呼吁摒弃一切"陈腐朽败"的旧伦理，培育一代具有自立人格、进步思想、反抗精神、世界视野、科学素养的务实青年人，以引领整个国民性的改革。

此外，陈独秀强调"国人思想尚未有根本之觉悟，直无非难执政之理由"❹。尽管宣称创办《青年杂志》的目的是改变青年的思想和行为，而不涉及对当前政治问题的批判，但他坚信文化思想启蒙，特别是道德改革能够推动政治的根本变革。陈独秀主张封建道德是造成中国人民愚昧落后的根源，并把斗争矛头直指孔教与儒学。他认为"儒家三纲之说，为一切道德政治之大原：君为臣纲，则民于君为附属品，而无独立自主之人格矣；父为子纲，则子于父为附属品，而无独立自主之人格矣；夫为妻纲，则妻于夫为附属品，而无独立自主之人格矣。率天下之男女，为臣，为子，为妻，而不见有一种独立自主之人格者，三纲之说为之也。缘此而生金科玉律之道德名词，曰忠，曰孝，曰节，皆非推己及人之主人道德，而为以己属人之奴隶道德也"❺。这些以三纲五常、忠孝节义为代表的封建教条，是奴隶道德，同"今世之社会国家"根本不相容。建立一个真正民主共和国的前提是"输入西洋式国家之基础"，传播以平等人权为代表的民主主义新思想、新道德和新文化。

---

❶　陈独秀.答王庸工［J］.青年杂志，第 1 卷第 1 号.
❷　社告［J］.青年杂志，第 1 卷第 1 号.
❸　陈独秀.敬告青年［J］.青年杂志，第 1 卷第 1 号.
❹　通信［J］.青年杂志，第 1 卷 1 号.
❺　陈独秀.一九一六年［J］.青年杂志，第 1 卷第 5 号.

三、《新青年》的崛起

《新青年》并非从创刊时就名扬四海，从者如云。从普通刊物到"一代名刊"，《新青年》历经重重考验，顺应了时代发展的潮流，抓住了"五四"事件这一重大历史机遇，成为引领时代风气，开启中国社会历史现代化转型的第一刊物。

（一）"五四"后出版环境的变化

1915 年陈独秀创办《青年杂志》时外部环境十分不利，出版自由遭到严格的法律限制。1912—1914 年，公布了一连串限制人民权利的法律和命令，其中也包括对出版界严厉管制的"报纸条例"和"出版法"。由此，言论、集会、结社自由遭到干涉，警察被赋予控制所有政治性或社会性结社和出版物的权力，出版物随时都有可能被扣上"破坏社会道德"或"妨害地方利益"的罪名而遭到查禁。在政府的高压下，中国出版业大为萎缩，报纸数量急剧减少。此外，这一时期的刊物还存在内容质量不高的问题，多是些古板、千篇一律的话题，没有鲜明的立场，文学价值也不高。

"五四"后，"国内各界舆论，一致同唱。各种新出版物为热心青年所举办者，纷纷应时而出，扬葩吐艳，各极其致"●，中国的出版事业有了极大进步。在"五四"事件发生后的半年内，中国约有 400 种白话文的新刊物出现，其中不乏《星期评论》《少年中国》《解放与改造》等在当时和后来产生极大影响的报刊。

"五四"后的"期刊热"现象，为提升中国群众的舆论素养和培养新型知识分子作出了巨大贡献。在出版界空前繁荣的形势下，新知识、新观念、新主义被引进并得到广泛讨论，崇拜新思想成为一种潮流，"世界上

● 孙文.民国周年与海外国民党同志书［A］//胡汉民.总理全集（第 3 卷）.上海：民智书局，1930：347-348.

似乎没有一个像中国那样的国家，学生如此一致和热切地追求现代和新的思想观念"❶。外部环境尤其是社会氛围的改变，使《新青年》几乎迎来了最好的发展时期，读者群体日益壮大，传播效果和影响力不断提升。

（二）《新青年》发展的三个阶段

《新青年》的发展分为三个阶段。第一个阶段是创办初期，该刊主要是民主主义刊物。1915 年 9 月，陈独秀在上海创办《青年杂志》，1916 年 9 月，第 2 卷第 1 号起更名《新青年》。杂志的 1—3 卷由陈独秀主撰，1916 年撰文《吾人最后之觉悟》，提出国民觉悟是政治制度变革的根本。《新青年》创办初期，以打倒孔家店，批判封建伦理道德为中心，高举科学与民主的大旗，发起了反封建的启蒙运动。陈独秀为《新青年》所写的发刊词《敬告青年》是该刊的纲领性文章。他勉励青年崇尚自由、进步、科学，要有世界眼光，要讲求实行和进取。他著文驳斥康有为"定孔教为国教"论，说"别尊卑、重阶级、事天尊君"这些孔教思想，正为历代帝王所利用。定孔教为国教，不但违反思想自由之原则，而且违反宗教信仰自由之原则。

第二个阶段是发展阶段，该刊主要是社会主义刊物。1917 年，应北大校长蔡元培之邀，陈独秀出任北大文科学长，并将《新青年》编辑部迁至北京。箭杆胡同 20 号，曾经是陈独秀的住所，也是新文化运动开始的标志。1918 年 1 月，《新青年》由陈独秀个人主编改为同人刊物，胡适、李大钊、钱玄同、刘半农、高一涵等成为主要撰委。在短短不到三年的时间里，有近 30 期《新青年》杂志在这里编辑出版，影响了一代热血青年。

俄国十月革命的炮声，送来了马克思主义真理。以李大钊为代表的初具共产主义思想的先进分子，揭开了报刊宣传马克思主义的新的一页。1918 年 10 月 15 日，李大钊在《新青年》第 5 卷第 5 号上发表热情歌颂十月革命的文章，有《庶民的胜利》和《布尔什维主义的胜利》。在 1919 年《新青年》第 6 卷第 5 号上，李大钊发表了《我的马克思主义观》。这篇文

---

❶ 杜威. 大众舆论在日本［J］. 新共和，1921（11）：15–18.

章是李大钊成为马克思主义者的标志。在此前后，李大钊不仅亲自撰文，而且在《新青年》上办了"马克思研究号"。

这个时期更值得一提的是胡适发动的"白话文运动"。胡适 1917 年 1 月发表的《文学改良刍议》，是倡导文学革命的第一篇文章，又写有《建设的文学革命论》等文，主张"国语的文学，文学的国语"，大力提倡白话文，兴起了白话文运动。

1918 年 5 月，以鲁迅为笔名发表的中国现代文学史上第一篇用现代体式创作的白话短篇小说《狂人日记》，载在《新青年》第 4 卷第 5 号。迄 1921 年 8 月 1 日第 9 卷第 4 号止，鲁迅在《新青年》共发表小说、诗歌、杂文、译文、通讯等 50 余篇，特别是其中的 5 篇小说《狂人日记》《孔乙己》《药》《风波》《故乡》，奠定了他在现代文学史上文学巨匠的地位。

1918 年 12 月，《新青年》刊登了周作人的《人的文学》："我们现在应该提倡的新文学，简单地说一句，是'人的文学'。应该排斥的，便是反对的非人的文学。"周作人从个性解放的要求出发，充分肯定人道主义，强调一种"利己而利他，利他即是利己"的"理想生活"，提出以"人道主义为本，对于人生诸问题，加以记录研究的文字，便谓之人的文学"，认为新文学即人的文学，应充分表现"灵肉一致"的人性。这深深影响了"五四"时期表现个性解放主题的创作，"人的文学"成为"五四"时期文学的一个中心概念。

此时期还由刘半农与钱玄同上演了"双簧"，即著名的"文白之争"。

《新青年》发展的第三个阶段是后期，成为党的中央理论机关刊物。五四运动后，编辑部产生分歧，再次改为陈独秀主编，1920 年 2 月编辑部迁回上海。1920 年 9 月，《新青年》第 8 卷第 1 号改版为中共上海发起组机关刊物。1923 年 6 月，《新青年》(季刊)复刊，成为中共中央的理论机关刊物。

回到上海的陈独秀后来成为中共上海发起组的负责人。中共上海发起组成员李汉俊、陈望道等人也加入了编辑部，成为编撰骨干。改组后的《新青年》，向广大读者进行了彻底的民主主义和马克思主义思想的启蒙教育，激励、团结一代新人走向马克思主义的道路，为中国革命作出了重大贡献。

（三）牵手北京大学，影响力大增

早期创刊于上海的《新青年》少有真正"大名家"执笔，每期印数仅1000本，❶影响力比较有限，被周作人评价为"普通的刊物"，"虽是由陈独秀编辑，看不出什么特色来"。❷对此，张国焘晚年的回忆也可佐证，他说："《新青年》创办后的一两年间，北大同学知道者非常少。"❸这种情况发生扭转是在1917年陈独秀入主北大文科院后，出任文科学长（文学院长），《新青年》编辑部随之迁到北京。陈独秀进入北大后，胡适、李大钊、钱玄同、刘半农、周树人、周作人、陶履恭、高一涵、沈尹默等"一批北大教授加盟《新青年》，使杂志真正以全国最高学府为依托"❹。《新青年》编辑队伍进一步壮大，在文学院讲授中国哲学史的胡适、文字学家钱玄同、诗人沈尹默、新散文和新诗作家周作人等纷纷加入《新青年》，使其真正实现了由安徽籍编者、作者主导的地方性刊物，向以北大教授为主体的"全国性"同人刊物转变。在北大教授们的协助下，《新青年》声势大壮，在青年学生中暴得大名，被誉为"青年界之明星"，也成为"五四"时期传播先进文化的引领者。有像傅斯年、沈雁冰这样的北大学子加入他们的队伍，还有像毛泽东、陈望道这样的有志青年在这个杂志上发表文章。李大钊《庶民的胜利》《布尔什维主义的胜利》把马克思主义带入中国，使《新青年》成为宣传社会主义新思想，进而成为共产党的理论刊物，空间影响力从书斋拓展到社会，拥有了大量忠实的受众。

---

❶　汪原放.亚东图书馆与陈独秀［M］.上海：学林出版社，2006：33.
❷　周作人.知堂回想录［M］.香港：三育图书有限公司，1980：333-334.
❸　张国焘.我的回忆（第1册）［M］.北京：东方出版社，1991：39.
❹　王奇生.革命与反革命：社会文化视野下的民国政治［M］.北京：社会科学文献出版社，2010：9.

第二节 "五四"时期移风易俗的社会背景

民风民俗是中华民族光辉灿烂文化中的一颗明珠，是人们在长期共同的生产实践和社会交往中，自发地逐渐形成的一种错综复杂的社会精神现象。它不仅能够有效维系民族成员之间相互理解和信任，推动全民族聚合成一个凝心聚力、万众一心的整体，还能形成本民族生活、意识、性格、心理、道德等特征的方方面面，构成风格独具的民族文化。可以说，在保存民族精神和文化方面，民风民俗曾起过值得肯定的历史作用。但是，在民风民俗的演变过程中，难免会受到生产力发展和阶级的局限及经验和知识水平的限制，因而会不同程度地积淀非科学的以至落后的因素。此外，人们对风俗习惯的继承不是无条件的，往往是根据社会存在的现实情况和个人好恶取舍来加以变通，使得社会风俗的传承呈现出明显的变异性。因此，对于传统风俗习惯中腐陋的糟粕部分，当其成为人们的精神枷锁、与社会发展潮流相抵牾的时候，就产生了演变和更新的必要，移风易俗也就势在必行了。

传统与变革是"五四"时期鲜明的时代主题，移风易俗是"五四"时期挑战传统、谋求变革的一次重要实践。"五四"时期移风易俗有其特定的社会背景，即近代中国正处于一个剧变的时代，政治上杌陧、思想上空前反省与探索，落后挨打的基本国情迫使人们寻找救国救民的新出路；随着西风东渐的脚步逐步加快，西俗在中国广泛传播并被接收、吸纳，为传统风俗改造提供对照和参考；在救亡图存的历史背景下，掀起了以开通民智为标志的思想大解放，先进的知识分子和报刊通过教育和宣传等手段启发国民智慧，旨在使其摆脱愚昧、落后的状态，走出专制主义和蒙昧主义的泥潭，为移风易俗奠定了坚实的思想基础；当社会变革成为时代潮流，社会风俗中封建、落后的部分因无法满足经济社会发展的新要求而必然会遭遇现实困境，面临淘汰的命运。

一、剧变的近代中国

"随着每一次社会制度的巨大历史变革，人们的观点和观念也会发生变革。" ❶ 当外部物质条件和社会环境发生变化，风俗习惯、思想、世界观的形式和内容也要相应地改变，一些不适应新形势的风俗会衰微乃至消亡；反之，一些新的风俗又会慢慢滋生以至形成，从而体现社会风俗的时代性。

鸦片战争后，中国大地风雨如晦，遭遇了千百年来未有之大变局。复杂多变的政治形势，相互交织的各种矛盾，外有列强的欺侮侵略，内有专制王朝的压迫人民生活苦不堪言。中国前途未卜，摇摇欲坠。尽管农民阶级、资产阶级改良派、资产阶级革命派先后登上历史舞台，但气息奄奄的封建统治阶级仍在垂死挣扎，两次农民革命战争结局惨烈、戊戌变法草草收场、清末新政无力回天、辛亥革命难逃失败命运、王朝两次复辟、中国滑入军阀割据的混乱时期。严重的民族危机和社会危机，使中国走到亡国灭种的边缘。与此同时，近代化的帷幕已然悄悄拉开，危机与机遇并存。在激烈动荡与深刻变迁中，中国社会开始由沉沦走向觉醒，由封闭走向开放，由专制走向民主，由农业社会走向现代化工业社会，由传统文化向近代文化转型。在这样"沉沦"与"进步"共生、"传统"与"现代"并存的时代背景下，一些先进知识分子擎起引领社会自救的旗帜，他们为中国的前景和旧秩序的孱弱所困扰，深感时局艰难的切肤之痛，焦心竭虑以寻求救国方案，提出了"欲救中国，必自改革习俗入手" ❷ 的主张。

其实早在中国古代，思想家和政治家就提出了"移风易俗，天下皆宁"（《礼记·乐记》）之类的看法，肯定了风俗所具有的特殊社会功能。

---

❶ 中共中央马克思恩格斯列宁斯大林著作编译局 . 马克思恩格斯全集（第 7 卷）［M］. 北京：人民出版社，2006：240.

❷ 壮者 . 扫迷帚（第 1 回）［J］. 绣像小说，1905（43）.

近代以来，以改造旧习俗来拯救国家的主张已经形成了一种思潮。从太平天国以变更民族服饰、蓄发不剃、改革婚丧制度等为内容的礼俗改革，到洋务运动时期风气初开、封建迷信开始式微，再到 20 世纪初伴随着戊戌变法和辛亥革命这样的政治运动而出现的天下移风的新形势。爱国志士尤其是青年知识分子，以经世济国、匡扶时局为己任，不断与陈腐思想作斗争，用近代物质文明和精神文明改造农业社会的传统风俗，尤其是其中不民主、不文明、不科学、不卫生的部分，使之纳入现代化的发展轨道。

二、西俗的传播与吸收

强制门户开放的炮舰政策，开启了西方在中国以政治、经济、军事、文化等为内容的全面扩张时代，从此近代中国和世界的联系日益密切。西力东侵，当中国与外界完全隔绝的状态被暴力打破的时候，传统文化的稳定性和连贯性遭到破坏，社会风俗领域也发生了解体。古老习俗与近代文明不断冲突、融合，中国社会风尚开始显现出近代化趋势。

鸦片战争后，中国人开始睁眼看世界。彼时西方已全然不是昔日眼中的蛮夷之邦，取而代之的是一个初具现代文明雏形，经济高度发达，政治、军事、文化、科技全面领先的繁荣之地，并基本确立了反映自由、平等、博爱等资产阶级进步观念和近代人文主义精神的较为文明的社会习尚。随着贸易往来、洋货传入，西方的风俗文化传入中国；传教士的灌输使西方文化和科学知识得以传播；租界的设立为中国人追求、模仿西方生活习尚提供窗口；出洋游历、留学的人士现身说法带回西方的新习尚；大众传播媒介对西洋风俗的呈现和品评，使人们大开眼界。以上这些都促进了西俗传入中国。

受西方物质文明和开化风气的影响，中国人的生活方式潜移默化地向西方靠近，在生活习惯、文明礼仪、节日习俗等方面出现了洋化与趋新的现象。洋装流行，西式短发逐渐普及，汽水、奶茶、咖啡等洋式饮料受到国人青睐，看电影、听音乐、跳舞、射击成为广受欢迎的娱乐方式，以握手、脱帽、鞠躬替代作揖、请安、跪拜等礼节，倡导自由恋爱、夫妻平等的婚姻理念，等等，可以说，以丰富多样、简单实用、自由平等为特征的西方生活方式，为闭塞保守的中国传统社会带来一阵清风。但不可否认，西方物质文明渗入的同时也造成了西方社会不良生活方式和丑恶现象传入的恶果。奢靡之风、享乐主义盛行，黄赌毒泛滥，作奸犯科不断，使得世风浇薄，人心不古。

三、开通民智的文化氛围

近代中国社会，由于教育落后，大多数人没有文化，生活在闭塞与无知之中。再加上封建习俗的束缚，使得民智不开，民风民俗愚昧落后。反过来，恶风陋习又成为束缚人们思想、抵制社会变革、阻碍社会进步的绊脚石。因此，广开民智成为中国近代史上的一个现实课题，移风易俗成为其重要内容和途径。

社会风俗作为社会意识形态的一种，是反映当时社会风貌的一面镜子，社会风俗的文明程度可以反映一个民族的文明程度和民智开化程度。近代以来，知识分子认识到对民众进行思想启蒙的重要性，把开启民智作为义不容辞的责任，致力于打破欺蒙，扫除蒙蔽，改造传统的世界观、道德观、文化观。从洪仁玕"以风风之"到严复的中国欲富强就必须"鼓民力，开民智，新民德"和梁启超的"欲维新吾国，当先维新吾民"[1]，再到陈独秀"凡是一国的兴亡，都是随着国民性质的好歹转移"[2]和鲁迅的"改造国民性"，无不是先进中国人针对"开民智"这一深刻历史命题交出的自我答卷。

戊戌维新运动掀起中国近代史上第一次思想解放的潮流，以康有为、梁启超、严复为代表的资产阶级维新派思想家提出"开民智"的议题，通过创办学会、著书办报、开办学堂等方式开展移风易俗活动，旨在启发全

---

[1] 梁启超.《新民丛报》章程［N］.新民丛报，1902-02-08.
[2] 亡国篇［M］//陈独秀著作选（第1卷）.上海：上海人民出版社，1993：80.

体国民的智慧，改造民众的国民性，实现富国强民的远大目标。他们把破除旧习陋俗、树立新风良俗作为社会启蒙的重要内容，提出了废除淫祠、改为学堂，反对女子裹足、创设女学，提倡断发易服等主张，并发起戏曲改良运动，体现了维新派要改变中国封建陋俗的意图以及促进人们思想解放和观念更新的决心。

其后的新文化运动，带着对中国封建礼教与传统伦理道德的强烈批判，把思想启蒙运动推向高潮。新文化运动一方面反思传统文化中的沉疴宿疾，痛斥封建文化奴役民心、遮蔽民智；另一方面主张向西方学习，致力于提高人们的知识水平、道德水平，改变他们的思想观念和文化结构，促进人的解放，培养理想的现代人。无论是陈独秀为开通民智而进行的办报实践，还是鲁迅"从改造中国人入手，改造中国社会"的文艺理念，都看到了人民愚弱、民智低下的现状，认识到封建礼俗对社会发展的阻碍以及破除无用、无实封建文化的重要性。他们批判封建社会种种不合理的陋习，提倡男女平等、婚姻自由、破除迷信，目的是把民众从闭塞、愚昧中解救出来，为社会生产力发展扫清障碍，推动社会改革和进步。

至"五四"时期，已然形成一种民智大开的文化氛围，经受民主与科学洗礼的民众，逐渐从封建王朝的迷梦中觉醒，民主、自由、平等等现代进步思想渗透到日常生活中，思想观念和生活方式走向近代化。此外，社会风俗的革故鼎新已然影响深广，传统的道德伦理观念发生动摇，愚昧落后的恶风陋习在现代文明的冲击下逐渐式微，社会风气大开。

四、传统风俗的现实困境

"世异则事变，事变则时移，时移则俗易。"（《说苑·杂言》）社会风俗属于社会意识范畴，存在于特定的经济基础中。当传统风俗存在的经济基础已经丧失，其中愚昧落后、封建野蛮的部分成为阻碍生产力发展的因素，就必然会遭遇现实困境，移风易俗就成了历史的必然。再加上生活习俗是群体生活方式的反映，随着人群观念变革而变化。然而，基于实践滞后于观念的特点，有些时候常常观念变了，但习俗却仍未改变。因此，近代中国随着国人精神进一步进化和解放，对不符合当前生活方式的习俗进行变革的要求也愈加强烈。

以清末民初的服饰变迁为例。服饰是人类文化最早的物化形式之一，是社会精神的外在显现形式之一，也是文化心理的直观表达之一。同样，服饰作为一种民俗现象植根于民间生活与民俗活动中，是一个民族个性的反映，体现了物质文明的伟大创造，也渗透着丰富的民族哲学和美学。近代中国随着中西交往日益频繁，西方突出个性、强调简约的着装理念和以工业化纺织印染为代表的技术革新，引起国人思想观念和行为方式的变化，进而推动了中国本土服饰发生变革。

在与外国人交往的实践中，国人逐渐认识到融入旧式礼法精神和等级制度的传统服饰已经与现代文明格格不入，"非变通不足以宜民，非更新不足以救国，且非改视易听，不足以一国民之趋向，振国民之精神"❶。他们把救国的焦灼情绪和对强国的热切期盼寄托到服饰的改良当中，期待通过改变身体外形上的落后而"与欧美同俗"，摆脱精神上的屈辱，提高民族自尊。具体表现为，对恶风陋习的厌弃和对新风尚的狂热追求。一方面，"剪辫"与"废缠足"运动轰轰烈烈地展开。号召男子剪辫，认为蓄辫妨碍卫生与行动，毫无保留之价值；鼓励女子冲破习惯势力实行放足，摆脱缠足陋习，解放身体之痛。另一方面，疯狂追捧西式服饰。男子喜着西装、打领带、戴礼帽、穿皮鞋；女子尚旗袍，通过缩短长度、收紧腰身、提高开叉对旗袍进行改良，既能衬托出东方女子的秀美、典雅、沉静，也更为强调个体的曲线和自然美，适应了当时的服饰潮流。

---

❶　汤志钧. 康有为政论集［M］. 北京：中华书局，1981：368.

第三节 《新青年》关于移风易俗的舆论建构

"世界大通，人群进化，闭关时代各国自为风气的习惯，应该打破；采取世界最通行、最合人生的习惯道德来改正从前荒谬、愚陋、残酷、野蛮的'土人习惯''土人道德'。"❶ 当历史转向近代社会，社会风俗变革成为大势所趋，现代、文明、健康的习惯道德成为时代主流。

作为"五四"时期影响最大的刊物，《新青年》是新文化运动的引领者。以新旧文化的冲突与传承为话题，高举"民主"和"科学"的大旗，传播新思想、新道德、新伦理。此外，《新青年》积极促进移风易俗的舆论宣传，一方面与尊孔复古的反动思潮作斗争，大力批判封建社会禁锢思想、阻碍社会进步的弊习陋俗，通过文字宣传揭示社会弊端，剖析旧社会的罪恶，以此来启发民众智慧，破除封建礼仪、野蛮风俗和愚昧保守的思想，进而推动社会改革和进步；另一方面倡导男女平等、妇女解放、婚姻自由等社会文明新风尚，主张向西方学习，引进西方资产阶级自由、平等、个性解放的思想观念，并以身作则带头用实际行动推广新的生活方式，树立文明风尚。

一、变革婚丧习俗

中国传统婚姻是几千年来中华民族生活状况的反映，包含着富有自己民族特色的婚姻观念、婚姻行为、婚姻礼仪等诸多的婚姻范畴和模式。❷ 但传统婚姻同时也存在着自主性差、婚姻买卖、男女不平等、礼仪繁缛等

---

❶ 赵清.吴虞集［M］.成都：四川人民出版社，1985：29-30.

❷ 梁景和.近代中国陋俗文化嬗变研究［M］.北京：首都师范大学出版社，2007：23.

问题。丧葬礼是人们为死者举行的礼仪形式。中国的丧葬习俗是民间俗情与儒家文化长期交融的结果，体现了对亡者的哀思、对"死后世界"的信仰和对神明的畏惧，进而形成了一套有关容貌、言语、饮食、衣服等多方面的规范化丧葬礼俗。然而随着丧葬礼俗的发展，程式化、标准化、规范化的要求使其变得愈加俗套，不仅劳民伤财，情感表达也不复真挚，透露出一股虚伪、矫饰的风气。

近代以来，婚丧习俗的变革与国家社会进步联系起来。先进知识分子要求变革婚丧习俗的呼声越来越高涨。《新青年》作为"五四"时期移风易俗活动的倡导者与践行者，强调对婚丧陋俗的批判和清理，提倡实行与当时社会发展相适应的新式婚丧主张。

（一）婚姻文化的变革

"五四"时期文化环境活跃，自由婚姻替代封建婚姻成为历史发展的必然趋势，与个人生活幸福密切相关的婚姻问题几乎成为社会上的一个中心问题，也是当时社会改革的一项重要内容。报纸杂志的舆论宣传成为婚姻文化变革的催化剂和助推器，《新青年》通过刊发《结婚与恋爱》《关不住了》等译作颂扬真挚的爱情，使爱情与婚姻这一话题走进民众视线，并发表诸如《自由恋爱》《贞操问题》《终身大事》等一系列批判旧婚姻制度、探讨新婚姻观的文章，把追求婚姻自由与实现个人解放联系在一起，鼓励国人反叛封建婚恋方式，大胆追求自由婚姻，最终实现自我幸福。

在倡导婚姻自由方面，沈兼士提出"独身、结婚、离婚、夫死再嫁，或不嫁，可以绝对自由"❶。根据他的观点，婚姻自由在内容上涵盖恋爱自由、结婚自由、寡妇再嫁自由和离婚自由四个方面。恋爱自由是对"父母之命，媒妁之言"传统婚姻的挑战，长期以来男尊女卑的观念盛行，孔教学说"视女子如物资，不认其人格；视女子如附属品，不认其完全资格"❷，进而衍生出"三从""七出"之说。高素素在《女子问题之大解决》

---

❶ 沈兼士.儿童公育［J］.新青年，第6卷第6号.
❷ 高素素.女子问题之大解决［J］.新青年，第3卷第3号.

一文中，怒斥"三从""七出"之说对女子的压制和荼害，认为"男女之相恋，乃自然之天性，非人力足阻"，"恋爱为结婚之第一要素"，若女子"仅为男子牺牲，甚焉者男女同为家族主义之牺牲，故所组成之家庭，无生气无精神……结婚当始于男女之恋爱"。❶ 结婚必须以恋爱为基础的观念打破了封建婚姻的挟制，为"五四"时期婚姻改革吹去一阵清风。

关于结婚自由，胡适曾作过以下论述，"自由结婚的根本观念就是要夫妇相敬相爱，先有精神上的契合，然后可以有形体上的结婚"❷。鲁迅也曾援引一位青年题为《爱情》的诗作来控诉包办婚姻的悲剧，"爱情！我不知道你是什么。……我年十九，父母给我讨老婆……可是这婚姻，是全凭别人主张，别人撮合：把他们一日戏言，当我们百年的盟约。仿佛两个牲口，听着主人的命令：'咄，你们好好的住在一块儿罢！'"在鲁迅看来，"这是血的蒸汽，醒过来的人的真声音"。他强调这种"无爱情结婚"会进一步导致"宿娼""买妾"的恶结果。❸

寡妇再嫁是关涉妇女贞操问题的一个伦理难题。中国封建社会中妇女应该守节的观念深入人心。民国时期出台的《褒扬条例》公开指出，三十岁以下的寡妇不该再嫁，再嫁为不道德。对此胡适予以驳斥，认为"这全是一个个人问题"，需遵从其个人意愿，提倡妻子对丈夫单方面的守节是一种不合人情的伦理。

离婚自由与结婚自由相呼应，"如果说只有以爱情为基础的婚姻才是合乎道德的，那么也只有继续保持爱情的婚姻才合乎道德"❹。也就是说，男女结合纯出于爱情，离婚是针对无爱婚姻的一种合理选择。张崧年在《男女问题》中指出，"从爱情生出来的人间关系，便该纯全随着爱情去留。爱情断了，还定要保留因他起的关系，那便是强迫，那便是作伪，那便是假冒"。 他认为追寻西方理想男女关系之路，首要在中国推行离婚制

---

❶ 高素素.女子问题之大解决［J］.新青年，第3卷第3号.

❷ 胡适.美国的妇人［J］.新青年，第5卷第3号.

❸ 鲁迅.随感录四十［J］.新青年，第6卷第1号.

❹ 恩格斯.家庭，私有制和国家的起源［A］//马克思恩格斯全集（第21卷）.北京：人民出版社，2006：96.

度，"使离婚容易"。❶《新青年》对婚恋问题展开热烈讨论，不仅铺陈传统婚姻家庭环境中不幸婚姻造成的恶果，血淋淋地呈现男权文化统治下女性被残害和压迫的现实，也引进了许多西方现代的婚姻理念，勾勒出理想婚姻的蓝图。这些畅所欲言的婚姻主张，既有对封建婚姻弊习陋俗的批判，也有对当前婚姻文化变革的要求，更有对未来理想婚姻制度的阐述和向往。

此外，《新青年》有关婚姻文化变革的论述同时渗透着个性解放的理念。作为《新青年》的灵魂人物，陈独秀曾旗帜鲜明地鼓吹人格独立、个性解放，认为"解放云者，脱离夫奴隶之羁绊，以完其自主自由之人格之谓也"❷，即脱离"附属品之地位，以恢复独立自主之人格"❸。在此影响下，《新青年》把婚姻改革与人的个性独立相结合，从科学和理性的角度引导人们探索婚姻的本质。首先，强调人的独立和个性解放，把婚姻自由纳入人格自由、自主的范畴，为婚姻自觉提供思想武器。其次，通过实现自由婚姻，促进个人的独立自由。胡适推崇人格的爱，认为夫妇间的人格问题"只不过是真一的异性恋爱加上一种自觉心"，"有主张的自由恋爱应该是人格的结合"。❹

然而，《新青年》也难逃时代的圈囿，出现一些比较激进的婚姻观点，以提倡废除婚姻制度的"废婚主义"为代表。在《新青年》第3卷第5号上刊发的美国高曼女士《结婚与恋爱》的译作中，提出"婚姻与爱情，二者无丝毫关系，其处于绝对不能相容之地位，由南极之与北极也"的观点，❺认为"婚姻乃人生之不幸事"，倡导破除婚姻陋习，以纯粹爱情为人类和谐之根源。张崧年同样对婚姻持有消极态度，认为"婚姻本也是古来传留、霸占、偏狭、欺伪的制度中的一种"，是"万恶源泉的制度"，强调实现无"责务、制裁"的"精神之爱"。❻

---

❶ 张崧年.男女问题［J］.新青年，第6卷第3号.
❷ 陈独秀.敬告青年［J］.青年杂志，第1卷第1号.
❸ 陈独秀.一九一六年［J］.青年杂志，第1卷第5号.
❹ 胡适.答蓝志先书［J］.新青年，第6卷第4号.
❺ ［美］高曼.结婚与恋爱［J］.震瀛，译.新青年，第3卷第5号.
❻ 张崧年.男女问题［J］.新青年，第6卷第3号.

（二）丧葬礼俗的改革

丧葬礼俗拥有丰富的文化底蕴，是社会风俗的重要组成部分，反映社会政治、经济、文化的发展程度。在我国，以"孝悌"为内核的儒家思想体系，一直主张"以孝治天下"。"孝的宗教包括养生送死的种种仪节。"❶因而儒家学者尤其重视对丧葬习俗的礼仪化，对丧礼的目的和内容、服丧时间等都作过详细论述。然而，当厚葬久丧成为一种风气，带来了仪式的劳心费力、铺张浪费等消极影响，其中的封建因素和迷信思想与民主观念和现代科学相抵触，阻碍了思想解放，也不利于社会生产力的发展。伴随着观念更新和西俗东渐的影响，《新青年》对丧葬礼俗改革的舆论宣传应时而生。以胡适、任右民为代表的《新青年》干将们，从反对鬼神论出发，倡导用资产阶级进化思想和实用主义哲学重新审视并改造丧葬礼俗，主张"把古礼遗下的种种虚伪仪式删除干净"，"把后世加入的种种野蛮迷信的仪式删除干净"，从而形成"一种近于人情，适合于现代生活状况的丧礼"。❷

1.批判守丧三年，提倡"丧期无数"和"丧服"自由

子曰："子生三年，然后免于父母之怀。夫三年之丧，天下之通丧也。"（《论语》）古代中国，以三年之丧礼报父母养育之恩成为通行的做法。然而，胡适更为推崇《易传》中"丧期无数"的观点。他认为，不应规定丧期期限，"长的可以几年，短的可以三月或三日，或竟无服"❸，全凭个人意愿。就他个人而言，通过对"三年丧服"习俗存在合理性的探讨，阐发倡导"短丧"制度的理由并在其母亲的丧葬问题上，身体力行地付诸实践。

针对"三年之丧"关于三年穿素的服制规定，胡适反对现行服制"素色是丧服"的观点，认为"无论穿何种织料的衣服——无论布的、绸缎

---

❶ 胡适.说儒·附录三·三年丧服的逐渐推行[A]//胡适文存（第4集第1卷).北京:外文出版社，2013：97.

❷ 胡适.我对于丧礼的改革[J].新青年，第6卷第6号.

❸ 胡适.我对于丧礼的改革[J].新青年，第6卷第6号.

的、呢的、绒的、纱的——只要蒙上黑纱，依民国的新礼制，便算是丧服了"。❶ 对此，任右民在对其母亲治丧过程的描述中，就生动地呈现了因为丧服用料和颜色问题，先进知识分子与封建旧观念产生冲突与碰撞的图景。

2. 批判风水迷信，提倡火葬

《新青年》作者坚决反对"灵魂不灭"的说法，并对丧葬礼俗中充斥着的风水迷信思想予以批判。任右民用一个高等小学毕业生为去世父亲思谋穴地的故事，讽刺了"堪舆"之说可以带来好处的说法。他认为，迷信风水思想下的土葬往往会造成"兄弟们争执，甚至于闹成官司"。❷ 李平在《新青年之家庭》一文中，指出"丧葬务求简便，实行火葬制"。❸

3. 批判丧事大办的虚伪、浪费，提倡从"简、俭"

胡适从进化论的观点引出礼仪变迁由繁至简的合理性，指出"现在的丧礼比古礼简单多了，这是自然的趋势"，"将来社会的生活更复杂，丧礼应该变得更简单"。❹ 鲁迅曾犀利指出，在中国传统孝文化中"一意提倡虚伪道德，蔑视了人的真情"。❺ 传统丧葬礼仪中大操大办、铺张浪费展现的是一种虚伪的"孝"。从讣帖上"泣血稽颡""抆泪稽首"的套语和虚文到做出"雇人代哭"这种"举哀的假样子"，从"冥器盘缎"的定做到请"顶阔的人来题主"，都不过是"借死人来摆架子"，"做热闹，装面子"，胡适把这些称作是"作伪的丑态"，是一种自欺欺人的做法。❻

任右民支持丧葬礼仪的简化，反对"假哭"、居丧人成服前"剃头"、请"和尚道士"、"过七"、立"主牌"等封建陋俗，主张"人死后要急葬，那祭礼、穴地、葬期，应该一概不候"。同时他倡导丧事"应一律从俭"，并指出，以"对得起"死者为名，"朝阔处办"的丧事是丧葬礼俗的一大陋习，为了"有面子"，"有钱的把钱花完，钱不够，就卖田，无钱的就借

---

❶ 胡适. 我对于丧礼的改革 [J]. 新青年，第6卷第6号.

❷ 任右民. 丧礼的改革 [J]. 新青年，第7卷第5号.

❸ 李平. 新青年之家庭 [J]. 新青年，第2卷第2号.

❹ 胡适. 我对于丧礼的改革 [J]. 新青年，第6卷第6号.

❺ 鲁迅. 我们现在怎样做父亲 [J]. 新青年，第6卷第6号.

❻ 胡适. 我对于丧礼的改革 [J]. 新青年，第6卷第6号.

债"，导致后患无穷。❶

胡适还把自己身体力行"改革丧礼"的行为见之于《新青年》中《我对于丧礼的改革》一文，文中叙述了胡适本人关于丧事的体验。1918年11月，胡适母亲去世。胡适回家奔丧，他自己先实行一番丧礼改革。他把讣告中传统的"不孝××等罪孽深重，不自殒灭，祸延显妣"等话去掉，简要地写"先母××于×年×月×日病殁，敬此讣闻"。"徽州的风俗，人家有丧事，家族亲眷都要送锡箔、白纸、香烛，讲究的人家还要送'盘缎'、纸衣帽、纸箱担等件。"胡适去掉了这一项，而且"和尚道士，自然是不用的了"。关于祭礼，徽州一带颇有讲究，胡适本想把祭礼一概废了，改为"奠"，但他的外祖母不同意，于是把祭礼改短，亲戚公祭改为"序立，主祭者就位，陪祭者分别就位，参灵，三鞠躬，读祭文，辞灵，礼成，谢奠"。胡适认为这样省去了三献等环节，"很可供一般人采用"。只要表示对死者的敬意就行，而"三献""侑食""望燎""举哀"都是"见神见鬼的做作，便带着古宗教的迷信"。到了出殡的时候，"主人穿麻衣，不戴帽，不执哭丧杖，不用草索束腰，但用白布腰带"。胡适没有请人看墓地风水，就在他父亲"铁花先生的坟的附近"葬了母亲。丧事完后，胡适"仍旧是布袍、布帽、白帽结、白棉鞋，袖上蒙一块黑纱"。穿布衣、戴白色是旧式的丧服，而戴黑纱则是民国元年定的新丧服，所以胡适称之为"不中不西、半新半旧的丧服"。当然胡适并未守丧三年，到了1919年5月，就不穿丧服了。通过丧事的体验，胡适提出简化丧礼、短丧的一些主张。胡适改革丧礼的尝试和主张无疑是进步的，引起了一些反响。有人致信胡适，看到胡适《我对于丧礼的改革》一文，"越读越痛快，越读越佩服"❷。虽然有些进步人士认识到传统丧礼的陈腐落后，但传统习惯势力影响很大，绝大多数人都只得遵照旧俗。正如有的经历者抱怨："和尚道士，我自然是主张不用，哪里依得了我?"❸传统丧葬习俗仍有很牢固的基础。不难发现，即使是美国留学数年、名噪一时的新文化健将胡

❶ 任右民.丧礼的改革［J］.新青年，第7卷第5号.
❷ 任右民.丧礼的改革［J］.新青年，第7卷第5号.
❸ 任右民.丧礼的改革［J］.新青年，第7卷第5号.

适，也只能折中新旧丧礼。

以胡适、任右民为代表的《新青年》作者，把有关丧葬礼俗改革的理念贯彻到两次真实的丧礼实践中，通过详细、逼真的文字表达，展现了有关丧礼改革的亲身经历，为推行丧葬礼仪改革提供了思想支撑和参考方案。他们的观点涉及讣帖形式、丧服、丧期、祭品、祭礼改革等多个方面，立场坚决地反对堪舆风水之类的封建迷信，洋溢着自由主义的气息，极大地推动了我国传统丧葬礼仪的转型。

二、解放妇女思想

"没有妇女的酵素就不可能有伟大的社会变革。"❶ 然而中国封建社会男权之风盛行。长期以来妇女被当作附庸和摆设、奴隶和玩物。在身体饱受摧残的同时，精神更是受到封建文化和传统陋俗的扼制与禁锢，呈现出"知识贫乏、目光短浅、体虚、软弱、猜疑、嫉恨"❷ 的病态人格。

近代以来，随着西方自由平等思想的广泛传播，仁人志士们深切体会到"社会对于妇女之情形如何，足显征文明之进化与否"❸。他们把女性解放同国家救亡联系起来，主张赋予女性"自立自主自由之人权"❹，从而开启了对女子参政、教育、婚姻、形体等问题的广泛讨论与探索。

《新青年》是新文化运动的阵地，对"五四"时期妇女解放作出了重要贡献，主要"在其能具体地指出妇女生活之谬误，并指导妇女解放的趋向"❺。《新青年》于 1917 年和 1918 年，先后两次开启"女子问题"专栏，以妇女解放为主题抨击束缚女性发展的封建旧道德，深入挖掘女子教育、女子参政、女子恋爱与婚姻及女子贞操等社会问题，重视对妇女的思想解放及妇女习尚的革新，是从伦理层面对封建文化的彻底批判和深刻反思，

---

❶　马克思.致路德维希·库格曼［A］//马克思恩格斯全集（第32卷）.北京：人民出版社，2006：571.

❷　梁景和.近代中国陋俗文化嬗变研究［M］.北京：首都师范大学出版社，1997：192.

❸　华林.社会与妇女解放问题［J］.新青年，第5卷第2号.

❹　康有为.大同书［M］.南京：江苏古籍出版社，1985：134.

❺　陈平原.中国妇女生活史［M］.台北：台湾商务印书馆，1990：374.

具有思想启蒙和观念更新的意义。

（一）呼吁"男女社交公开"

中国封建社会伴随着经济上私有制的确立，女子失去了经济能力，不得不沦为男子的附庸，无法保全其独立地位和人格，进而出现"男女之大防"的伦理观念。通过严格规范男女之间的交往方式，封闭男女自由交往的通道，目的是塑造一个"皆为重别，防淫乱"❶的外部环境，用贞操观念禁锢女子的自由与思想。近代以来"男女授受不亲""七岁不共席""男不言内，女不言外"❷等礼教规范的余风影响与中国社会的近代转型日益背道而驰。至"五四"时期，"男女有别"的礼教观念严重压抑了妇女的个性解放，成为解放妇女思想的绊脚石。破除"男女有别"的思想藩篱，呼吁"男女社交公开"成为时代的最强音。

在全面否定封建文化的视野下，《新青年》对"男女有别"的封建伦理进行猛烈攻击，高声大呼"社交公开"。高素素在《女子问题之大解决》❸一文中，强烈抨击"男女严别"的伦理观念。他从实用主义的角度出发，指出"男子之功，不能代女子之责"，限制男女交际，会导致"社会事业，必待于女子者，皆废而不举"，使得竞争激烈的时代下中国"乃有半数无人格之废人"。此外，他还强调"男女之相恋，乃自然天性，非人力足阻"。对男女交往的一味限制，反而成为"淫杀案"多发的源头。

杨潮声在《男女社交公开》一文中，主张"破除男女界域，增进男女人格"。❹他认为除生理结构外，男女本无不同。男女之间设立界域的根源是封建"礼教"。隔绝男女之界，无益于高尚人格的养成。这种"礼防"是哄人的"假面具"、虚伪的道德，对社会"有害无益"。对此，他发出了"男女社交公开"的呐喊，从男女平等、人格平等的理论出发鼓励男女间正当自由的社会交往。

---

❶　礼记·曲礼上［M］//十三经注疏（上册）.北京：中华书局，1980：1240.
❷　礼记·内则第十二［M］//十三经注疏（下册）.北京：中华书局，1980：1462.
❸　高素素.女子问题之大解决［J］.新青年，第3卷第3号.
❹　杨潮声.男女社交公开［J］.新青年，第6卷第4号.

男女之防是封建旧伦理的一把"利剑",是野蛮、鄙陋的价值观念,通过彻底剥夺女子的社交权利,限制其身体自由和情感自由,为其画上了一座心灵的牢笼。在新旧思想的激烈交锋中,《新青年》彻底否定了"男女授受不亲"这一害人匪浅的伦理观念,解开了桎梏妇女思想的枷锁,使更多的女子开始走出家门,在社会交往中释放自己的智慧和才能。

(二)争取男女教育平等

中国自古就有"抑女贬女"的思想,"男贵女贱""妇以夫贵""妻为内助"的说教,使"女子活动之范围,不出于家庭之外"。❶ 在"女子无才便是德"的"妇德"观影响下,女子教育遭遇重重限制,开展得异常艰难。"五四"时期,对封建礼教的批判极大地推动了女学的发展,掀起了争取男女教育平等的浪潮。《新青年》十分重视对女子教育问题的探讨,并把女子教育"系于社会国家之治乱"。❷

梁华兰描述英国、日本和美国女子教育的发展情况,认为男女教育平等是未来的发展趋势,并指出"所谓男女教育平等者,非教育种类之平等,乃教育人格之平等也"。❸ 此外,他清楚地认识到当时中国女子教育的一大弊端,即"女子所受最高之教育,普通教育而已,过此则无有矣"。并强调"女子无受高等教育之望,亦即无教育平等之望"。高素素反对学习日本"良妻贤母"的教育方针,他从女子"具完全人格者"的观点出发,提倡其"所受教育方针当为女子自身计,当为国家前途计,非以供男子私人之役使也"。❹ 华林和胡适都从人格自由的角度来阐述男女教育平等的观点。华林"极端主张男女受平等之教育",并指出教育的根本目的在于改革人生,为人类谋求福利。❺ 胡适在《美国的妇人》一文中以对一个美国妇女的观察引出男女无别的观点,他提倡女子谋求生活上的独立自主

❶ 陶履恭. 女子问题 [J]. 新青年,第 4 卷第 1 号.
❷ 陶履恭. 女子问题 [J]. 新青年,第 4 卷第 1 号.
❸ 梁华兰. 女子教育 [J]. 新青年,第 3 卷第 1 号.
❹ 高素素. 女子问题之大解决 [J]. 新青年,第 3 卷第 3 号.
❺ 华林. 社会与妇女解放问题 [J]. 新青年,第 5 卷第 2 号.

并认为这种自立"精神的养成全靠教育"。**❶** 对此，他批判中国"男女隔绝"的旧习惯，倡导美国"男女共同教育"的做法。

《新青年》从生理和心理、人格平等的角度来论述男女教育平等的观点，强调女性作为一个独立个体，拥有和男人一样的权利和义务，鼓励女子开阔眼界、增长知识，走出家庭的小社会，登上社会的大舞台。其有关男女教育平等的倡导推动了"五四"时期女学的发展，大学开放女禁和中学男女同校的斗争轰轰烈烈地展开，在一定程度上为女子教育改革扫除了障碍。

（三）宣扬女子人格独立

"男尊女卑"观念深植于封建社会土壤中，"视女子如物资，不认其人格；视女子如附属品，不认其完全资格"，**❷** 导致中国"女子两千年来受儒教之毒，压抑束缚，蔽聪塞明，无学问，无能力"，**❸** 身心遭到严重摧残、才能智慧无处施展、独立人格被践踏乃至剥夺。因此号召妇女冲破封建伦理网罗，实现人格独立，成为《新青年》解放妇女思想的重要内容。《新青年》一方面加大对封建礼教钳制女性思想的批判；另一方面，通过介绍西方女性独立自由的生活状态，传播推广欧美的女权思想，并以此作为旧女性形象和人格改造的动力。

陈独秀在《欧洲七女杰》中，通过列举奈廷格尔、苏菲亚等欧洲七位杰出女性的事迹，驳斥"男子轻视女流，每借口于女子智能之薄弱"的观点，认为女子"是自由的，与男子是同等的，是自己命运的支配者"。**❹** 其后，他又在《一九一六年》中指出，"尊重个人独立自主之人格，勿为他人之附属品"。**❺** 他十分推崇西方人格独立、人权自由平等的理念，怒斥儒家"三纲之说"导致"率天下之男女……而不见有一独立自主之人格者"，

---

❶ 胡适.美国的妇人［J］.新青年，第5卷第3号.
❷ 高素素.女子问题之大解决［J］.新青年，第3卷第3号.
❸ 吴曾兰.女权评议［J］.新青年，第3卷第4号.
❹ 陈独秀.欧洲七女杰［J］.青年杂志，第1卷第3号.
❺ 陈独秀.一九一六年［J］.青年杂志，第1卷第5号.

是"以己属人之奴隶道德也"。因而，他呼吁广大男女青年通过奋斗摆脱附属品的地位，"以恢复独立自主之人格"。吴曾兰在《女权评议》一文中鞭挞儒家宣扬"天尊地卑，扶阳抑阴，贵贱上下之阶级，三从七出"的信条，指斥妇人"治内"的道德规范，认为"其视妇人不啻机械玩物，卑贱屈服达于极点"。❶ 他主张男女在法律范围内的平等与自由。高素素同样反对"天尊地卑……乾道成男，坤道成女"的"男尊女卑"学说，强调孔教观点"唯女子与小人难养也"是"不认女子有人格"的明证。对此，他大声疾呼男女平等，认为"男女者，同人类也，人格相同"。❷

1918年6月，在《新青年》的第4卷第6号，以攻击旧的家庭制度，主张女子自由，张扬女性解放为主题的易卜生专号诞生了。胡适等对易卜生的思想大加宣传，提出了"易卜生主义"的主张。该期的主要文章有胡适《易卜生主义》、袁振英的《易卜生传》，以及罗家伦、陶履恭、吴弱男、胡适等翻译的易卜生剧本《娜拉》《国民之敌》《小爱友夫》等。在《易卜生主义》一文中，胡适推崇易卜生"救出自己"的主张，即一种充分发展自我个性的"为我主义"。他以易卜生戏剧《娜拉》和《海上夫人》中的两位女主人公为例，强调"须使个人有自由意志，须使个人担干系、负责任"。❸ 这种"自由独立的人格"是自治社会和共和国家的必需。他进一步在《美国的妇人》一文中，推许美国女子"超于贤妻良母"的人生观，即"自立的观念"。他认为"'自立'的意义，只是要发展个人的才性，可以不依赖别人，自己能独立生活，自己能替社会做事"。中美妇女的一大区别是美国没有"男子治外，女子主内"的说法，"以为男女同是'人类'，都该努力做一个自由独立的'人'"。❹ 袁振英在《易卜生传》中，指出《娜拉》"写妇人之地位如爱鸟之在金笼，其表明家庭之罪恶，发展女子之责任，其光荣权利，不在训夫教子，乃在乎己身之独立及自由"。❺ 该

❶ 吴曾兰.女权评议［J］.新青年，第3卷第4号.
❷ 高素素.女子问题之大解决［J］.新青年，第3卷第3号.
❸ 胡适.易卜生主义［J］.新青年，第4卷第6号.
❹ 胡适.美国的妇人［J］.新青年，第5卷第3号.
❺ 袁振英.易卜生传［J］.新青年，第4卷第6号.

剧在开始时，娜拉与其丈夫海尔茂似乎生活幸福美满。丈夫称娜拉为"小宝贝""小岛儿""小松鼠儿""我的最亲爱的"，等等，娜拉穿得漂亮，打扮标致，而且丈夫喜欢什么，她也该喜欢什么，不许有自己的选择。后来，因丈夫病重，娜拉不惜冒她父亲的名字立借据去借了钱。丈夫病愈后，事情也闹穿了。这时海尔茂不但不为娜拉分担责任，反而骂她败坏了他的名誉。"你这混账的妇人，干的好事！"借据烧掉了，丈夫宽容地说："娜拉！我可以说我已经饶恕了你。"于是，娜拉开始觉悟自己在家庭中不过是丈夫的玩偶。她对丈夫说："我们的家庭实在不过是一座戏台，我是你的'玩意儿妻子'。"娜拉不愿再做玩偶，她要离开这个家。戏中说：

> 海：……你就是这样抛弃你的最神圣的责任吗？
>
> 娜：你以为我的最神圣的责任是什么？
>
> 海：还等我说吗？可不是你对于你的丈夫和你的儿女的责任吗？
>
> 娜：我还有别的责任同这些一样的神圣。
>
> 海：没有的。你且说，那些责任是什么？
>
> 娜：是我对于我自己的责任。
>
> 海：最要紧的，你是一个妻子，又是一个母亲。
>
> 娜：这种话我现在不相信了。我相信第一我是一个人，正同你一样。无论如何，我务必努力做一个人。❶

娜拉"对自己的责任"的觉醒是个性解放的标志。这种个性解放虽然不免带有某些为我主义的色彩，然而，它是对妇女"傀偶地位"的抗争，是对贤妻良母主义的冲击，是男女平等的先声。中国妇女所受的压迫和禁锢较之欧洲国家为甚，近代以来，思想界经历了戊戌、辛亥两次妇女解放思潮冲击，但妇女的地位仍无根本改变。袁世凯为首的北洋军阀统治以来，各种复古守旧思想卷土重来，培养贤妻良母成为女子教育宗旨。甚至受过教育的女学生也甘愿成为达官富商的妻妾，同娜拉一样处于玩偶

---

❶ 娜拉［J］.新青年，第4卷第6号.

地位。所以,《新青年》倡导的易卜生主义在新文化运动中风靡一时。在胡适等人看来,易卜生揭露了社会三种大势力:法律、宗教、道德对妇女的压迫和束缚。这是"五四"时期先进知识分子提倡易卜生主义的根源所在。❶ 在这一点上,也是与新文化运动方向一致的。在《新青年》的影响下,1918 年以后,"当时到处上演《娜拉》,高叫着'不做玩物''要人格''要自由'……许多前进的妇女,并以行动勇敢地冲破了旧有的藩篱,风气所及,使那些士大夫、道德家也只能向隅叹息"❷。显然,《新青年》所倡导的易卜生主义成为"五四"时期妇女解放运动的重要思想源泉。

《新青年》从个人主义的角度出发,否定两千多年封建社会对女子人格的贬损和漠视,发出争取个性发展和个人独立自主的号召,唤醒广大妇女追求个体解放的意识,推动以妇女解放为核心的新女性观的形成。

(四)驳斥封建贞操、节烈观

在我国有关贞操观念的文字记载古已有之。《周易·恒》曰:"妇人贞洁,从一而终。"《周易·序卦》曰:"夫妇之道,不可以不久也;故受之以恒。"《礼记·郊特牲》曰:"一与之齐,终身不改,故夫死不嫁。"这些"社会要求女子单方面实行性禁锢"❸ 的道德观念,成为封建社会女子立身处世的重要行为规范。随着追逐"贞操"之风愈演愈烈,贞操观念就变为无形的"杀人武器",烈女可风、以身殉夫、旌表节妇等鼓吹"殉葬""守节"行为的做法已习以为常,妇女被培育出呆滞、屈从、依赖、拘谨、迷失自我的扭曲人格。

"五四"时期,中国思想文化界针对封建贞操观展开了一场声势浩大、淋漓尽致的批判。《新青年》从解放个体和反思道德的深度出发,批判封建贞操观对妇女的道德绑架和扼杀。1918 年 5 月《新青年》登载了周作人翻译日本女学者谢野晶子的《贞操论》,该文从探讨道德本质的角度出发,对贞操问题进行思考和质疑。他明确指出,"道德这事,原是因为辅助我

---

❶ 袁振英.易卜生传〔J〕.新青年,第 4 卷第 6 号.

❷ 陈素.五四运动回忆录(下)〔M〕.北京:中华书局,1959:263.

❸ 梁景和.近代中国陋俗文化嬗变研究〔M〕.北京:首都师范大学出版社,1998:281.

们生活而制定的，到了不必要或反于生活有害的时候，便应渐次废去，或者改正。倘若人间为道德而生存，我们便永久作道德的奴隶，永久只能屈服在旧权威的底下。这样就同我们力求自由生活的心，正相反对。所以我们须得脱去所在压制，舍掉一切没用的旧思想、旧道德，才能使我们的生活，充实有意义"。从道德进化的角度出发，他反对"贞操道德"的说法，觉得贞操"只是一种趣味，一种信仰，一种洁癖"，"没有强迫他人的性质"。❶ 谢野晶子对"道德"真谛的阐释为《新青年》反思、驳斥封建贞操观提供了突破口。

　　1918 年 7 月《新青年》发表了鲁迅的《我之节烈观》❷一文，该文阐明"节烈"的定义，"大约节是丈夫死了，决不再嫁，也不私奔，丈夫死得愈早，家里愈穷，他便节得愈好。烈可是有两种：一种是无论已嫁未嫁，只要丈夫死了，他也跟着自尽；一种是有强暴来污辱她的时候，设法自戕，或者抗拒被杀，都无不可。这也是死得愈惨愈苦，他便烈得愈好"。鲁迅还认为，"男子决不能将自己不守的事，向女子特别要求"。多妻主义的男子，没有资格表彰女子的节烈。女子守节，男子却可多妻的社会"造出如此畸形道德"。随后，他又从存在依据和实施效果两个方面痛斥"表彰节烈"的现象，肯定谢野晶子关于节烈并不是一种道德的观点。通过对节烈行为层层递进地剖析，他哀叹节烈是"极难，极苦，不愿身受，然而不利自他，无益社会国家，于人生将来又毫无意义的行为，现在已经失了存在的生命和价值"。

　　《新青年》还发表了胡适的《贞操问题》《论贞操问题》《论女子为强暴所诬》等文章，坚决抵制对贞操的迷信，认为封建节烈观是不道德的，尤其反感"表彰节烈"的民国《褒扬条例》，驳斥中国法律对贞操问题的规定。他认为，寡妇守节是一个个人问题，"应由个人自由意志去决定"，而守贞不嫁是一种"盲从的贞操"。"贞操既是个人男女双方对待的一种态度，诚意的贞操是完全自动的道德，不容有外部的干涉，不须有法律的提

---

❶　［日］谢野晶子. 贞操论［J］. 周作人，译. 新青年，第 4 卷第 5 号.
❷　鲁迅. 我之节烈观［J］. 新青年，第 5 卷第 2 号.

倡。"妇女守节殉夫"最正当的理由是夫妇间的爱情",或者出于"宗教的迷信,以为死后可以夫妇团圆"。无论如何都不应由法律来褒扬。而且"法律既许未嫁的女子夫死再嫁,便不该褒扬处女守贞"。对于"女子自杀以殉不曾见面的丈夫,那更是男子专制时代的风俗,不该存在现今的世界"。"褒扬烈妇烈女杀身殉夫,都是野蛮残忍的法律,这种法律,在今日没有存在的地位。"他提出"贞操不是个人的事,乃是人对人的事;不是一方面的事,乃是双方面的事",应该是男女"双方交互的道德,不是偏于女子一方面的"。"男子对于女子,丈夫对于妻子,也应有贞操的态度","妇女对于无贞操的丈夫,没有守贞操的责任"。在旧的贞节观念中,"男子要求他们的妻子替他们守节,他们自己却公然嫖妓、纳妾,公然吊膀子",社会"对再嫁的寡妇倍加歧视,而再娶的男子,多妻的男子却毫不损失他的身份。这不是最不平等的事吗?"❶ 男子需对女子持同等态度。

《新青年》以尊重人性、男女平等、解放妇女为出发点,探讨贞操和节烈问题,揭露了封建贞操、节烈观欺骗虚伪的实质,抨击其对人性的扼杀和戕害,启迪妇女挣脱封建旧伦理的牢笼,追求个人的自由和幸福,发展了清末的妇女解放思想。

三、破除鬼神迷信

在生产力低下、科学技术不发达的条件下,人们对天地、自然、万物等许多现象暂时无法解释,也无从得知社会、人生兴衰更迭的内在联系,只能隐隐察觉到其中无法控制的神秘力量。于是有了对超自然力量的敬畏和崇拜,衍生出"神祇"信仰的现象,"凡是天地间的事事物物,没有一样没有神的"❷。祭神祈鬼成为祈求生活平静、安稳的一剂精神良药。这种鬼神观念与日常生活融为一体,成为生活必需品。

近代以来中国人的精神生活和日常行为仍然受到鬼神崇拜的束缚。

---

❶ 胡适. 贞操问题 [J]. 新青年,第 5 卷第 1 号.
❷ 论风云雷雨不是神作的 [N]. 盛京时报,1907-04-21.

"祈天、信鬼、修仙、扶乩"等迷信活动猖獗一时，灵学会、《灵学丛志》、盛德坛等不断散布神鬼崇拜的舆论，"使人格外惑乱，社会上罩满了妖气"❶。种种现实都与近代社会生活的发展趋向相背离，冲突和对立日益尖锐和剧烈。为此《新青年》擎起科学的旗帜，强烈抨击社会上迷信与伪科学盛行的现象，通过对自然科学的介绍，传播唯物论和无神论思想，驳斥鬼神存在之说，推动了迷信观念的淡化。

（一）揭露"鬼神迷信"

辛亥革命后出现了"帝制复辟"的政治逆流，与此同时各种恶风陋习沉渣泛起，"风水，算命，卜卦，画符，念咒，扶乩，炼丹，运气，望气，求雨，祈晴，迎神，说鬼，种种邪僻之事，横行国中"，导致"实学不兴，民智日塞"。❷ 至 1917 年 10 月，俞复、陆费逵、杨光熙、杨璇等一帮文人在上海开设"盛德坛"，扶乩请神，闹得乌烟瘴气。他们又成立"上海灵学会"，1918 年 1 月创刊《灵学丛志》，大肆宣扬鬼神迷信。这些文人的迷信宣传迅速与民间迷信结合起来，使这股迷信风气盛行各地。1918 年，除上海之外，江浙一带"各处又盛行乩坛，并有学士文人为之提倡，然必聚孔子、济颠僧、武松、黄兴于一堂，不伦不类"❸。无锡的扶乩可谓请到了古今各重要神仙，"第一日即请孔子降临，他如关公、张桓侯、岳武穆、徐庶、文昌帝君奇者，皆先后到坛。最奇者，则《水浒传》中之武松亦于本月初三日降临。自称梁山大盗武二所降，共 300 余字，皆用白话。内有云：'现在世上的人，嘴上说得很好，心内却似黑炭，俺恨不磨钢刀，杀尽此种畜生'云云……他如革命巨子黄兴，亦因秦某之敦请，勉强而至。据云已拜某和尚为师，在灵鹫山出家，不问世事，并劝秦君早自解脱云云……其几每日降临者，则为济颠僧及吕纯阳二仙，日与坛主监坛等一问一答，所询之语，如国事一方面彼等亦抱悲观，唯以爱国爱民勉励众人"❹。

---

❶ 鲁迅.随感录·三十三［J］.新青年，第 5 卷第 4 号.
❷ 陈独秀.随感录·十四［J］.新青年，第 5 卷第 1 号.
❸ 记端阳节景［N］.申报，1913-06-09.
❹ 记无锡溥仁坛［N］.时报，1918-03-07.

这种扶乩虽有讽世意义，但在宣扬封建迷信方面与上海的文人并无不同。在此前后，北京也有连仲良、朱翰墀、朱品三等创设悟善社，开坛扶乩，并创办《灵学要志》。在设坛扶乩的风气泛滥之时，各地左道邪术也此起彼伏，例如"广东某县属迩来有所谓神仙教等等，不一而足。据云黑弹可抵，白刃可蹈，又能知人过去未来事。无论男女均得传授。以是一般愚夫愚妇多入彀中。诬民惑世，丧廉败德，莫此为甚"❶。《新青年》的主编陈独秀对这种妖风邪气有详细的揭露，他指出：

扶乩的风气，遍于南北，上海盛德坛，算是最有名了；所有古代的名鬼，一齐出现；鬼的字、鬼的画、鬼的文章、鬼的相片，无奇不有，实在比义和拳还要荒唐。

长江一带三教合一的泰州教，京津一带静坐授法的先天道，都在那里鬼鬼祟祟的活动，这派头不和白莲教、义和拳是一鼻孔出气吗？

北京城里新华街修了一条马路，本打算直通城外，只因为北京的官场和商民都恐怕拆城坏了风水，这条马路只造到城根而止，你说可笑不可笑！

安庆修理宝塔，动工的日子，要算算和省长的八字冲犯不冲犯。北京选举总统的日子，听说也曾请有名的算命先生，推算和候补总统的八字合不合。

济南镇守使马良所提倡的中华新式术，现在居然风行全国，我看他所印教科书（曾经教育部审定）中的图像，简直和义和拳一模一样。……

湖南督军张敬尧带兵从四川到湖南打仗，到处都建造九天玄女庙，出战时招呼兵士左手心写一"得"字，右手心写一"胜"字，向西对九天玄女磕几个头，保管得胜。诸君看看这是什么玩意？

皖南镇守使马联甲的侄女得了疯病，用五千元请张天师来治，那天师带领一班法官，请到天兵天将，用掌心雷将妖捉去；天师所过

---

❶　左道败俗［N］．大公报，1918-07-31．

的芜湖、安庆、九江等地方，众人围着求符咒的不计其数。这是何等世界！

山东东河、平阴、茌平、肥城等县发现了三阳教匪，在各乡镇集传教，说入教的人能避刀枪，无知愚民入会学习者，日见其多。

天津南开学校开教职员游艺会的时候，有一位国文主任某君，讲述一篇历史的谈话，说曾国藩是蟒蛇精转世，他身上的癣就是蛇皮的证据。有一天去见张天师，天师不肯见他，他再三要见，见面之后，他的蛇魄便被天师收去，随即无病而死。❶

面对此种境况，《新青年》的编辑们深恶痛绝，激扬文字，无情揭露鬼神之说的虚假宣传，深刻剖析迷信和宗教思想的本质，希冀把人民从愚昧、迷信和屈从中解放出来。

针对当时复古分子出版的《灵学丛志》关于"鬼神之说不张，国家之命遂促"❷的谬论，以陈独秀、刘半农、钱玄同、陈大齐为代表的《新青年》同人们发表《克林德碑》《有鬼论质疑》《辟"灵学"》等多篇文章，掀起与迷信和伪科学的斗争。他们挞斥"鬼神之畏"的荒诞言论，揭露灵学的虚伪面目和现实危害性，以期引起社会对有鬼论和灵学的进一步反思。

徐常统在《论迷信鬼神》❸一文中指出，鬼神迷信是国人"迷信最久最深最不可遏止者"。他认为，人的"好奇性"、"造谣性"和"习惯性"及缺乏对事物实质的了解和真理的考察导致鬼神之说盛行。对此，他也提出了"壮其胆力"和"多求知识"的解决之道。

陈大齐在《辟"灵学"》❹一文中讥讽《灵学丛志》，谓："盛德坛由孟轲主坛，庄周、墨翟二人为之辅"，"圣贤仙佛临坛时，各有题诗。周末诸子居然能作七绝诗，孟轲且能作大草，又李登讲音韵，能知 Esperanto（世

---

❶ 陈独秀.克林德碑［J］.新青年，第5卷5号.
❷ 俞复.答"吴稚晖书"［J］.灵学丛志，第1卷第1号.
❸ 徐常统.论迷信鬼神［J］.新青年，第3卷第4号.
❹ 陈大齐.辟"灵学"［J］.新青年，第4卷第5号.

界语）之发音，此真荒谬"。他认为，盛德坛那帮人"若故作乩书，用以惑人，是有意作伪也。若纯出于扶者之变态心理，扶者不自知为己所书，而信为真有'圣贤仙佛'是无意作伪也"。"有意作伪是奸民，无意作伪是愚民也。"他从心理学和生理学出发，指斥灵学会设坛扶乩的行为是"以极不合理之思想愚人"，并批驳扶乩之说"内容荒妄离奇，真足以令人捧腹绝倒"，是"蛊惑青年""摧残科学"的邪说。何为扶乩?《新世说》曰："术士以朱盘承沙上，置形如丁字之架，悬锥其端左右，以两人扶。焚符神降以决，休咎，即书字于沙中，曰扶乩……"陈大齐援引实行催眠术时"自动作用"的理论和西方与扶乩之说相类似的 Planchette（占卜）和 Thought-reading（测思术）的实验来解释"乩之动，扶者助之"的观点。他强调，扶乩行为不是"术者役使鬼神以动之"而是"扶乩者手之运动"，并进一步指出，扶者动乩之行为也只是"扶者之无意识的筋肉动作"，是"无意识的自动作用之一"。接着他又继续以例证抨击"扶乩所得之文，实非扶者所能作"的说法，通过介绍西方下意识之观念，佐证"扶乩所得之文，虽非扶者所能作，顾安保扶者于无意之中，未当经验此文之材料"的观点，并以此来驳斥"灵魂所作"的论断。同时他哀叹以扶乩而顶冒鬼神招牌的现象是中国人劣根性的表现，"喜为古人之奴隶，以能做奴隶为荣，而以脱离古人羁绊为耻"。故而，"依附古人之言，假托古人之言"。

陈独秀在《偶像破坏论》❶一文中疾呼："凡是无用而受人尊重的，都是废物，都算是偶像，都应该破坏!"他以"科学代宗教"，指出诸如"阿弥陀佛、耶和华上帝、玉皇大帝"等"宗教家所尊重的神佛仙鬼"，"都应该破坏"。进而他更深入论述到，君主、男子的勋位、女子的节孝牌坊都是需要被破坏的虚伪偶像。陈独秀为偶像赋予宗教上、政治上和道德上的多重维度，强调"吾人信仰，当以真实的合理为标准。……欺人不合理的信仰，都算是偶像，都应该破坏! 此等虚伪的偶像倘不破坏，宇宙间实在的真理和吾人心坎儿里彻底的信仰永远不能合一!"陈独秀有关信仰需符合客观真理的表达，是对神学唯心主义的大胆挑战，体现出唯物主义的思

---

❶ 陈独秀.偶像破坏论［J］.新青年，第 5 卷第 2 号.

想倾向。他以唯物论观点向有鬼论者提出了八个无法回答的问题，如信鬼者以鬼为有形而无质，"鬼既非质，何以言鬼者每称其有衣食男女之事，一如物质的人间耶?""人若有鬼，一切生物皆应有鬼；何以今之言鬼者，只见人鬼不见犬马之鬼耶?"钱玄同、刘半农的随感录一一驳斥了《灵学丛志》的荒谬论点，如陆、江、李等古人显灵时关于音韵学的胡说八道等。他们指出《灵学丛志》"仅抵得《封神传》中'逆畜快现原形'一语"。他们认为"宗教如佛教、耶教，在这 20 世纪科学昌明的时代，也是不该迷信，何况那最野蛮的道教!"胡适也在《不朽——我的宗教》❶一文中，对"灵魂是否可离形体而存在的问题"进行探讨。他提倡用"实验主义的方法"作为"神者形之用"的评判标准。

《新青年》还与一些鬼神迷信者展开激战。易乙玄针对陈独秀的《有鬼论质疑》写了《答陈独秀先生〈有鬼论质疑〉》。易文并未能准确回答陈独秀的质疑，只是强调以下结论："鬼之存在，至今已无丝毫疑义，以言拿理，以言实事，以言器械，皆可用以证明之。"❷鬼神论者的狡辩引起了《新青年》的进一步批驳。陈独秀指出易乙玄的文章"仅有些简单之空言"，而没有详细确实的论述。同时，刘叔雅也撰《难易乙玄君》一文，驳斥易文的谬误，揭露其"假借西洋学者之言以文饰己说"的诡计。❸有鬼论者往往引用古人的言语为据，因此，易白沙特撰写《诸子无鬼论》予以驳斥指出："管仲、老聃、庄周、韩非、刘安、王充诸子，亦谓鬼神起于人心。孔子态度不甚明了，然多重人事，少说鬼话。"❹他揭露了鬼神迷信与专制政治的关系："古之帝王，神道设教，运天下于掌"，利用鬼神迷信维持专制统治。他宣传了王充"从物理上辨明无神论思想。后来，鲁迅也以随感录的方式加入了批判鬼神迷信的战斗。他说："现在一班好讲鬼话的人，最恨科学，因为科学能教道理明白，能教人思路清楚，不许鬼

❶ 胡适 . 不朽——我的宗教［J］. 新青年，第 6 卷第 2 号 .

❷ 易乙玄 . 答陈独秀先生《有鬼论质疑》［J］. 新青年，第 5 卷 2 号 .

❸ 刘叔雅 . 难易乙玄君［J］. 新青年，第 5 卷 2 号 .

❹ 易白沙 . 诸子无鬼论［J］. 新青年，第 5 卷 1 号 .

混，所以自然而然的成了讲鬼话的人的对头。"❶鲁迅揭露了一些落后文人利用科学宣扬旧思想的鬼把戏。

（二）宣扬科学真义

科学作为人类文化中极具革命性的元素，是《新青年》办刊宗旨之一，也是其与鬼神迷信作斗争的重要理论武器。《新青年》在创刊之初就已提出了"凡学术事情足以发扬青年志趣者，竭力阐述。冀青年诸君于研习科学之余，得精神上之援助"的主张。❷可以说，科学精神几乎贯穿了《新青年》的始末，体现出强烈的现代意识和世界眼光。

《新青年》对科学真义的宣扬，主要体现在《新青年》通过对科学内涵与本质的探讨与释义，表达出对科学坚定不移的信仰和追求，以及对"科学救国"的美好憧憬。作为《新青年》的创刊人和主要干将，陈独秀在《敬告青年》❸一文中对青年提出了"科学的而非想象的"要求。他认为科学是"吾人对于事物之概念，综合客观之想象，诉之主观之理性而不矛盾之谓也"。也就是说，他从唯物论的角度出发，把客观想象和主观理性结合起来，强调实证经验与主观理性的统一。此外，陈独秀还清醒地认识到由于科学不兴而造成国内各行各业不顾科学法则"以想象武断"做事的现状，并提出国人"欲脱蒙昧时代，羞为浅化之民"，就必须"以科学与人权并重"，确立"以科学说明真理，事事求诸证实"的注重实证的科学精神。另外，陈独秀在质问有神论者关于神灵主宰世界的说法时，以天文学上星星规律的运动轨迹，地质学上地球的演变发展规律，生物学和人类学里动物逐渐进化成人类的现象为例，阐释世界森罗万象都必须遵从科学的法则即自然界的客观规律，"而非神灵控制其成毁"的观点。❹更为重要的是，陈独秀把科学与民主置于同等地位，上升为解决政治、道德、思想等问题的普遍方法。他说："我们现在以为只有这两位先生（德先生、赛

---

❶ 鲁迅.随感录·三十三［J］.新青年，第5卷4号.
❷ 社告［J］.青年杂志，第1卷第1号.
❸ 陈独秀.敬告青年［J］.青年杂志，第1卷第1号.
❹ 陈独秀.随感录·十二［J］.新青年，第5卷第1号.

先生，代指民主与科学——引者），可以救治中国政治上、道德上、学术上、思想上一切的黑暗。"❶

鲁迅强烈抨击一些讲鬼话的人"把科学东扯西拉，羼进鬼话，弄得是非不明"，进而"使国人格外惑乱，社会上罩满了妖气"。他通过对《三千大千世界图说》《教育偏重科学毋宁偏重道德》《显感利冥录》等作品中荒谬言论的驳斥，悲号"中国自所谓维新以来，何尝真有科学"。他坚信"科学能教道理明白，能教人思路清楚，不许鬼混"❷，只有真正的科学才能把中国从亡国灭种的危机中拯救出来。他把"科学"比作一味可以"医治思想上的病"的良药，可以使"中国的混乱病"痊愈，也是"不长进的民族"的疗救方法。❸

刘叔雅认为《灵学丛志》、心灵学、四秉等"惑世诬民的东西"纷纷出现的原因是"国人因为精神的不安，政治的紊乱，生事的压迫"，而"缺乏科学知识"，并提出"除了唯物的一元论，别无对症良药"。❹因而，他引介翻译了德国自然科学家和唯物主义哲学家赫克尔 *Die Lebenswunder*（《生命奇迹》）和 *Die Weltraetsel*（《宇宙之谜》）两部书，以实际行动来表达对唯物论思想的推崇。

可以看出，《新青年》倡导的科学概念已远远超过于单纯的知识形态，而是上升到一种可以指导、评判社会运行发展的客观原则和价值标准，具有权威性和普适性。此外，《新青年》对科学真义的宣扬还体现在其站在时代前沿，刊发富有科学意识和科学精神的文章，引进西方先进的自然科学知识和唯物主义的哲学理念。陈独秀在《法兰西人与近世文明》一文中把"生物进化论"称作近代文明三大特征之一，认为它是"变古之道"，从而"使人心社会焕然一新"。❺在他的影响下，《新青年》刊登了《赫克尔之一元哲学》《人类文化之起源》《达尔文主义》等一系列介绍、传播生

---

❶ 陈独秀.本志罪案之答辩书［J］.新青年，第6卷第1号.
❷ 鲁迅.随感录·三十三［J］.新青年，第5卷第4号.
❸ 鲁迅.随感录·三十八［J］.新青年，第5卷第5号.
❹ 刘叔雅.《灵异论》附记［J］.新青年，第6卷第2号.
❺ 陈独秀.法兰西人与近世文明［J］.青年杂志，第1卷第1号.

物进化论的文章。通过吸收这些自然科学的养分，《新青年》不仅向民众传递了自然界中万物生存与发展需遵循客观规律及优胜劣汰的科学法则，而且结合中国的实际对进化论进行创新性的运用，使其成为解决中国现实社会问题的强大思想武器，为反对鬼神迷信、启迪民智、改造国民性作出巨大贡献。

第四节 《新青年》移风易俗舆论的传播策略

报刊作为大众传播媒介是社会舆论的传播者，一方面，为群众提供公开表达意见的平台，呈现社会上普遍关注的热门话题，营造舆论生成的环境；另一方面，通过选择性的信息传播，设置议题，对舆论进行引导。舆论是革命的先导。任何一次重大的社会变革或政治行为，势必伴随着大规模的舆论准备和精神动员。❶《新青年》是"五四"时期思想文化变革的重要舆论阵地，通过采用积极主动和富有特色的传播策略，因势利导推动移风易俗舆论的生成和传播，使社会上形成了对新旧风尚的关注和大讨论，促进了民众的思想启蒙与解放，引领了社会范围内反思变革封建文化和陋俗，崇仰追求新风尚、新思想的风潮。

一、丰富的舆论话题

《新青年》十分重视舆论的生成与传播，它高举民主与科学的旗帜，宣扬新文化、新思想，将杂志打造成为"五四"时期重要的舆论场。《新青年》内容十分丰富多彩，涵盖社会科学、人文科学、文学艺术、新闻通讯、语言文字等多个方面。此外《新青年》也注重对国外话题的关注和讨论，积极引入各国思想学术舆论。在其《社告》中指出："今后时会，一

---

❶ 付登舟.大江报与辛亥革命舆论动员［J］.江汉论坛，2014（9）.

举一措皆有世界关系。我国青年，虽处蛰伏研求之时，然不可不放眼以观世界。本志于各国事情、学术、思潮，尽心灌输，可备攻错。"❶关于社会风俗改良这一话题，《新青年》同样打造出许多具有时代特色、角度新颖的议题，包括宗教信仰、婚姻家庭、男女平权、体育卫生、社交礼仪等社会生活的各个领域。

具体来说，以"反对迷信、提倡科学"为命题，刘半农的《斥〈灵学丛志〉》、陈大齐的《辟"灵学"》、刘叔雅的《难易乙玄君》、易白沙的《诸子无鬼论》等文章对灵学进行驳斥并开展了与有鬼论的论争；陈独秀的《敬告青年》《科学与基督教》《新文化运动是什么？》及胡适的《新思潮的意义》等文章诠释与倡导科学精神，关注对科学与世界观及人生观关系的思辨；胡适的《实验主义》、陶履恭的《人类文化起源》、周建人的《达尔文主义》等文章引入西方自然科学和唯物主义哲学的思想。以"婚恋习俗"为命题，《新青年》刊发了《妇人观》《女子教育》《女子问题之解决》《家族制度为专制主义之根据论》《婚制之过去现在未来》等一系列文章，衍生出婚恋自由、贞操与节烈观、婚礼仪式改革、家庭制度改良、儿童公育、女子遗产继承等议题。以"丧葬习俗"为命题，《新青年》的论述包括丧葬仪式的简化、丧葬服制的革新、抨击土葬和风水迷信等方面；以"娱乐风俗"为命题，《新青年》强调青年的健康娱乐，介绍欧美的游戏娱乐方式，开展旧戏改良，抨击黑幕小说；以"体育卫生"为命题，《新青年》批判重文轻武的传统观念，主张开展体育教育，引导良好卫生习惯的养成。可以看出，《新青年》针对社会风俗进行了全方位、多角度的呈现和讨论，为移风易俗舆论的生成和传播奠定了坚实的内容基础。

二、明确的舆论导向

传统社会向现代化发展的过程中，伴随着对大众传播媒介的依赖。因而人们对社会问题的关注和讨论有很大一部分来自媒介。也就是说，选择

---

❶ 社告［J］.青年杂志，第1卷第1号.

报道何事，选择引用何人言论，选择表达何种观点，在很大程度上决定了受众的所知、所论。因而，媒介在报道过程中往往存在相当大的选择性和倾向性，使得通过舆论宣传影响受众的思想观念和行为方式成为可能。

《新青年》十分注重舆论在启蒙民众思想、引领社会风尚中的引导作用。它具有明确的舆论导向，体现在其清晰的办报理念和准确的读者定位上。陈独秀强调："凡是一种杂志，必须是一个人一个团体有一种主张不得不发表，才有发行的必要……"❶"欲使共和名副其实，必须改变人的思想，要改变思想须办杂志。"❷这种对杂志具有舆论表达和引导特性的认识，是他创办《新青年》的缘起和根本目的。由此，《新青年》自创刊之初就具有思想启蒙的使命感和自觉性，希冀通过创办杂志，"力排陈腐朽者以去"，❸转变人的基本思想，推动思想革命的进程。

《新青年》坚持"新"的办报理念，通过传播新思想、新道德、新文化，来实现其"新"民的目的。在此过程中，自然而然伴随着对旧思想、旧伦理、旧文化的批驳和摒弃。因而，《新青年》批判"与现实生活背道而驰"❹的孔孟之道，怒斥三纲之说对独立人格的扼制和束缚；鞭挞阻碍民主化进程的封建礼教和旧道德；提倡以民主和科学这一西方新式的社会法则作为中国社会改造的"良药"，积极宣扬西方资产阶级自由、平等与个性解放的理念。《新青年》对社会风俗变迁的关注，从属于思想文化变革的大框架下。作为意识形态的一种，社会风俗与宗教、伦理道德等意识形态相互影响和渗透，其内容也往往互有交叉，使得社会风俗中不可避免地呈现出一些文化与道德的元素。因此，对传统文化的改造与风俗的移易密不可分。《新青年》以破除弊习陋俗、提倡文明新风尚作为其明确的舆论导向，是实现其思想启蒙办报理念的必然之举。

此外，《新青年》视青年学生为主要读者来源，把国家未来的前途与命运寄希望于青年的觉醒与奋斗。通过创办杂志力图聚集"一时名彦""海

---

❶ 陈独秀.随感录七十五·新出版物［J］.新青年，第7卷第2号.

❷ 任建树.陈独秀大传［M］.上海：上海人民出版社，2004：108.

❸ 陈独秀.敬告青年［J］.青年杂志，第1卷第1号.

❹ 陈独秀.宪法与孔教［J］.青年杂志，第1卷第1号.

内鸿硕",探讨"各国事情、学术思想",开阔"青年诸君"的眼界,发扬其志趣和意见,使他们承担起拯救"国势陵夷,道学衰敝"的责任。❶ 在传统与现代、东方与西方文明冲突、碰撞下诞生的青年学生,具有一定的教育背景、受到来自西方思潮的洗礼,一方面有着强烈冲破传统羁绊的渴望和除旧布新、改天换地的勇气,另一方面由于涉世未深、学院气息浓重,思考和处理问题存在简单粗暴的倾向。因而,他们最易接受新鲜事物,但往往激情有余而判断不足,需要大众媒介予以正确的舆论引导。

《新青年》以移风易俗作为舆论宣传的重大主题,无形中契合了青年学生反传统的气质和要求革新中国的精神需求。《新青年》关于移风易俗的舆论传播并不局限于对陈规陋习的表层现象进行批判和揭露,而是深挖其存在的思想源流和精神内核,希冀打破旧思想和旧文化的精神网罗。与此同时,《新青年》也潜移默化地输入种种具有多元价值的观点和概念,尤其是西方先进的自然科学知识和现代哲学思想,迎合了青年学生求新求异的心理。不仅如此,《新青年》对于青年学生的发动,还为移风易俗舆论的传播培育了意见领袖。事实证明,青年学生对社会上的风俗改良问题给予了热切关注。他们一方面积极发表文章,抒发自己的观点和看法,为《新青年》提供了有效的意见反馈和思想互动;另一方面,率先垂范、身体力行地抵制不良的婚丧礼俗,破除愚昧落后的迷信思想,追求男女平等,推行健康文明的生活方式,在"五四"时期移风易俗的实践中发挥了先锋作用。

三、平易的舆论表达

《新青年》在《社告》中明确提出,"本志以平易之文,说高尚之理",❷ 强调用平易的方式表达社会意见和思潮,从而推动舆论的广泛传播,以期在民众中获得显著成效。因此,《新青年》极为看重内容和语言的通

---

❶ 社告 [J].青年杂志,第 1 卷第 1 号.
❷ 社告 [J].青年杂志,第 1 卷第 1 号.

俗化、大众化，从而倡导以白话文代替文言文成为其表达语言。

林语堂曾经把中国新闻报道普遍缺乏活力的原因归结于旧文学传统下陈腐的"妥当"叙事方式，认为这种丧失生命力的新闻写作规范只有极少数学士能够掌握得得心应手，使写作成为"限于少数人的一种具有优越性的行当"，❶而无法适应大众的需要。当时的《新青年》同人们清醒地意识到文言文对新思想、新文化传播的束缚和阻碍，开始着手对其进行改良。胡适在《文学改良刍议》一文中阐释了文学写作中的"八不主义"原则，他在解释"不避俗字俗语"的原则时，宣称白话文是"标准"的中国文学，创造中国"活文学"的适宜的载体是白话而不是文言。❷对此陈独秀也深有同感。他认为"改良中国文学，当以白话为文学正宗之说，其是非甚明，必不容反对者有讨论之余地"。❸《新青年》以身作则推行白话文的实践，自 1918 年 1 月起杂志全部采用白话刊行。事实证明，"采用白话文代替文言文作为中国文学的表达语言，立刻使一直沉默的中国青年的言论力量得到了前所未有的解放"。❹同样也为新闻写作方式带来无限的生机与可能。

语言是思想的载体。反对文言文，提倡白话文的本质是改造封建思想下的语言系统，通过对语言的批判，实现对传统思想和价值体系的反思和挑战，具有思想启蒙的意义。从舆论传播的角度而言，白话文的运用使《新青年》在语言表达上更加直截了当、浅显易懂、富有生命力，拉近了与读者的距离，引起广大青年读者的情感共鸣和热烈响应，提升了舆论传播的效率和效果。

四、宽松的舆论氛围

大众媒介应该成为公众意见交流的平台，通过不同思想和观点的碰撞

❶ 林语堂.中国新闻舆论史［M］.上海：上海人民出版社，2008：131.
❷ 胡适.文学改良刍议［J］.新青年，第 2 卷第 5 号.
❸ 陈独秀.通信［J］.新青年，第 2 卷第 6 号.
❹ 林语堂.中国新闻舆论史［M］.上海：上海人民出版社，2008：102.

与论争形成广泛的舆论交流，最终得出相对一致的看法和意见。《新青年》
笃信"真理以辩论而明，学术由竞争而进"并鼓吹言论自由和思想自由的
原则，坚决反对"专崇一说，以灭他说""塞天下之聪明才智""垄断天下
之思想，使失其自由"的做法。❶ 因而，《新青年》坚持多元信息的传播，
提倡自由讨论，重视受众的时时反馈，力图营造宽松的舆论氛围，促进舆
论的生成和交流。

在舆论传播活动中，《新青年》始终如一地贯彻畅所欲言、自由讨论
的精神，具体体现在"通信""读者论坛"等栏目的设置上。《新青年》从
创刊伊始就开辟了"通信"栏，"以为质疑疑难，发抒意见之用"。❷ "通信"
栏的设立密切了读者与杂志的互动，为各种社会意见和公众见解提供了交
流与辩论的平台，成为一个重要的公共舆论空间。随后"读者论坛"的推
出延伸了"通信"的表达作用，更为强化了《新青年》作为舆论交流中介
的功效，拓展了言论空间。《新青年》自第 2 卷第 1 号起新开"读者论坛"
一栏，"容纳社外文字，不问其'主张''体裁'"，❸ 登载一切具有研究价值
的论述，以便读者自由发表意见。此后大量读者来信被刊发，提出了许多
关于思想文化改革的建设性意见，也涌现出诸如方孝岳、傅斯年、罗家伦
等一批具有远大理想的青年知识分子。

"通信"和"读者论坛"两个栏目，也在移风易俗舆论的传播过程中
发挥了重大作用，诞生出许多关于移风易俗的名篇和重要论点。比如，李
平的《致陈独秀函》对女子贞操问题的讨论；王星拱、陈大齐的《答莫
等》对鬼相之说进行释疑；张耀翔的《论吾国父母之专横》阐发父母威权
对子女的危害；任右民的《丧礼的改革》提出了"丧期要速""丧事从俭"
等丧葬礼俗改革的具体主张。

此外，《新青年》也积极刊发与其观点相左的看法。比如在第 2 卷第 4
号的"通信"中，北京高等师范预科生常乃德质疑陈独秀在《驳康有为致
总统总理书》一文中提出"孔教与帝制有不可离散之因缘"的观点，他认

---

❶ 易白沙.孔子评议（上）［J］.青年杂志，第 1 卷第 6 号.
❷ 社告［J］.青年杂志，第 1 卷第 1 号.
❸ 社告二［J］.新青年，第 2 卷第 1 号.

为陈独秀未能明确孔教的概念，是"指汉宋儒者以及今之号位孔教孔道诸会所依傍之孔教云乎，抑指真正控制之教云乎（教者教训，非宗教也）？如果指其前者，则仆可以无言。如指其后者，则窃以为过矣"。❶

第五节　《新青年》移风易俗舆论的启示

一、移风易俗是重要的舆论议题

"风俗"是人类在特定的自然历史条件下，互相联系、共同生活中形成的各种生活习惯和共同遵守的行为规范，所以说风俗的形成是人类创造性活动的结果，是一种无形的且无处不在的文化形态。自古以来，关于"风俗"所具有社会功能的讨论不绝于耳。从"广教化，美风俗"❷到"论世而不考其风俗，无以明人主之功"❸，风俗成为社会伦理教化的工具和权衡政治得失的标准。从"而入其风俗者，遂不免为所熏染，而难超出其限界之外"❹到"风俗之善者，人民群相化于善，风俗之中而无不善之民。风俗之恶者，人民群相溺于恶，风俗之中无不恶之人"❺，强调风俗化人于无形的作用。对风俗社会作用的认识，成为"移风易俗"的理论前提和现实归依。

顾炎武曾指出："天下无不可变之风俗。"当传统的"惰性力"成为风俗演进的拖累，当鄙风陋俗成为束缚民众思想个性、阻碍社会发展的消极因子，促使人们采取一定的社会行动，有意识地推进风俗发生变化。以抛

❶ 常乃德.致陈独秀［J］.新青年，第 2 卷第 4 号.

❷ 荀子集解（王制篇第九）.诸子集成（二）［M］.上海：上海书店出版社，1986：198.

❸ 顾炎武.黄汝城集释.日知录集释（卷十三周末风俗）［M］.石家庄：花山文艺出版社，1990：586.

❹ 张亮采.中国风俗史［M］.上海：上海三联出版社，1988：1.

❺ 无名氏.支那风俗改革论［J］.大陆，1902（2，3）.

弃腐朽落后习俗、倡导礼俗雅尚为内容的移风易俗活动就成为顺应历史潮流的必然之举。因而，从移风易俗与社会变迁和社会主义精神文明建设的互动关系出发，从媒介的社会角色和功能考虑，移风易俗仍是当代重要的舆论议题，媒介也必将在风俗移易中发挥举足轻重的作用。

（一）移风易俗与社会变迁的辩证思考

古今异俗，风俗的形成和演变是政治人文、社会经济、社会心理和自然环境等多种要素联合作用的结果。五四运动时期是由传统社会向现代社会转型的时期。随着近代化进程的推进，社会生活条件、环境和状况纷纷发生改变，风俗赖以生存的社会状况出现了新陈代谢。然而，传统风俗中的落后部分仍在以其强大的习惯力量制约着人们的行动和思想，成为阻碍现代化进程的顽瘴痼疾。比如说，传统婚丧礼俗中大操大办、铺张浪费的奢靡之风在现代依然存在甚至愈演愈烈。婚礼、葬礼仪式成为攀比炫耀的舞台，随份子、讲排场，盲目跟风、极尽奢侈，不仅造成了资源的巨大浪费，也扭曲了人们的价值观，败坏了社会风气。这种婚丧仪式中的畸形消费观念与现代社会的文明气氛相悖，也不符合绿色生态环保的发展理念。因此，社会变迁的现实要求抛弃和改造那些与现代化需求相抵触的传统风俗中落后、保守、不科学的旧传统和旧价值观。

此外，移风易俗反过来也可以成为社会变迁的助推力。风俗移易是推进和深化社会变迁的必经之路。马克思曾经说过："历史不断前进，经过许多阶段才能把陈旧的生活形式送进坟墓。"❶ 社会风俗在某种程度上具有传承性和稳定性，并会对人的思维方式、价值观念和生活习惯产生广泛且深远的影响。因而移风易俗是社会变革的先导，"没有相当程度的风俗移易，社会变迁也就难以深入和彻底"。❷ 只有破除严重束缚人们思想、抵制社会变革、阻碍社会生产力发展的野蛮风俗，才能实现人的自身觉醒和精神解放，从而减少对社会变迁的抵触心理，更为积极主动地投身社会变

❶ 陆梅林 . 马克思恩格斯论文学与艺术（一）［M］. 北京：人民文学出版社，1982：143.
❷ 王守恩 . 社会史视野中的风俗——兼论传统风俗与传统社会［A］// 山西省历史学会 . 区域社会史比较研究中青年学者学术讨论会论文集，2004.

革，适应和推动社会变迁的进程。

（二）移风易俗与社会文明进程

社会风俗是精神文化的一种，可以反映一定历史时期内社会民众集体的心理、习惯和态度，并与信仰、道德、社会舆论等力量相配合，不知不觉地影响人们的心理，广泛而深入地约束人们的行为。因而风俗习惯是社会文明建设中不可或缺的一部分，良好的风俗习惯是社会文明建设的重要内容和直接体现。推动社会文明进程是对传统风俗破旧立新的一个过程，要求带着怀疑与批评的眼光重新审视、鉴别传统风俗习惯。既要大力弘扬符合时代发展需要、体现中华民族聪明智慧的良风美俗，也要批判和扬弃传统风俗中不文明、不科学、不先进的陈规陋习，用现代道德和法律打破根深蒂固、陈旧过时的思想观念和价值准则。

然而风俗的抗变性和保守性也使得移风易俗困难重重。旧的习惯势力仍然存在，封建渣滓死灰复燃。算命、风水、卜卦、求神拜佛等迷信之风有回潮迹象；包办婚姻、买卖婚姻的现象仍然存在；聚众赌博、毒品交易屡禁不止，这些旧习惯、旧价值观和旧意识形态成为社会主义精神文明建设的一大阻碍。由此证明，无论是移风易俗还是社会主义精神文明建设都是一项大的系统工程，需要有计划、依策略、成体系、分步骤地稳步推行。要以对风俗习惯的详细调研和理论研究为前提；放手发动群众力量，通过开展思想政治教育，提高其科学文化水平和道德觉悟；注重对传统风俗中精华部分的继承和发扬，保持风俗的民族特色；加强对大众媒介传播力量的运用，发挥其舆论引导功能。

二、大众媒介在移风易俗中的舆论引导角色担当

社会风俗变迁不仅是历史与文化的传承与流变，也对个体行为和社会心理的形成产生具体而深远的影响。以风俗改良为内容、破旧立新为特征的移风易俗是一场涉及全体社会成员影响广泛的重要社会议题。而大众媒

介是现代化社会信息传播的一种重要方式，它的传播特征要求其在信息传播活动中必须具有满足社会需要、反映社会现象和推动社会进程的社会功能。因此大众媒介对移风易俗问题的关注，是发挥其社会功能的一次重要实践，也是施加社会影响力、履行社会责任的重要要求。

大众媒介在移风易俗中扮演着多重角色，它是移风易俗政策的传达者、移风易俗活动的参与者和移风易俗观念的启蒙者。

首先，大众媒介的政治属性决定了其作为政府喉舌的功能，也就是说在移风易俗中大众媒介必须承担起沟通政府和民众的责任，及时准确地公布国家有关移风易俗重要的方针政策，传达政府精神和具体实施意见。比如说，大众传媒刊发相关政府部门关于"推动移风易俗树立文明乡风的实施方案"，详细传达了政府关于移风易俗指导思想、目标任务、基本原则、工作重点和保障措施的规划与设计，成为信息公开的有效平台。其次，大众媒介也是移风易俗活动积极的参与者。大众媒介是社会的言论机关，通过反映和表达社会舆论，呈现出关于移风易俗话题的社情民意。一方面，大众媒介发挥舆论监督的作用，无情揭露粗风陋俗对个人价值观和社会风气造成的巨大危害。比如说，批判低俗的"婚闹"行为，斥责焚烧纸钱、占道摆路祭的殡葬陋俗，鞭挞农村供奉神仙、求神拜佛的不良风气等。另一方面，大众媒介注重收集和挖掘群众中移风易俗的先进事迹和榜样模范，积极倡导和推广新的社会风俗习尚。比如说，鼓励敬献鲜花、制作追思卡、设立祭奠墙等文明祭祀的新风，提倡以集体婚礼、旅行结婚等为代表的婚事简办新风尚，推崇跳广场舞、打太极、散步等健康文明的休闲娱乐方式。最后，大众媒介还是移风易俗观念的启蒙者。大众媒介是一种重要的民众教育工具，"可以影响人们轻率持有的观念，对于固执的态度则可以潜移默化之"，❶ 使意识形态的观念在传播中得到提升和延展。当前我国的移风易俗在中央和各级地方政府的牵头下轰轰烈烈地展开，以主流媒介为先锋的大众媒介积极引领移风易俗的宣传活动。它们通过深入持久的

---

❶ ［美］韦尔伯·施拉姆．大众传播媒介与社会发展［M］．金燕宁，等译．北京：华夏出版社，1990：145．

宣传和报道，传播新思想、新知识、新观念，引导民众逐步转变一些司空见惯的陈旧观念，形成文明、尚俭、科学的现代风俗观，进而提高人民群众在移风易俗活动中的积极性和参与度。

三、大众媒介在移风易俗中的舆论引导的方式

现代社会，媒介不仅是大众了解外部世界发展变化的一个重要窗口，也是社会变革的代言者，通过舆论引导对观念、信仰、技术及社会规范等施加影响，帮助实现向新的风俗习惯甚至是新的社会关系过渡，从而促进国家的发展。风俗改良是社会变革的重要组成部分，也是推动社会变革的途径之一。大众对传播媒介的依赖使其通过议程设置进行舆论引导成为可能，这意味着大众媒介可以影响社会范围内对移风易俗问题关注和讨论的重点。此外，人生活在团体之中，受到团体价值观和行为规范的影响。"社会对于观念的直接控制多是通过团体关系——通过个人钦佩或尊敬的人，或通过一个人属于或渴望属于的团体——来施加。"❶ 也就是说，有影响力的人的建议和观点会在社会决策中起到重要作用。因此在移风易俗的具体实践中，大众媒介同样重视对意见领袖的培养与塑造。

（一）关注农村移风易俗——媒体的议程设置

掌握舆论的主动权对大众媒介提升舆论引导效果至关重要，大众媒介通过设置议程在传播活动中抢占先机。实践证明，在大众传播活动中媒介的报道活动会在无形中影响着公众对社会公共事务中重要问题的认识和判断。传播媒介以不同的报道顺序、报道篇幅、报道角度、报道形式等手法赋予各种议题不同程度的"显著性"，进而使公众自然而然地形成对不同议题重要程度的认知。当前，媒介踊跃地参与到移风易俗的宣传引导中来，通过发挥媒体的聚合作用，有组织地传达政府有关移风易俗的重要政

---

❶ ［美］韦尔伯·施拉姆.大众传播媒介与社会发展［M］.金燕宁，等译.北京：华夏出版社，1990：140.

策和指示，大力号召群众围绕移风易俗议题展开讨论，积极引导形成进步的、建设性的、体现公众利益的正向舆论，使歪风陋习得到有效遏制，良好的民风民俗逐步形成，成为开展移风易俗工作的重要阵地和革命力量。然而，移风易俗是一个浩大、复杂、持久的系统工程，不能一蹴而就，更不能急功近利，这就需要有计划、有重点地开展移风易俗工作。

目前，我国重点推行农村地区的移风易俗工作，把农村移风易俗工作和深化美丽乡村建设、落实农村社会主义核心价值观建设、提升农村精神文明建设水平结合起来，这和我国社会历史发展状况和社会风俗的变迁特点不无关系。中国传统社会以"土"为生，对土地的依赖使中国农民聚村而居，人口流动很小、生活环境安定单一、文化缺少变动，形成了由私人联系所构成的熟人网络和亲密群体。在这种社会里，人们彼此间都有着高度的了解，辈辈相传的礼俗传统而非法理成为约束行为的规矩和维持秩序的准则。传统的重要性得到极大的强调，人们受制于社会舆论所维持的道德。乡村封闭、保守的生存环境和巨大的思想惯性使得传统风俗习惯格外顽固，坚韧而难以撼动和作出改变，给农民群众带来严重的危害和影响。因此乡村的风俗改良具有很强的现实针对性，是移风易俗工作的重点和难点。

大众媒介充分发挥议程设置的功能，把社会关于移风易俗工作关注的焦点集中到推动农村移风易俗、树立文明乡风的议题中来，以加强婚丧习俗改革、推动文明节庆祭祀、倡导"孝道"、破除封建迷信等为主要内容，综合运用报刊、广播、电视、网络等传播平台，密切党和政府与人民群众的互动，广泛开展讨论，力图革除传统风俗中的糟粕和陋习，帮助群众养成高尚纯洁的道德情操和文明健康的社会风尚。大众媒介关于农村移风易俗工作的议程主要集中在以下几个方面：（1）移风易俗的制度建设。建立农村移风易俗的长效工作机制，通过把移风易俗工作纳入《村规民约》，政府牵头成立红白理事会和道德评议会等自治组织，建立纪委、民宗、公安等各最主要职能部门的联动机制等举措，为农村移风易俗工作提供坚定的制度保障。（2）移风易俗的宣传教育。一方面对村委会及红白理事会成员开展移风易俗政策法规等相关培训，提升其为人民群众服务的能力；另一方面，结合新闻报道、会议宣传、文化演出等形式加强对村民的思想教育，使其摆脱旧传统的束缚，养成科学、健康的生活方式。（3）社会主义新风尚的倡导。大力提倡与现代文明相适应的文明、科学、健康的社会新风尚，积极推行厚养薄葬、婚丧仪式简办、健康娱乐等现代生活方式和生活理念。

（二）树立榜样的力量——意见领袖的塑造

在大众传播中，由于不同群体对大众媒介的接触程度不尽相同，人群里自然地分化出一部分首先或频繁接触大众媒介信息的"活跃分子"，他们求知欲强、交际广、能说会道，拥有强大的人际吸引力和较高的社会威望。这些人常常在传播活动中扮演重要角色，通过对媒介信息的二次加工和传播来影响群体中其他人的意见和看法，进而对传播效果产生深远影响。舆论领袖的出现，有利于集中群众的智慧，弥合公众讨论中观点的分歧和差异，引导形成相对一致的公众意见和社会舆论，使舆论传播变得有序起来。可以看出，意见领袖在舆论形成和引导过程中扮演着重要角色。

在移风易俗的推进过程中，意见领袖的作用同样不可忽视。移风易俗本质上是实现思想观念的吐故纳新，因而要重视对人心的教化。"君子欲化民成俗，其必由学乎。"（《礼记·学记》）风俗改良需要依靠教育的力量，要充分发挥榜样在改革社会风习中的先锋带头作用。因此，大众媒介必须重视对意见领袖的培养和塑造，通过树立正面典型和先锋模范，提升舆论引导的效果，推进移风易俗工作有序展开。

在大众媒介有关移风易俗的宣传报道中，十分注重挖掘和整理身边的典型事迹。一方面强调发挥政府工作人员和党员干部的带头示范作用，主动宣传政府出台的关于规范党和国家工作人员在婚丧嫁娶、社交往来等方面的各项规定和要求，并大力报道他们推行移风易俗工作的具体实践。另一方面，同样重视人民群众中榜样的培养和塑造，通过开展全国最美家庭等专题报道，发动"道德模范""身边好人"等评选活动，阐释民间各类模范的精神内涵，为群众自觉进行风俗改良提供学习模仿的对象和实施方案的参考，在全社会营造出破除陈旧风俗习惯、追逐社会新风尚的浓厚氛围。

（三）提升关注度——杂志策划

《新青年》迁到北京之后，不论编辑方法还是内容形式都发生了不小的变化，尤其第 4 卷第 1 号，堪称改头换面的一期：从这一期开始，杂志只刊载白话文，并且采用了新式标点。但这一举动并未在社会上引起强烈的反响，这时，《新青年》提倡新文化运动有点尴尬，除了自己这边在锣鼓喧天地"呐喊"，还没有一个"敌人"出来迎战，传统卫道士们对他们的热情和魄力冷眼旁观。身怀绝技，斗志昂扬，却没有对手，这是何等寂寞。

为了吸引众人围观，扩大社会影响力，《新青年》的文学干将钱玄同和刘半农策划了一场"双簧"，并由此演变成了一个公共话题，将新文化运动的理念从书斋推广到大众之中，成为中国新文化运动的标志性事件。

"双簧"的策划是这样的。1918 年 3 月《新青年》第 4 卷第 3 号上并列刊出了两封信件。一封是由钱玄同化名"王敬轩"写给《新青年》杂志社的公开信。全信以文言写成，共 4000 余字，故意以一个封建思想、封建文化卫道士的口吻说话，历数《新青年》和新文化运动的罪状。

而另一篇《复王敬轩书》署名"本社记者半农"，通篇所举观点都与前文针锋相对。全文洋洋万余言，对王敬轩的观点逐一批驳。

钱玄同很有旧学的底子，模仿旧文人的口吻惟妙惟肖。他在化名王敬轩的信中通篇攻击新文化人，谩骂他们的白话文主张如同"狂吠之言"，攻击他们使用新式标点、引进西方文化是"工于媚外，惟强是从"。文中还特意大大赞扬了当时的桐城派古文家，也曾任教北京大学的林纾："林先生所译小说，无虑百种，不特译意雅健，即所定书名，亦往往斟酌尽善尽美，如云'吟边燕语'，云'香钩情眼'，此可谓有句皆香，无字不艳。"

而针对"王敬轩"的言论，刘半农采用嬉笑怒骂的方式逐一予以了批驳，并批评王氏这样的守旧者是"不学无术，顽固胡闹"。尤其以林纾当射击的靶子，刘半农讥笑林氏翻译的外国名著虽然数量很多，却没有什么价值。他轻蔑地说："若要用文学的眼光去评论他，那就要说句老实话：那就是林先生的著作，由'无虑百种'进而为'无虑千种'，还是半点儿文学的意味也没有。"

可以说，由钱玄同、刘半农执笔的两篇文章针锋相对，形成了水火不容的论争之势。这样一来，林纾算是莫名其妙地被拉进了骂战旋涡。

其实"双簧信"向林纾挑衅的意思很明显。给"假想敌"取名"王敬轩"并非凭空捏造，而是大有深意。林纾，字琴南，号畏庐。从字面意思上来说，"敬"对"畏"，"轩"对"庐"，"敬轩"其实就是隐射林纾之号"畏庐"了。钱、刘二人给守旧者命名"王敬轩"，等于把战斗火力直接瞄准了林纾。作为清末民初的桐城派古文大家，在文学创作、文学理论上的成就斐然，林纾是公认的晚清"桐城派"重要代表人物之一。

对于"激进""求异"的新文化运动，老成持重的林纾本来一直保持着沉默静观的态度。但在"双簧信"的明显挑衅之下。林纾不仅直接写信给蔡元培，要求校长主持风化，还通过撰写小说来指名道姓地痛骂新文化人。新文化运动也由于林纾这一文学名人的参与而引人注目。

1919年2月和3月，上海《新申报》先后发表了林纾的短篇文言小说《荆生》和《妖梦》。这两篇小说以文言的仿聊斋体写成，都是借虚构的人物和故事来影射谩骂新文化运动。1919年3月18日，林纾又给蔡元培写信，希望他以校长的身份约束教员的"胡闹"。林纾指责以北京大学为中心的新文化运动是"覆孔孟，铲伦常"，说新道德推崇者蔑视父母养育之恩是"人头畜鸣"。对于推行白话文的主张，他痛心疾首，危言耸听地说："若尽废古书，行用土语为文字，……据此则凡京津之稗贩，均可引为教授矣。"

林纾这种已有盛名的人物参与"对战"必然引起社会关注，所以林纾的回应正是《新青年》所期盼多时的，也是新文化阵营又惊又喜的一件事。为打退林纾，他们纷纷揭露林纾在《荆生》中呼唤的"伟丈夫"就是手握兵权的徐树铮——段祺瑞政府中的安福系干将。从此,荆生被阐释为武人政权或军阀的化身,而小说作者被斥为专抱"伟丈夫"大腿的小人、"现在的屠杀者"。这样一来,林纾被置于倚靠权势的无耻境地,而新文化阵营因此成为被压迫一方轻易获得了公众的同情。

另外,针对林纾指责北大的言辞,蔡元培的回答义正词严。在名为《致〈公言报〉并答林琴南函》的复信中,蔡元培不仅反驳林纾,也向整个社会表明他对新文化运动的态度。

林纾和蔡元培都是当时的学界名流,他们之间发生的问答、争辩非常容易引起公众的注意。恰好,那时候坊间又流传说教育部要驱逐提倡新文化的陈独秀、胡适等人。许多报纸纷纷报道并刊登林、蔡的言论往来,两人的论辩迅速引发舆论的关注。而且,各报为了吸引读者眼球,把"林蔡之争"冠上"新旧之争""新旧思潮之冲突""新旧思潮之决斗"等火药味浓烈的标题。原先只是囿于学术界的思想分歧,在新闻媒体的煽风点火之下顿时闹得满城风雨、众声喧哗,成为大众关注的热点问题。

林纾对新文化人、对《新青年》的一番批判、攻击会招来媒体的广泛报道,并且发展成为公共话题,无形中又为《新青年》作了一次声势浩大的广告宣传。

社会风俗的传承是在变异中实现的。可以说,移风易俗是风俗演进的必然要求,也是推动由传统社会向现代化转型的迫切需要。历史上,官方的政策性规范成为移风易俗的关键力量,从秦始皇的"匡饬异俗"到清末新政禁止妇女缠足、禁烟、禁毒等谕旨的颁布,统治阶级为风俗移易提供了政策和制度保障,把移风易俗提升到国家治理的高度。此外,近代以来以报刊为代表的大众媒介的异军突起成为移风易俗另一个重要推动力。近代中国沉沦与觉醒相伴而生,半殖民地半封建社会的土壤中滋生了开放、民主的现代视野,孕育了轰轰烈烈的民族民主运动,中国开始由封闭、传统的农业社会向近代工业社会转折。在列强的鹰瞵虎视下,中国社会险象丛生。先进的知识分子把报刊作为救亡图存、改造中国、振兴中华的武器,因而,中国人自办报刊从开始之初就掺杂着大量的情感、信念与意愿，就与社会改良与革命产生了密不可分的互动关系。

　　当然在近代报刊泉涌风发之时，总有一批报刊处于主导地位，发挥着带头作用，饱含着对民族国家的深情厚谊和强烈责任感，凭借着超越中国社会条件的超前意识和突破传统的远大构想，对民众进行思想文化启蒙，为社会发展建言献策，积极推进中国社会变革与近代化转型，成为推动国家进步与发展的一大利器。《新青年》杂志就是这样一个在中国近代史上书写过浓墨重彩一笔的先锋刊物。1915年秋天，陈独秀在上海创办《新青年》(首卷名为《青年杂志》)，这个杂志在各种思潮涌动碰撞的"五四"时期扮演过一个极其重要的角色，高举"科学"与"民主"的旗帜，掀起波澜壮阔的新文化运动，成为思想解放与启蒙的前沿阵地。

　　移风易俗是《新青年》思想解放与启蒙的重要组成部分，也是《新青年》改造国民性、实现思想救国伟大理想和推进中国现代化进程的必经之途。以传播学的视角为切入点来审视《新青年》的文本，不难发现《新青年》在"五四"时期移风易俗活动中发挥了重要的舆论引导作用。《新青年》在移风易俗的舆论宣传中主要关注对婚丧习俗的变革、妇女思想的解放和鬼神迷信的破除，推动了婚姻自由和个性解放，推广了丧事简办的新式理念，促进了妇女实现社交、教育和人格的平等与自由，打破了鬼神崇拜的旧传统和旧观念。这些内容反映了报刊在新的时代背景下，社会角色由政治向社会各方面的多元化转变。

第四章

报刊在近代社会的角色解读

前面三章以《申报》《女子世界》《新青年》为样本，以清末民初言论自由观念演变、辛亥革命前后的妇女思想解放、"五四"前后的移风易俗为个案，从思想、政治、文化等不同维度，分析了民办报纸、女子革命刊物、同人刊物等不同种类的报刊在从传统社会向现代社会转型过程中的角色建构。本章立足于从微观到宏观，由点到面，从个像勾勒出群像的研究思路，以三个个案为中心，辐射到整个中国近代从传统社会向现代社会转型中报刊角色的更新与重构的宏观视角。经过深入的思考分析，笔者将从纵横两个维度，归纳概括出报刊在近现代社会转型过程中社会角色更新与重构的规律与特征。

第一节　报刊角色的更新与重构
规律之一：单一到多元

《申报》《女子世界》《新青年》三家报刊分别在沟通宣传妇女思想解放、移风易俗中的角色上演，说明报刊在近代社会转型中，角色的扮演由清末洋务运动、维新变法、五四运动以来单一的政治宣传角色，逐渐向政治宣传、思想教化、文化更新等多元角色转化。而且，从清末到民初，报刊的角色并非简单且统一，而是流动且复杂的，这与时代主题的变化密切相关。比如清末民族危机中的"耳目喉舌"（沟通宣传）与辛亥革命中的革命动员的单一简单角色，到民初民主建设中的政治沟通、思想启蒙、政党宣传，到"五四"时期新文化运动中的舆论动员、改造国民、解放思想、增长见识、娱乐休闲等多元复杂角色的上演。

一、辛亥革命前报刊相对单一化角色建构

（一）洋务运动时期单一化角色建构

清末面临的主要是西方列强侵略所带来的民族危机，摆脱民族危机的尝试主要有三个路径：师夷长技以制夷——技术变革；百日维新、预备立宪——政治改良；辛亥革命——政治革命。鸦片战争是中国文明在西方文明面前的第一次惨败，它警醒了以林则徐、严复为首的一批志士仁人，使他们开始"睁眼看世界"。这"睁眼看世界"的第一扇窗就是外报，他们通过翻译近代外报认识中国落后状况、传播西方文明，从而唤起更多中国人的觉醒。同时，洋务派也看到，外报可以让西方人了解中国的风土人情和政治形势，这是西方军事侵略的前提条件；外报可以为外商提供或发布经济情报和商业广告，这是西方经济侵略的条件；外报也可以大肆宣扬西方的文化，这是西方对中国进行文化征服的手段。报刊在西方军事、经济、文化入侵中国的过程中扮演的重要角色，也使洋务思想家看到了近代报刊的重要作用，希望借助报刊这种近代文明、近代文化的载体，吸收西方的先进科学技术，引进先进设备，发展中国军事及民族工业，组建自己的北洋舰队和新军，保家卫国，捍卫主权，因此早期的洋务派很多人参与外报编辑工作，甚至自己办报。

早期的洋务派思想家王韬曾参与过《遐迩贯珍》《六合丛谈》《近事新编》《香港华字日报》等外报的编辑工作；黄胜、伍廷芳也曾担任《孖剌报》译员，后来是洋务派集团的干将；《香港华字日报》的主编陈蔼庭，原来也是在《德臣报》中"任译著之事"，后来参与洋务派的外交活动；洋务思想家薛福成在曾国藩幕府工作七年，写了许多时政新闻在《申报》上刊载。

洋务派在外报积累了一定的办报经验后，开始着手自己办中文报刊。1874 年 6 月 16 日，容闳在上海集资合股创办第一份民办报纸《汇报》，就是由洋务派人士"捐款首倡"，更有轮船招商局总办唐廷枢"实助成之"，因此是一家洋务派主办的报纸。❶《汇报》约两天发一篇论说，鼓吹发展洋务。1875 年 11 月 23 日，又一份国人报纸《新报》在上海创刊，这是一份洋务派和商人合办的报纸，着重刊载国内新闻和与外务有关的经济、商务材料，论说也是以宣传洋务运动为主。洋务运动在内地的发生、发展，促使香港的洋务思想家开始着手创办自己的报纸。王韬 1874 年春在香港创办《循环日报》，第一版为商品行情，第三、第四版为航运信息及广告，因此这是一份商业经营型报纸。从 1874—1884 年这十年间，王韬大部分时间都在《循环日报》工作。郑观应也常对时局有触于怀而写作政论，其中很大部分经王韬推荐在《循环日报》上发表。此外，薛福成、马建忠等也把自己对一些具体实际问题的思考和看法，形成文字在各家报纸上发表。

王韬、郑观应以及薛福成、陈炽等洋务思想家，或自己亲自办报，或在外报或国人自办的报刊上发表大量的政论文章，传播他们关于发展近代资本主义工商业，抵制西方军事侵略和经济掠夺以及对清朝社会政治进行改良的思想。

洋务运动时期，在中国现代化进程中，对于洋务思想家参与编辑的外报而言，报刊所担任的角色按先后次序主要有两个：首先是获取信息的主要渠道。洋务派通过《遐迩贯珍》《六合丛谈》等外报了解西方的风土人情，了解西方科技、天文、医学等各个学科的知识信息。可见，外报对于鸦片战争后的中国而言，是获取新鲜信息的重要渠道之一。其次是思想文化教育系统的主要装置。洋务派也通过外报学习西方的技术和资本主义思想。从字面上看，洋务运动的主旨"中学为体，西学为用"最早一字不差地出现在《万国公报》编者沈寿康的一篇名为《匡时策》的论说中，后为洋务思想家运用到洋务运动中，成为洋务运动的指导思想。《六合丛谈》对西方文明的传播成为洋务派"自强观"形成的重要思想来源；《六合丛

---

❶ 方汉奇，等.中国新闻事业简史［M］.北京：中国人民大学出版社，1983：50，60，74–75.

谈》对近代科学重要性的论述为洋务派"求富观"形成奠定基础;《六合丛谈》积极传播西学促使了洋务派"变局观"的形成。对于洋务派自己办的报刊而言,所担任的角色主要有三个,除了外报的获取信息的主要渠道、文化教育系统的主要装置两个角色外,还有第三个角色即宣传的主要工具。不管是洋务派主办的报刊,还是参股或合办的中文报刊,都想利用这一先进工具来宣传洋务运动"求富""自强"的口号,表达"中体西用"的思想。在半殖民地半封建的近代中国,洋务派主持的新兴报刊生存处境十分艰难,经常受到帝国主义和封建政府两方面的夹击。但是,洋务思想家们却想尽办法多方努力经营,使他们主持或参与的报刊能够维持下去,主要目的就是为了保持报纸这一舆论宣传阵地。

突破洋务派这个微观主体的限制,以整个社会作为宏观主体,洋务思想家主办的近代报刊,在推进当时及以后中国社会文化思想领域的发展中扮演了政治思想教化的角色。

首先,洋务思想家主持的报刊在倡导和开展向西方学习的活动中发挥了先锋作用。当时,封建统治集团内部的顽固派因循守旧、盲目排外,主张闭关锁国,他们强烈反对洋务思想家提出的"师夷长技以制夷"的主张,在社会上特别是统治阶级内部有一定的影响力。洋务派通过报刊提出"西学中源"论,积极宣传"中体西用"思想,主张向西方学习先进的东西,在当时的社会产生了积极的思想开化作用。

其次,洋务运动时期的报刊对后来的维新思想家和资产阶级革命派也产生了很大教化作用。王韬和郑观应在报刊上发表的大量政论文章,对戊戌变法时期的维新派代表人物、著名的报刊政论家康有为曾产生了很大的影响,据记载他青年时期在香港时经常阅读《循环日报》等国人近代报刊。洋务派报刊不仅只对以康有为为代表的维新派人物产生巨大影响,也对后来的资产阶级革命派、民主主义革命者产生了非常显著的作用。

(二)百日维新时期报刊单一化的角色建构

甲午战争的失败,表明了洋务派运动"富国强兵"目标的彻底失败。

内忧外患交困的形势下，鼓吹变法、向西方学习的呼声更加高涨，历史迎来了维新变法时期。与洋务运动时期一样，维新变法时期，同样也面临着十分严峻的民族危机，大批像康有为、梁启超一样的文化知识精英投身创办报刊的主要目的也是为了宣传以资本主义制度变革来拯救国家。在洋务运动中，维新派意识到报刊在信息传递方面有快捷、针对性强、信息量大、传播面广等优势，而且洋务运动后民族资本主义的迅速发展也为报刊业的发展奠定了经济基础。因此维新派非常注意通过创办报刊宣传维新思想，开创变法舆论氛围。据记载这个时期"报馆之盛为四千年来未有之事"，数量相当于"甲午战争前四十多年的三倍"，其中资产阶级维新派和与它有联系的社会力量创办的报刊数量最多，影响最大。以维新派报刊《中外纪闻》为例，1895 年 8 月 17 日在北京创刊，原名《万国公报》，康有为、陈炽等负责筹募经费，梁启超、麦孟华担任编辑，是我国资产阶级维新派出版的第一份报刊。维新派的团体北京强学会成立以后，《万国公报》改名为《中外纪闻》，梁启超、汪大燮为主笔，遂成为资产阶级早期政治团体的机关刊物。该刊字里行间渗透着变法维新的强烈要求，连续刊登介绍资本主义国家政治、经济情况和自然科学知识，宣传富国强兵之道、国家振兴之源、养民教民之法的文章，如《地球万国说》《学校说》《万国矿物考》等。"论说"则研究各国强弱之源，宣传中国应该向西方学习，提出富国强兵的建议。在《中外纪闻》上还发表了康有为的《开会主义书》即《强学会序》，此文可以说是一篇维新救亡的政治宣言，打开了京师士大夫闭塞的思想。

美国传教士主编的《万国公报》是在中国发行最久、影响最大的一份杂志，也是最早提倡维新变法的报刊之一，成为康有为等维新派思想家的重要理论来源。它除选登"阁抄"、译载新闻外，又载"格致有用之书"，探讨"万国强弱之原"，提出言政敷治的建议，在中国近代政治史、新闻史上有一定地位。当时的人称"西学新知之总荟"——当时的知识分子如果想了解西方的知识学问的话，一定要看《万国公报》。在 1896 年维新变法前后，发行量曾高达 3.8 万份，1903 年发行量达 5.4 万多份，成为当时中国发行量最大的刊物。❶ 由于其广泛介绍西方，受到维新人士和地方要员的重视。从李鸿章、张之洞这些重要的政府官员到日本天皇都长期订阅这份杂志。孙中山先生所写《致李鸿章书》《上李鸿章书》也都在《万国公报》上发表。林语堂自称透过《万国公报》，林乐知成为他生命中，影响最大、决定命运的人物。光绪皇帝曾购回全套《万国公报》阅读学习。《万国公报》首先发出"不变法不能救中国"的灼灼之言，让国人石破天惊，"其以开风气、扩民智为标榜。在当时的中国也起到了广见闻、通上下的作用"❷。以康有为、梁启超为代表的有志之士受其影响，发出了维新的号召。《万国公报》提出的经济、政治、教育等方面的维新变革措施，尤其是教育方面：改科举、增科目、兴学堂、办报馆、译西书等建议，成为维新派改革措施的直接来源，促进了改良派维新思想的产生，促进了中国的政治现代化转型。

百日维新时期，以《申报》为首的商业化报刊，也大多是中国的知识分子做主笔，也希望中国能够通过学习日本等先进国家，实现自强发展，所以也非常积极地宣传维新变法思想及各项举措。

二、清末民初报刊多元化的社会角色

辛亥革命前夕，帝国主义侵略日益严重，清王朝的统治更加腐朽，民族资本主义的初步发展，近代印刷业、出版业的发展等，广大人民群众迫切要求变革现状，使报刊业得到发展，报刊种类和数量均得到增加，出现报刊的区域也在扩展。文艺报刊和其他专业报刊、专门报刊应运而生，《新青年》《女子世界》等报刊产生于此时。中国新闻业的分支越来越多，不同种类的报刊在社会发展中的角色也是有差异的，带来报刊角色的多元化。还出现了《大公报》《申报》《新闻报》之类的综合类报刊，在竞争中发展起来，销量可观，他们的社会角色也相对多元化。

---

❶　方汉奇.中国近代报刊史［M］.太原：山西人民出版社，1981：29.
❷　赖光临.中国近代报人与报业［M］.台北：台湾"商务印书馆"，1980：21.

以本书样本辛亥革命前的《女子世界》为例，它在当时作为一份历时较长、册数较多、内容较丰富、影响也较为深远的女性期刊之一，虽然革命色彩浓烈，以西方资产阶级自由民权说为思想武器，鼓吹民族革命，但《女子世界》的社会角色不仅限于宣传资产阶级民主革命思想，而且是以改造中国妇女，建构"女子世界"为宗旨：大力提倡反缠足，推进女性体育学习；以西方杰出女权运动者为榜样，以国内女杰为模范，鼓励女性争取女权，参与国家政治活动；从"人性化"和"女性化"角度描绘女性婚姻自由的重要性和必要性。作为中国近代女性解放运动的舆论工具、反对封建主义的革命号角，冲破了传统思想的束缚，对女性解放运动和民族民主运动有着积极的推动作用：建构了民族革命视角下的"女子世界"和男权话语下的"女性神话"。以《女子世界》为首的妇女报刊对改变妇女的思想观念、行为模式和生活习惯等都具有不可估量的作用，在中国社会生活近代化中的角色是非常重要的。

除此之外，《女子世界》还担负了建构民族想象、缔造民族语言的社会角色。本尼迪克特·安德森在其著名的学术著作《民族：想象的共同体》中提出了民族是一种想象的本质上有限同时享有主权的政治共同体的概念。由此延伸，《女子世界》在建构辛亥革命时期的民族、国家的认同感方面扮演了重要的角色。《女子世界》一方面塑造出一些与男性一起为挽救国家危亡英勇无畏奔走操劳的女性，鼓励女性从思想上走出"小我"，从家庭私人领域走向更为广阔的社会公共领域；另一方面又以"贤妻良母"为新标准，鼓励女性相夫教子，以己为榜样，培养优良后代，其实是以男性为中心实现自身价值和社会责任。二者建构的女性角色可以说都是以民族革命为背景的，西方女权主义对于女性群体的忧虑以及封建宗法制度下儒家传统文化共同构建的，因此报刊所传播的正是这三者融合后形成的带有民族想象、民族语言特色的民族、国家认同。

而作为综合性民办大报《申报》《新闻报》的社会角色同《女子世界》有所不同。它没有政治党派的背景，没有激进的政治宣传色彩，却有着自己的报刊专业理念，有着受到社会受众认可的办报宗旨，角色也从相对单一的政治宣传、思想启蒙的角色向满足受众需要的多元化转变。一直以来坚持真实、客观、全面的报道理念，以大众的生活需求为服务目标，能够站在大众的立场上说话，深受大众喜爱，发行量剧增。

《申报》《大公报》还曾在报界维权抗争等社会活动的过程中，扮演了舆论引导的角色。《申报》《大公报》在西方先进理论、在中国跨文化跨语际近代传播过程中，在空间向度赋予这些先进理念以中国传统清议主持公正、史家秉笔直书、谏臣忠君报国、刚正不阿的神圣光芒；在时间向度，《申报》《大公报》等报刊为了应对中国边缘化的时代命题，不得不调整西方先进理念的部分内涵，或是以崭新的方式再诠释其信念，使西方先进理念在不同的阶段被赋予不同的意义。其间《申报》《大公报》通过议程设置、授予地位等传播方式潜移默化地引导着、熏染着、浸透着西方先进理念内涵的中国化流变。西方先进理念在中国本土化、内涵多元化的过程中，以《申报》《大公报》为首的报刊结合中国本土传统文化与特殊的时代困境，塑造着中国传统本土特色的西方先进观念，甚至成为社会活动的口号，实现社会的诉求及政治目标。

综观中国近代《申报》《大公报》《新闻报》等这些民办综合性报刊舆论，主要担当信息传播和舆论监督的社会角色，体现了新闻的专业精神。《申报》发刊当日曾言："吾申新报一事，可谓多见博闻而便于民者也。""新报则出今日之事以见今人之才。若无新报，则古书所传或可朝稽而夕考；而今人之事所谓天下之大无奇不有者，心所未识，耳所未闻，使徒赖众口扬目前之事焉。乌足以殚见而洽闻哉。"它们在信息传播方面主要表现出着眼全国局势、关心时事政治、跟踪事态发展，从不同的角度客观、全面、真实地展现了当时社会局势的特点，既涵盖了"面"，也突出了"点"。早在《大公报》的发刊词中有这样一句话："以大公之心，发折中之论。扬正抑邪，非以挟私挟嫌为事，知我罪我，在所不计。"在之后十几年的发展过程中，《大公报》在不断地践行着其发刊词的追求，秉承"报之宗旨，在开风气，牖民智；挹彼欧西学术，启我同胞聪明"。由此，奠定了《大公报》在中国近代转型过程中扮演思想文化教育者与舆论监督者的社会角色。《大公报》以"敢言"闻名于世，用公正之心来启迪百姓，抨击时弊。注意积极宣传改良新思想、新潮流，着力探讨救国救民之道。在报道过程中，《大公报》表现出了独特的政治眼光和人文关怀，在揭示中不时地发表评论，反映了民众的声音，同时还提出了一些治国建议。但是《大公报》属于民办报纸，没有政治派别的背景，自然要在夹缝中求生存，所以，言论相对比较谨慎。由于政府对报界的打压，《大公报》不得不通过多种方式反映自己的声音，小心谨慎发表言论。不管是谨慎发言也好，还是大胆抨击也好，《大公报》时刻关注民生，始终站在普通大众的角度说话，这可以从一个侧面反映出《大公报》希望扮演民众的喉舌和人民利益的代言人的社会角色的自我期待，也反映了《大公报》所代表的民办报刊的自我角色认同。

《新青年》在新文化运动中扮演的"旗手"角色也是清末民初报刊多元化角色的表现之一。袁世凯统治前后，出现的复辟丑剧及"尊孔复古"等封建主义专制思想逆流，使国人认识到仅是技术和政体上的变革不足以改变中国的落后，只有从思想文化上改造国民，才是根本的出路。面对这一时代主题，《新青年》作为同人期刊应运而生，它希冀以"民众的思想启蒙，惊醒愚弱的国民，提高民族思想素质，把中国人的思想引入现代化，从而实现根本性的救国"为宗旨，扮演了舆论动员、改造国民、解放思想、增长见识、娱乐休闲等多元复杂角色，本书第三章从移风易俗的视角展现了《新青年》多元复杂角色的上演。

风俗是反映和记录社会面貌的一种独特文化现象，也是认识不同时期历史发展状况和社会意识形态的一个重要窗口。它既包含饮食、服饰、婚姻、丧葬、节庆等长期社会生活中形成的共同习惯，也包括一定时期内所呈现出的社会习尚和风貌，并与宗教、伦理道德、传统文化展开密切互动，在社会的发展进程中具有举足轻重的地位和作用。风俗的形成与演变不仅伴随着对历代相沿积久而成的部分风俗的传承，更是一个时代政治人文、自然环境、社会经济等各要素综合作用的结果，因而常常反映出鲜明的时代特征。然而沿袭下来的社会风俗不全是优秀的精华，也有诸多消极、腐败的"因子"和成分，成为束缚民众思想意识的枷锁和阻碍社会形态朝着进步趋向变革的落后力量。《新青年》从风俗改良入手纠偏补弊，有意识地改造中国人落后的一面，来推动由传统社会向现代化转型的迫切需要。

《新青年》异军突起成为移风易俗的一个重要推动力。移风易俗是《新青年》思想解放与启蒙的重要组成部分，也是《新青年》改造国民性、实现思想救国伟大理想和推进中国现代化进程的必经之途。以传播学的视角为切入点来审视《新青年》的文本，不难发现《新青年》在"五四"时期移风易俗活动中发挥了重要的舆论引导作用。《新青年》在移风易俗的舆论宣传中主要关注对婚丧习俗的变革、妇女思想的解放和鬼神迷信的破除，通过丰富舆论话题、明确舆论导向、简化舆论表达、营造宽松的舆论氛围来积极扩大舆论影响，推动了婚姻自由和个性解放，推广了丧事简办的新式理念，促进了妇女实现社交、教育和人格的平等与自由，打破了鬼神崇拜的旧传统和旧观念。《新青年》关于移风易俗的舆论宣传不仅在当时振聋发聩、颇负盛名，时至今日仍然具有巨大的参考意义和现实价值。一方面明确移风易俗宣传是大众媒介经久不衰的舆论议题，另一方面要充分发挥大众媒介在移风易俗中的舆论引导作用，想方设法地提升舆论引导的影响和效果。

当然，《新青年》关于"五四"时期移风易俗的舆论宣传囿于历史条件和思想局限，也存在着消极、不足的一面。比如说，陈独秀把中国当时面临的民族危机和社会危机都归咎于伦理道德领域的堕落腐败，希冀以西方平等人权的新思想作为解决社会问题的终南捷径，难免陷入道德决定论的死胡同，因而无法真正辨明其时中国社会的根本问题。再比如，婚姻观念变革中的偏激倾向。在婚姻变革中，出现了极端否定和决绝的"独身主义"和"废除婚制"主张，把婚姻制度视为束缚人类自由的枷锁，体现出《新青年》部分作者在一些问题上存在着急躁冒进的情绪和不理智的幼稚幻想。在《新青年》对"五四"时期移风易俗的消极影响问题上，还有待进一步挖掘和研究。

1905 年，中国同盟会机关报《民报》的创刊，标志着中国近代报刊事业进入了一个新阶段。资产阶级革命派代之资产阶级改良派成为报刊活动的主角；报刊的党派色彩更加浓厚，成为政党论战的工具；由于报刊在立宪运动与辛亥革命运动中舆论动员作用的凸显，以及辛亥革命后《临时约法》对言论自由的保护，国内各种势力办的各种类型的报刊又重新活跃起来，形成了国人办报的又一次高潮。尤其值得一提的是，由于民初实行资产阶级民主共和制，结社自由，党派林立，政党报刊也如雨后春笋般出现。令人遗憾的是，在这次高潮中，绝大多数的政党报刊卷入政治权力的白热化斗争，尔虞我诈，信口雌黄，语言暴力横行，甚至于频频出现报社之间群殴的恶性事件，令世人厌恶。加之政党报刊主要靠政党组织筹措资金度日，并无固定的读者群，所以总是随政党的兴衰而兴衰，一般比较短命，昙花一现，无甚影响力。这与洋务维新时期党团背景报刊在扮演政治沟通、主张宣传、思想启蒙角色时所发挥的积极作用已大相径庭。

除以上报刊外，中央及地方政府还主办了一些专业技术类报刊。北京政府各个部门都有自己主办的报刊，如海军部有《海军杂志》，财政部有《经济杂志》，农林部有《农林公报》，工商部有《工商公报》。除此之外，个人及团体办报也很兴盛，报刊种类开始多元化，除政治报刊外，出现了专门的经济报刊、教育报刊、学术报刊、文艺报刊、妇女报刊、学生报刊、儿童报刊，文体也很多样：有文言文报、白话文报，有各种外文报刊，还有画报。这些报刊则主要担当了信息沟通或娱乐生活的角色。

报人们在报刊实践活动中总结经验教训，并吸收西方先进的报刊理论，尤其是党派报刊抛开原本单一的政治宣传、思想启蒙角色，逐渐迎合受众的需求，追求社会角色的多元化、复杂化，力求获得最多的受众，产生更大的社会影响力。

第二节　报刊角色的更新与重构规律之二：
时代嬗变、社会需求及读者期待

通过以上报刊和案例的研究，笔者发现中国近代时代主题的嬗变、社会需求的多元、读者期待的流动是报刊角色流变的动力和本质因子。

首先，近代时代主题的嬗变是影响报刊社会角色的重要宏观因素。外侮之刺激，倡议洋务维新，继以满人之顽固，倡言辛亥革命；武汉起义一举，而清社遂屋，中国近代报刊业就是在这样的历史背景下兴起发展。中国传统封建社会在生死存亡的关头，不得已开始痛苦蜕变，向近代资本主义社会转型。这次转型是需要政治、经济、思想、文化各个领域相互渗透、相互配合的全方位系统性蜕变，而中国人在当时面对突如其来的民族危机和陌生隔膜的西方文明，来不及作深入的思考，就开始了转型的实践，因此，这种转型是割裂碎片化，以时间段划分各有面向。洋务运动主要是实现经济转型的初步探索，出现了一批官督商办或民营的资本主义企业。百日维新是通过改良实现政治制度近代化转型的初步探索，辛亥革命是通过武装革命实现政治制度的近代化转型，先后尝试了资产阶级君主立宪制与资产阶级民主共和制，但都以失败而告终。新文化运动是实现思想文化制度的近代化转型，倡导科学、民主，废除旧文化、旧道德、旧习俗，打倒"孔家店"；提倡新文化、新道德、新习俗，提倡白话文。本书选择的《女子世界》对女权思想的解放、《新青年》对移风易俗的影响这些案例，分别是在不同的时间段，为回应不同的时代主题，报刊在社会角色的扮演上也会有不同。《大公报》在清末民初向资本主义政治制度转型的过程中，主要的社会角色自然是政治上的沟通和宣传，思想的启蒙角色作为辅助的角色也是为实现政治沟通和宣传助力的。《女子世界》通过女权思想的解放，来宣传资本主义民主制度，奠定革命的群众基础，借以动员革命女性力量。因此主要的社会角色依然是政治宣传、舆论动员，思想教化作为辅助角色，也是以实现政治宣传、舆论动员角色为最终目的。《新青年》时期，就大不一样了，经济与政治制度的转型的步伐远远大于思想文化制度的转型，世人面对的是摒弃旧思想、旧道德、旧文化，重建新思想、新道德、新文化的时代重任，实现社会生活的现代化，因此《新青年》与《女子世界》社会角色的担当有所不同，它主要的社会角度是思想道德启蒙、文化教育。

其次，社会需求的多元是影响报刊社会角色更新的宏观因素。在清末，由于人们普遍文化水平很低，大多不具备阅读报刊的能力，报刊的阅读者主要是文化精英，所以社会对于报刊的需求主要以文化精英的需求为指向。而中国传统"学而优则仕"的思想深深地印在文化精英的骨子里，这直接决定了社会报刊需求的政治化的偏向，在维新派《中外纪闻》《时务报》《国闻报》中体现得最为明显。因此，在这个时期报刊的社会角色基本上是政治宣传者。但随着近代资本主义企业的发展，印刷技术的发展，报刊的数量迅速增加，报纸不再是只有政治文化精英才能阅读的稀缺资源，为更多的读者阅读提供了便利条件。而社会思想的启蒙，近代学制的变革，使社会上妇女等原本被排斥在教育之外的更多的人接受教育，并认识到报刊的重要作用，成为报刊的受众群。除了《大公报》这种综合性大报，《女子世界》《新青年》这种满足某一受众群体的专门类报刊的出现，本身就是报业为满足政治文化精英之外的其他受众——妇女、青年等其他阶层的受众的多元化需求而创办的。而《女子世界》对妇女解放观念的建构，《新青年》对移风易俗的舆论建构，则更充分佐证了报刊的内容是随着社会需求多元化而变化的。除了民办综合类大报和教育、科技、工商、政法等专门报刊的出现之外，还出现了满足底层群众娱乐需求的白话小报、文艺小报等形式的报刊。这时每一个种类的报刊在社会上担任的角色是有区别的，因此，报刊的社会角色也相应由原先单一的政治宣传的角色向信息传递、思想启蒙、舆论动员、舆论引导、舆论监督、娱乐生活等多元化转变。

最后，读者期待的流动也是影响报刊社会角色的重要因素。读者是社会中的个体，散落在社会的各个角落。社会的每一个微小的变动都会引发读者思想的变化，也会引发读者对报刊期待的变化。因此，读者对报刊的精神期待不是固定不变的，而是随着社会的发展而流动变化的。这种流动变化是以社会发展、社会生活中的矛盾、问题、焦点密切相关的，而这些社会矛盾、问题、焦点恰恰是读者期待的源泉。在鸦片战争之后，面对西方国家的侵略，清政府签订了一系列丧权辱国的不平等条约，赔款转嫁到老百姓身上，鸦片对人民身体的侵蚀，等等，一系列社会问题的深层矛盾是帝国主义与中华民族间的矛盾，如何救国救民于水火之中成为此时的焦点。与此相呼应，分布在社会各个角落的读者对报刊的期待主要是能够为社会变革献计献策，能够为救国救民助力，这种期待决定了此时报刊的社会角色主要是维新改良的宣传者，辅以思想启蒙的角色。在洋务运动、维新变法失败后，封建体制内的改良宣告失败，人们对封建统治者的腐朽不堪失望到极点，期待推翻清朝封建统治，以革命激烈方式救国家民族于危难，实现强国强民的目标。报刊也在读者的这种期待中成为革命思想的宣传者、民主共和思想的宣传者。辛亥革命虽然取得成功，建立了形式上的民主共和制，但是落后的封建专制思想并未根除，袁世凯和张勋复辟丑剧一再上演，使浴血奋战得来的民主共和制为封建军阀制所替代。人们期待着先进的思想文化代替落后封建思想，推动社会的进步，实现社会全方位的近代化转型。以《新青年》为首的报刊呼应人们的期待，打起"民主""科学"的大旗，在反对旧文化、旧道德、旧文学的新文化运动中，扮演了思想启蒙、舆论动员、舆论引导、宣扬科学等角色。

第三节　报刊角色的更新与重构规律之三：服务精英到满足大众

从本书的研究来看，近代报刊的角色从服务精英到满足大众逐渐下移。在洋务运动之前，报刊都是外国的传教士主办的西文或中文报刊，国人自主办报尚属空白。洋务运动后，才有了国人办报的先例。这时由于报刊的稀缺而价格昂贵，主要的服务对象只能是社会精英。随着近代企业的兴起和印刷技术的发展，给近代新闻的职业化、社会化提供可能性，这样维新变法、辛亥革命、五四运动后依次出现了三次国人办报的高潮。信息由稀缺和昂贵到渐趋丰富和廉价，服务对象逐渐多元化并呈下移趋势，最终服务大众成为报刊角色的必然选择。

在洋务运动中，由于急于将报刊这种先进的思想宣传工具拿来使用，因而，完全是工具理性的，不可能把过多的精力用于新闻理论研究，对于报刊的真正价值和作用没有深入的认识，更不懂得报刊要争取更多的受众才有影响力，只是把报刊当作是洋务运动的宣传工具而已。洋务派之外的报刊也没有什么办报的理论和经验支撑，严重脱离人们具体生活。所以，洋务思想家的近代报刊主张及国人近代报纸所服务的受众是极其有限的，主要以社会精英为主。加之，封建专制政府实行言禁政策，西方侵略势力也不愿意看到中国人拥有表达思想的阵地，两者都对国人近代报刊进行压制、排挤，国人办报困难重重；由于国人近代报刊数量太少，而且大多比较短命——这一时期除了在香港出版的几份报纸外，内地各城市出版的国人报刊，《汇报》只出一年半，便因经费短缺和《申报》的排挤而停办；《昭文新报》《述报》等则连一年也不到，《新报》《广报》等是比较长的，也只出版了五六年，终于难以为继，一个自动停刊，一个被地方当局以"妄谈时事，淆乱是非"之罪被查禁，加上国内一般中下层群众尚没有读报的习惯，报纸只是在少数上层人和一部分文化精英中拥有一些读者对象。

但是维新变法、预备立宪以后，民族资本主义在中国获得初步发展，印刷及电报技术传入中国，报刊的采写、生产呈规模化发展，加之维新变法后的办报高潮，使报刊种类数量骤增。报刊不再是稀缺资源，服务对象逐渐下移。以《申报》为例，它在中国新闻业开创了多项第一。1881年津沪电报线路交付使用后，《申报》马上利用其传递南北新闻。1882年1月16日刊出的"摘去顶戴"处分上谕，是国内报纸刊出的第一条新闻电讯，开辟了国内使用电报传递新闻的先河，❶ 提高了新闻的时效性。

左舜生在其回忆录中谈道："清廷之防范革命，不可以说不严，但何以这些公开鼓吹革命的书报，既未受到检查，也从来没有听说不许邮寄，而可以一一听其到达我们这样一个小学生的手里呢？"❷ 左舜生的这段回忆从另一个侧面说明报刊的服务对象不再只是政治精英与文化精英，已经下移到小学生这样初步具备文化知识的阶层。清末之际，无数文人、革命志士、青年学生乃至普通民众的日记、自述与回忆录中，反映了他们在阅读报刊后对时局的观察、思考、判断、感慨，充分说明报刊的服务对象即读者群呈迅速扩张下移趋势。但是这种下移也是有其时代局限性的，首先报刊企业往往是资本主义近代工业的产物，具有商业经营性质，大多分布在大城市，不可能在近代工业不发达的小城市或仍然以小农经济为主的农村出现，而近代中国火车、汽车、轮船等交通的不便利，又使报刊在小城市、县城或农村的发行有阻碍或不可能实现，所以它的读者群仅限于城市的社会精英或文化程度较高的人。比如1907年，朱东润考入上海南洋公学附小读书，从小县城来到大都市，才使他对报刊有了全新的感受。❸ 说明在没有来到上海这样中国数一数二的沿海大城市之前，对报刊的具体形态和内容是没有实物感知的。其次是大部分人没有接受教育的条件，所以不具备独立读报的能力，因而也不可能成为报刊的读者。以我们研究的《女子世界》为例，《女子世界》从命名到"女子世界"的构想即可看出创刊者以女性为拟想读者，但是辛亥革命背景下的动荡时期，男性的受教育人数尚且有限，女性中受过教育的少之又少，所以其读者主要是受过教育的女性以及她们的家庭。受教育的女性大多在开放的大城市，而不是落后闭塞的小乡村，因而它的传播和发行仅仅局限在大中城市的知识女性中间，而不是在广大妇女群众中。《女子世界》的大多栏目设置足以说明它的读者群范围，"因花集"和"女学文丛"两个栏目中的文章大多出自女性之手，

❶　方汉奇.中国新闻传播史［M］.中国人民大学出版社，2002：65.

❷　左舜生.近三十年见闻杂记［A］//沈云龙.近代中国史料丛刊（正编第五辑）.台北：文海出版社，1967：591.

❸　周作人.知堂回想录（上）［M］.合肥：安徽教育出版社，2008：81.

这些女性当中不乏广东女学堂、明华女学校、务本女校等女校师生。报刊用较大的篇幅报道了女学堂的情况和各地女学堂的章程，杂志共有 18 期，其中有 10 期登载了女学堂学生的合影，如癸卯十月务本女塾教习学生摄影、广东女学堂学生摄影、石门女学讲习所会考各塾学生摄影、天津淑范学堂学生摄影、常熟竞化女学校摄影、苏州同里明华女学校之摄影、无锡竞志女学校摄影、日本实践女学校附属清国女子师范工艺速成科第一回卒业写真，还有日本女学校的照片。在"唱歌集"中也有不少为女学生创作的歌曲，如女学生入学歌、娘子军、自由结婚、缠脚歌、女工厂开学歌、常熟竞化女校开学歌、常熟女校放假歌、女杰花木兰歌、运动场、采桑、女军人、女杰梁红玉歌、女国民、求学歌、常熟竞化女校游艺会歌等。可以推测女校师生以及学堂主持者为刊物的主要读者群。

　　再来看看《新青年》，它的主要读者群也不再主要是维新变法前的政治精英，而是青年志士和知识分子，特别是前者。《新青年》在同一时期取代其他杂志，成为指引青年人思想的精神支柱。《新青年》作者群与青年读者群的沟通交流广泛频繁，当时在湖北陆军第二预备学校的青年学生叶挺在读了《新青年》后激动不已，并写信称赞《新青年》说："空谷足音，遥聆若渴。明灯黑室，觉岸延丰……足下创行青年杂志，首以提倡道德为旨，欲障此狂波，拯斯溺世，感甚感甚。"❶ 从叶挺的这些思想及感悟中，不难看出《新青年》当时在青年志士心中的地位与影响力，也从另外一个方面反映了积极进取的青年人是《新青年》的主要读者群。而在这些广泛的读者群与作者群的书信来往中，在你来我往的思想交流中，不难看出当时读者群对国内的现状、思想体系的见解，而在这些思想的碰撞与讨论中，其中讨论得最多的就是道德的时代性与道德的必然性命题，而这些不是普通的大众所能参与其中的，只能是那些思想先进的知识分子与青年。因此《新青年》面对的读者群虽比之维新变法前的报刊有所扩张，但依然没有扩大到普通大众，这当然与它本是同人报刊有些关系。像五四运动前业已出现的白话小报和文艺小报、画报，面对的主要读者群就是普通

---

❶　通信［J］，新青年，第 2 卷 2 号．

民众。

　　以服务大众为目标的典型报刊是《申报》，它努力贯彻执行新闻真实性。《申报》作为一家商业媒体，其开业之初就直言："本报之开馆，余愿直言不讳焉，原因谋业所开者耳。"❶1874 年 2 月，日本寻衅派兵侵入台湾，《申报》特派一位记者去前线实地采访，为国内新闻业战地记者的首例。《申报》的出现与发展，是报刊由服务精英到满足大众转变的典型。之前影响最大的《上海新报》立刻被《申报》取代，陷入生存危机之中。❷《申报》凭借领先的新闻采写水平，记录了当时社会的大量信息。它的新闻报道抑或评论，不管其记载是有意还是无意，观点是否客观、公正，为大众提供了茶余饭后丰富的、真实的、客观的新闻信息是毋庸置疑的。

　　虽然从洋务维新时期报刊的读者群以政治文化精英为主，到五四运动时期报刊的读者群以普通文化知识分子为主，读者群还未实现真正的从精英到大众的完全扩展，但这种下移的趋势已经形成。

第四节　报刊角色的更新与重构规律之四：
传统文化与历史语境

　　报刊在中国近代社会新陈代谢中的角色选择具有中国传统文化内涵与历史语境标签。报刊在西方是工业社会的产物，最早担当了传递经济信息的角色，但报刊在中国近代是内外思想影响和内外局势交困，民族危亡、变法图强历史语境下的产物，最早担当了救亡图存的角色。

---

❶　本报作报本意［N］.申报，1875-10-11（1）.
❷　方汉奇.中国新闻传播史［M］.北京：中国人民大学出版社，2002：68.

一、民族危机历史语境与报刊救亡图存的社会角色构建

"百年以降，中国报刊的主要角色是救亡图存，其三部曲是启蒙、革命与追求国家现代化。这些角色结合了中国士大夫传统及现代知识分子精神，形成一种鲜明的'文人论政'风格。"❶在瓜分豆剖、救亡图存的近代的历史语境中，不管是民办报刊《申报》《大公报》，还是革命报刊《女子世界》、同人报刊《新青年》等，都带有"文人论证"的特质，表现出资本主义国家商业报刊及其他各种专门类报刊迥然不同的品质。

从鸦片战争到五四运动，具体而言，报刊这些社会角色的扮演都是历史语境——当时社会历史环境中酝酿而成的。鸦片战争失败后，首先中国当政者看到的是西方先进技术所带来的船坚炮利，为了学习西方先进技术以应对民族危机，洋务派希望借助报刊这种近代文明、近代文化的载体，吸收西方的先进科学技术，引进先进设备，发展中国军事及民族工业。因此，在"师夷长技以制夷"洋务运动的历史视野内，报刊被认为是兴利除弊、促进国家和社会进步的重要工具，报刊的社会角色主要是启蒙教育。

甲午战争失败后，先进士人认识到，学习先进的技术不是救国之本，只是皮毛而已。中国落后的根本在于政治制度，要想救国唯有变革政治制度。在改良政治、师法西洋政治制度的政治目标下，维新派不仅利用报刊加强西学的宣传启蒙，而且成立了政治团体——强学会，并把办报作为强学会的主要业务之一。康有为为首的维新派开始把办报和政治改良相结合，利用报刊进行变法的理论宣传。梁启超建构了报刊有"耳目喉舌之用"的理论，把报刊媒介当作"鼓吹"政治的工具，报刊的效用由"开民智"渐渐向"开民气"扩展，并更加强调报刊"开民气"的效用。在晚清社会的历史语境中，报刊衍生出新的参政途径，专制体制外的社会群体发现了报刊这个体制外的政治工具。以张之洞为首的维新派与后来居上的康有为为首的维新派为实现各自的政治诉求，快速走向分化，促进了政党政

❶ 李金铨.文人论政：知识分子与报刊［M］.桂林：广西师范大学出版社，2008：1.

治的进程，也迎来了中国近代政党报刊的滥觞。改良派报刊遂参与到当时的政治议程中，为改良运动提供社会共识和政治支持，成为灌输意识形态的"机关"。因此，在君主立宪政治改良运动的历史视野内，报刊主要扩展出政党报刊政情沟通和社会教化的角色。

改良派的维新运动实行了短短百日即以失败告终，受到封建顽固派的血腥镇压，像孙中山一样的仁人志士开始认识到改良的道路在近代中国是行不通的，必须走革命的道路，推翻封建专制政权。自下而上的革命不同于自上而下的改良，它要靠巨大的群众革命力量破茧而出，与封建统治者之间没有人格合作，是你死我活的斗争，需要来自底层社会力量的支持，才有成功的希望。以孙中山为首的革命党人在发动组织底层群众革命过程中，充分认识到报刊对于发动群众，凝聚革命思想，组织革命力量，培养革命骨干的作用，相继创办了大量的机关报刊，如"横三民""竖三民"等。政党报刊成为领导革命的领导中心、组织中心、思想中心、宣传中心，党报的主办人同时也是党派的主要领导，将党派意识形态与报刊的宣传内容、办报宗旨明确联系起来，这标志着报刊作为"舆论机关"社会角色的形成。

中华民国建立后，资本主义政党制度下报刊把自己定位为第四种权力，是代议制的补充，和议会一样是舆论监督机关，充分体现公民民主权利。这种对报刊角色的预设本是好的，但由于报刊政党恶性竞争，导致批评监督变成了带有意气之争的人身攻击或谣诼横行。人们开始厌恶政党报刊及其记者的不道德言行，进而否定政党报刊甚至恶感于政党政治。

袁世凯复辟后，民初资本主义政党政治的进程告以失败，政党报刊纷乱的时代也结束了。报人理论家反思报刊的社会角色，深刻认识到一味把报刊视为政党实现政治目标的宣传工具，服务于"党的利益"的做法过于偏激，既不利于政党报刊的发展，也不利于政党的长远利益，更不符合社会公共利益。所以，章士钊主张报刊要充当相对独立于政府、政党的社会言论机关。梁启超也明确主张报刊应以"公益"为目的，而"不偏于一党派"。这些报刊理论家更多地站在社会发展的立场，把报刊看作一支独立的、不可忽视的社会舆论力量去审视，而不是政治或政党的附庸，来审视它在社会和国家发展中的角色。加之，印刷技术和资本主义企业的发展，还有新式学制的实行扩大了受教育者的数量，这些因素融合在一起，带动了报业的发展，主要是民办报刊的发展。报刊的数量和影响力极速发展，使报人不再是为人不齿的"没落文人"，而是收入不薄，甚至于很有前景的职业，报人数量大增。加之徐宝璜、邵飘萍、黄远生等留美、留日的学生带来了很多西方的新闻专业理论，有些大学还设置了新闻学专业，这些都带动了新闻业的职业化进程。报刊社会角色的认识也发生了变化，在原先政治沟通、思想启蒙、宣传工具、政党政治之社会补充辅助机关等报刊社会角色之外，增加了以"新闻为手段向社会提供信息的机构"即信息传播的社会角色。

二、中国传统文化与报刊的社会角色

每一个国家、民族都与自己的传统和习俗发生着深刻联系，每一个国民或群体成员都难以逃脱文化传统的深层影响。[1] 传统文化会渗透到社会的方方面面，或主要以原先的形态显性地存在延续着，或隐性融入新事物中，既存在又以不同于原先的样式而存在延续。当报刊在近代焕发出新生命力的时候，同样也隐性地融入了中国传统的文化，使报刊在中国的社会角色具有了中国特色。

中国儒家传统典籍就将"修齐治平"列为士人处世的准则，知识分子将"经世致用"视为为学处世之道，将治国平天下作为人生的目标。在这样的社会，政治常常居于核心地位。章太炎就曾指出："中国人多以全力着眼政治。"[2]"学而优则仕"成为读书人的追求，成为家庭、社会的希望。但事实上，只有极少数读书人可以凭借进士身份而跻身于官僚精英阶层。尤其是清中期以后，到 1850 年中国人口规模的急剧增长到约 4.3 亿，读

❶ 魏斐德.中华帝国的衰落 [M].北京：民主与建设出版社，2017：51.
❷ 章太炎.国学概论·讲演 [M].北京：中华书局，2016：5.

书人数量也成比例急剧上升，但科举录取的人数仍旧维持在清朝初年的水平，"笼统说清代文武官员 20000—30000 人"。❶一方面是只有在科举考试中获得进士身份，才能跃升到社会的统治阶层。另一方面是科举考试门径狭窄，能够获得进士身份的人是凤毛麟角。这使那些落榜的没落文人，希望清政府能够"不拘一格降人才"，开辟出传统科举考试之外的参政渠道。鸦片战争后，民族危机迫在眉睫，必须学习西方文明，通过改革寻求出路，包括科举制度的改革，士人中通过科举之外的方式谋求政治参与成为可能，这些途径包括兴学会、办学堂、发行报刊和书籍等方式。士人们往往通过这些途径，表现出杰出的才能，被统治者发现，进身政界。鸦片战争后，魏源就是通过编写《海国图志》、严复通过翻译《天演论》为当政者所发现。甲午战争之后，康有为也通过公车上书及编辑《时务报》，成立强学会等，在士林中引发轰动效应。特别是康有为、梁启超通过主办《时务报》，宣传变法自强的思想，成为人所共知的"通达时务人才"。❷光绪二十四年（1898 年）六月十六日，光绪帝在颐和园勤政殿召见康有为，任命他为总理衙门章京，准其专折奏事，筹备变法事宜，史称戊戌变法。这使文人们对报刊的兴趣大增，纷纷投身报界，因报人投身报界的最终目的是参与政治，所以报刊成为名副其实的"政治纸"，而不是西方的"新闻纸"。正如历史学家杜兰特所说，人类所有的技术成就，"都不得不被看成是用新方法完成旧目标"。❸报刊的社会角色自然也不同于西方，而是以政治沟通宣传为主。

就连以真实客观报道著称的《申报》，也会在民族危亡的关键事件甲午中日战争中，成为宣传沟通者。《申报》一直以来以中国人作为主笔，其创始人也不排斥在关键时刻仗义执言，所以《申报》的立场一直以中华民族为主，声讨日本侵略者的罪恶行为是它在甲午战争时期的总体倾向。至于日本国情，《申报》一概藐视之。在《申报》的报道中，日本国内经

❶ 王志明.清代职官人事研究：基于引见官员履历档案的考证分析［M］.上海：上海书店出版社，2016：11.
❷ 中国第一历史档案馆.光绪宣统两朝上谕档［M］.桂林：广西师范大学出版社，1996.
❸ 阿里尔·杜兰特.历史的教训［M］.北京：中国方正出版社，2015.

济上"故库虚与空虚……通行于市者惟纸币耳，一出国即弃如敝屣……民间踊跃捐输尚无所用……徒见其束手无策而已矣"❶。军事上兵员难继："募兵情势甚为狼狈，因其国小民贫，一旦勾衅不得不强行抽募。今将国中民籍统行编列，按丁抽取，有三丁抽二，两丁抽一之说……民之困苦可知查此。"❷政府不恤民众："民间已左支右绌，十室九空，倭主乃择倭奴中之稍有资财者拘至广岛，勒令不捐则闭置空室，使不得与外人通告……虽古之桀纣等暴君亦不至此。"❸国民士气低落："无论男妇老小一律不准出门，凡有事端不可群聚一处……此是日人已心惊胆落深惧华人矣……"❹天皇束手无策："日本国皇赴广岛以便调戎……此事无非因倭兵在高丽败，故怂而出此作孤注一掷也，惟困兽犹斗。"❺通过一系列报道，《申报》得出结论："劳师动众需饷浩繁，以致米贵如珠，民难果腹尔者，盗贼迭起专以剽掠为生，虽有巡巡，苦难防备……恐灭亡无日矣。君臣犹昏昏在醉梦中耶。"❻因此，"日本之兵，外有虚骄之气，内无坚忍之心，勇于私斗怯于公战，又未尝一遇大敌，断不能当中国之兵"❼，日本只能"朝野惊惧，朝夕惶惶，日皇恐宗社为墟，妄冀乞灵于佛祖……谚所谓急来抱佛脚与"❽。然而依然"其先人泉下有知，当深恨子孙之国祚将倾，为之痛哭流涕矣"❾。针对日本国内关于战争形势的信息，《申报》也将其视为妄语。"本馆诚不屑我笔墨斥责其非惟有一任其猖猖狂吠而已。"❿或者"虚张声势，今倭报竟作是其夸诈欺人洵不值识者一哂也"⓫。无论是日本报刊上登载胜利消息还是普通民众为胜利举行的庆祝活动，《申报》都认为："犹逞其谲诈大言

❶　拟借国债［N］.申报，1894-08-5（2）.
❷　日人狼狈［N］.申报，1894-08-15（3）.
❸　倭奴窘状［N］.申报，1894-12-23（1）.
❹　日人胆小［N］.申报，1894-08-05（3）.
❺　倭主离京［N］.申报，1894-09-12（2）.
❻　民不聊生［N］.申报，1894-08-18（2）.
❼　论中国之兵可胜日本［N］.申报，1894-07-23（2）.
❽　抱佛脚［N］.申报，1894-08-23（2）.
❾　欺及先人［N］.申报，1894-08-23（2）.
❿　东报狂言［N］.申报，1894-08-02（2）.
⓫　倭报夸兵［N］.申报，1895-02-28（2）.

欺人乎？我直以片语断之曰全不知耻。"❶

　　在甲午战争的所有涉日报道中，《申报》一改往日对日本客观真实的报道，对日本形象的建构与塑造，显然并不是呈现出完整、真实的认识。通过政治、经济、军事、社会大众等多层次的报道构建出一个国家残暴、民众离心、经济趋于崩溃、军事薄弱的外强中干的日本形象，虽然其中不免掺杂着时势的蒙昧和虚骄成分，但总的来说是为了呼吁国人奋起抗战，激励大众信心。战争之中，宣传的目的就在于使公众相信战争的正义性，"用敌人傲慢和堕落的事例来强化国民的头脑是十分稳妥的，任何一个发动战争并阻碍和平的国家都是不可救药的"❷。这些报道虽然不乏日本的真实信息，但是明显存在着夸张与扭曲。《申报》的报道正是中国传统文化"天下兴亡，匹夫有责"观念的体现。

　　除此之外，在当时备受侵略的特殊历史语境中，所谓"天下兴亡，匹夫有责""以天下为己任""言论报国"等儒家自由主义的传统文化，也隐性存在于报刊的社会角色中。文人们希望通过报刊，向当政者和社会提出自己的真知灼见，警示世人，启蒙世人，教化世人，以此使国家民族进步发展。《申报》《大公报》《新青年》都是"文人论政"的典型，它们独立于党派之外，为了民族的强大，社会的发展，发出大吕洪钟之声，成为思想界的先觉者。因此，中国近代报刊除承担政治沟通宣传角色之外，还有一重要角色就是思想启蒙。

---

❶　全不知耻［N］.申报，1894-08-07（2）.
❷　［美］哈罗德·D.拉斯韦尔.世界大战中的宣传技巧［M］.田青，张洁，译.北京：中国人民大学出版社，2003：73.

结　论

　　本书研究报刊在近代转型社会的角色建构，本质上研究的是报刊与社会政治、思想、文化发展的互动关系。按照布尔迪厄的场域理论，社会由不同的场域单元组成，如政治场、文化场、新闻场、思想场等，每个场域单元都是相对自主化的空间，在社会发展变化中，各场域有各自运行的逻辑规律，也有各自要实现的目标。在这些场域中，新闻场域与其他场域相比，有一定的特殊性，即虽有一定的自主性，但它不是社会最为基础的板块，也不是最为重要的板块，所以会受到其他场域较多的影响与羁绊，同时又对包括政治场域在内的诸多单元场域带来影响，更新与变革着社会的面貌。尤其是中国清末民初政治体制激烈变革时期，报刊在政治救亡的助推下本土化、职业化，更重要的是政治化，这使新闻场域与政治场域间的相互影响更为突出与参差交错。清末民初转型社会特有的政治变革的社会背景下，特别是新闻因政治救亡登上历史舞台的特殊身份，使新闻与政治场域关系密切，虽然它们都有自己特有的结构和复杂关系，但彼此间又会相互冲突与影响。其中政治场被称为元场，是利益冲突与争夺最为激烈的"战场"，对新闻场域的发展产生最为直接的影响和限制。新闻场内的诸多力量及新闻场本身的发展共同受政治场的影响。《申报》在甲午中日战争的涉日报道中从客观真实向夸张扭曲的转变，便是受到了中日交战关系的影响。《女子世界》的兴起及其对女权解放思想的宣传，也是与资产阶级辛亥革命的政治事件具有耦合性的。《女子世界》是资产阶级民主思想传播的产物，同时资产阶级辛亥革命又需要《女子世界》对女权解放等民主思想宣传的助力作用。《新青年》则是想通过风俗改良，来改变人民的思想意识，由此来助推政治革命。可见，新闻场与政治场所形成的互动关系是报人及政治家们共同作用下形成的，清末民初社会的政治、新闻业的近现代转型也深印下两个场域结构和力量关系的变化的印记。

在近代最大的政治就是救亡图存，因此中国报刊的主要角色也是救亡图存。在救亡图存的历史语境中，在自强不息的历史道路上，近代报刊社会角色担当可称之为"三部曲"，即启蒙、革命与追求国家现代化。这些角色还结合了中国士大夫传统及现代知识分子精神——"天下兴亡，匹夫有责""以天下为己任""言论报国"等儒家的传统文化，也隐性存在于报刊的社会角色中。这潜移默化地带来了报刊舆论的发达，催化了报刊角色的多元化，甚至体制外的报刊会发挥体制内的作用，这些作用表现为：（1）报刊舆论扮演了政治社会化的推动角色。以《申报》《女子世界》《新青年》三家报刊为例，不管是对日本先进政治制度的介绍，还是妇女解放思想的倡导，或是西方先进风俗习惯的传播。归根结底都是为传播民主政治思想服务的，为实现摆脱封建体制与思想意识形态的束缚，向政治思想的近代化转型。（2）报刊舆论对社会心理也有塑造作用。《申报》《女子世界》《新青年》对于"国民政治、文化等价值建构""国民政治、生活等态度形成与改变"方面发挥了重要的启蒙作用。报刊为建立共和政体构建了民主化的意识形态，使民主共和观念深入人心。（3）报刊舆论对文化形态演变的催化作用。在这方面《女子世界》与《新青年》表现比较突出，它们通过提倡女子教育、女子参政、婚姻自由、男女平等，改革丧葬习俗，破除封建迷信，驳斥封建贞操，反对缠足等，实现了从封建旧文化形态到近代先进文化形态的转型。

通过《申报》《女子世界》《新青年》这些具体报刊及事件的案例分析，笔者认为影响和制约新闻场与政治、文化场关系的因素，包括：（1）政治文化转型。封建体制的解体，实现了从封建传统政治文化向近代先进政治文化转型，社会各个阶层对"舆论政治"的认知发生突变，报刊作为第四权力、无冕之王的认知成为社会的共识，这些因素使报刊政治地位上升。（2）"文人论政"的道德文化传统。虽然清王朝解体了，但中国传统文化却依然根深蒂固。天下兴亡匹夫有责、治国理政平天下、清议等传统文化思想已代代相传，深深融入报人知识分子的骨血里，奠定了"文人论政"的报人传统。（3）新闻职业意识的萌芽及中国民族资产阶级新闻理论的零散。报人地位的上升，民族资本主义报刊企业的近代化，这些都带动了新闻的职业化。伴随着西方资产阶级新闻理论观念的传入，新闻职业群体开始在西方资产阶级新闻理念的指引下，逐步建立起中国民族资产阶级零散的新闻伦理。《申报》即是其中的代表，"有闻必录"就是萌芽状态的资产阶级新闻理念的体现，它在报刊的实践中贯彻他们认可的新闻报道原则。（4）清末民初新闻价值选择的演变。在清末民初救亡图存的历史语境中，中国报刊与政治间密不可分，甚至为政治服务的关系，决定了当时在新闻价值的认定上可能与今天的新闻价值观，或者与西方资产阶级新闻价值观不同。在我们今天看来只是政治宣传的一些内容，在民初的报人眼中就是真正的新闻，他们从内心就是这么认为的。譬如《申报》在甲午战争中对日本国家形象的扭曲，今天看来毫无新闻价值，只是宣传。但在中华民族面临瓜分豆剖的民族危机时，这就是报刊选择的"新闻价值"。（5）禁止空间、协商空间、鼓励空间的动态变化。从《申报》到《女子世界》，再到《新青年》，总的来说，社会对于报刊而言，禁止空间、鼓励空间与协商空间是相对均衡的，他律与自律并存，并互相制约，报刊与政治、文化场域彼此之间会保持良好健康的关系，既彼此独立，又相互联系。

参考文献

1. 民国报纸、期刊

[1]大公报［N］.天津：大公报报社，1914—1916.

[2]申报［N］.上海：申报报社，1874—1907.

[3]女子世界［J］.上海：女子世界月刊社，1904—1907.

[4]新青年［J］.上海：新青年杂志社，1915—1919.

2. 文集、资料汇编

[1]陈独秀.独秀文存［G］.北京：外文出版社，2013.

[2]杜春和.北洋军阀资料选辑［G］.北京：中国社会科学出版社，1981.

[3]丁世良，等.中国地方志民俗资料汇编［G］.北京：国家图书馆出版社，2014.

[4]黄纪莲.中日"二十一条"交涉史料全编（1915—1923）［G］.合肥：安徽大学出版
　　社，2001.

[5]倪琳.近现代中国舆论研究文献选编［G］.上海：上海交通大学出版社，2015.

[6]倪延年.中国报刊法制史（史料卷）［G］.南京：南京师范大学出版社，2006.

[7]《上海妇女志》编纂委员会.上海妇女志［G］.上海：上海社会科学院出版社，
　　2000.

[8]上海社会科学院历史研究所.辛亥革命在上海史料选辑［G］.上海：上海人民出版
　　社，1966.

[9]上海市文史馆文史资料编委会.上海地方史资料（第5辑）［G］.上海：上海社科

院出版社，1986.

[10]近代中国史料丛刊（正编第5辑）［G］.台北：文海出版社，1967.

[11]徐血儿.宋教仁血案［G］.长沙：岳麓书社，1986.

[12]夏新华.近代中国宪政历程：史料荟萃［G］.北京：中国政法大学出版社，2004.

[13]夏晓虹.《女子世界》文选［G］.贵阳：贵州教育出版社，2003.

[14]中国第二历史档案馆.中华民国档案资料汇编［G］.南京：江苏古籍出版社，
　　1994.

[15]章伯锋，李宗一.北洋军阀［G］.武汉：武汉出版社，1990.

[16]《中国近代史资料书刊》编辑委员会.中日战争（第1册）［G］.上海：上海人民出
　　版社，2000.

[17]中国史学会.中国近代史资料丛刊——辛亥革命［G］.上海：上海人民出版社，
　　2000.

[18]章含之，白吉庵.章士钊全集：卷2［G］.上海：文汇出版社，2000.

3. 中文译著

[1]［美］林毓生.中国意识的危机——"五四"时期激烈的反传统主义［M］.穆善培，
　　译.贵阳：贵州人民出版社，1986.

[2]［日］山川丽.中国女性史［M］.高大伦，范勇，译.西安：三秦出版社，1987.

[3]［美］沃尔特·李普曼.公众舆论［M］.阎克文，江红，译.上海：上海世纪出版集
　　团.2006.

[4]［美］维拉·施瓦支.中国的启蒙运动——知识分子与五四运动［M］.李国英，等
　　译.太原：山西人民出版社，1989.

[5]［美］周策纵.五四运动史［M］.陈永明，等译.长沙：岳麓出版社，1999.

[6]［荷］祖伦.女性主义媒介研究［M］.曹晋，曹茂，译.桂林：广西师范大学出版
　　社，2007.

[7]［美］白瑞华.中国近代报刊史［M］.苏世军，译.北京：中央编译出版社，2013.

[8]［法］皮埃尔·布尔迪厄.关于电视［M］.许钧，译.沈阳：辽宁教育出版社，

2000.

［9］［法］布尔迪厄，华康德.实践与反思——反思社会学引导［M］.李猛，李康，译.
北京：中央编译出版社，1998.

［10］［法］皮埃尔·阿尔贝，费尔南·泰普.世界新闻简史［M］.许崇山，果永毅，李
峰，译.北京：中国新闻出版社，1985.

［11］［英］霍布豪斯.自由主义［M］.朱曾汶，译.北京：商务印书馆，1996.

［12］［爱尔兰］肖恩·麦克布赖德，等.多种声音一个世界［M］.中国对外翻译出版公
司第二编辑室，译.北京：中国对外翻译出版公司，1981.

［13］［法］莫里斯·哈布瓦赫.论集体记忆［M］.毕然，郭金华，译.上海：上海人民
出版社，2002.

［14］［英］洛克.政府论（下篇）［M］.叶启芳，瞿菊农，译.北京：商务印书馆，1964.

［15］［英］戴维·米勒，韦农·波格丹诺.布莱克维尔政治学百科全书［M］.邓正来，
译.北京：中国政法大学出版社，2002.

［16］冯亚琳，［德］埃尔.文化记忆理论读本［M］.余传玲，等译.北京：北京大学出
版社，2012.

［17］［美］拉斯韦尔.世界大战中的宣传技巧［M］.张洁，田青，译.北京：中国人民
大学出版社，2003.

［18］［美］詹姆斯·保罗·吉.话语分析导论：理论与方法［M］.杨炳钧，译.重庆：
重庆大学出版社，2011.

［19］［美］乔伊斯·阿普尔比，林恩·亨特，玛格丽特·雅各布.历史的真相［M］.刘
北成，薛绚，译.上海：上海人民出版社，2011.

［20］［荷］托伊恩·A.梵·迪克.作为话语的新闻［M］.曾庆香，译.北京：华夏出版
社，2003.

［21］［法］皮埃尔·诺拉.记忆之场：法国国民意识的文化社会史［M］.黄艳红，等
译.南京：南京大学出版社，2015.

［22］［美］李欧梵.上海摩登：一种新都市文化在中国［M］.毛尖，译.北京：北京大
学出版社，2001.

4. 中文专著、编著

[1]白蕉.袁世凯与中华民国［M］.北京：中华书局，2007.

[2]蔡寄鸥.鄂州血史［M］.北京：龙门联合书局，1958.

[3]陈益民.老新闻——民国旧事（1912—1915）［M］.天津：天津人民出版社，1998.

[4]陈忠纯.民初的媒体与政治——1912—1916年政党报刊与政争［M］.厦门：厦门大
学出版社，2011.

[5]陈昌凤.中国新闻传播史——媒介社会学的视角［M］.北京：北京大学出版社，
2007.

[6]陈东原.中国妇女生活史［M］.北京：商务印书馆，1998.

[7]陈旭麓.近代中国社会的新陈代谢［M］.北京：中国人民大学出版社，2015.

[8]邓子琴.中国风俗史［M］.成都：巴蜀书社，1988.

[9]丁守和.辛亥革命时期期刊介绍（第1集）［M］.北京：人民出版社，1982.

[10]邓春梅.消极自由与积极自由——伯林法价值理论及其发展研究［M］.湘潭：湘
潭大学出版社，2014.

[11]丁水木，张绪山.社会角色论［M］.上海：上海社会科学院出版社，1992.

[12]丁守和.辛亥革命时期期刊介绍［M］.北京：人民出版社，1983.

[13]方汉奇.中国新闻事业通史［M］.北京：中国人民大学出版社，2004.

[14]方汉奇，张之华.中国新闻事业简史［M］.北京：中国人民大学出版社，1996.

[15]方汉奇，等.中国新闻事业简史［M］.北京：中国人民大学出版社，1983.

[16]方汉奇.《大公报》百年史［M］.北京：中国人民大学出版社，2004.

[17]方汉奇.中国近代报刊史［M］.太原：山西教育出版社，1981.

[18]费孝通.乡土中国·乡土重建［M］.北京：群言出版社，2016.

[19]戈公振.中国报学史［M］.北京：生活.读书.新知三联书店，1955.

[20]龚书铎.中国近代史［M］.北京：中华书局，2010.

[21]郭长海，李亚彬.秋瑾事迹研究［M］.长春：东北师范大学出版社，1987.

[22]管文虎，等.国家形象论［M］.西安：电子科技大学出版社，1999.

[23]洪煜.近代上海小报与市民文化研究（1897—1937）［M］.上海：上海书店出版社，

2007.

[24]黄天鹏.中国新闻事业[M].上海：上海联合书店，1930.

[25]华梅.服饰与中国文化[M].北京：人民出版社，2001.

[26]梁景和.五四时期社会文化嬗变研究[M].北京：人民出版社，2010.

[27]赖光临.中国近代报人与报业[M].台北：台湾"商务印书馆"，1980.

[28]李琦.传媒与性别——女性媒介的传播社会学阐释[M].长沙：湖南师范大学出版社，2008.

[29]李红涛，黄顺铭.记忆的纹理[M].北京：中国人民大学出版社，2017.

[30]李瞻：外国新闻史[M].台北：台湾学生书局，1979.

[31]李剑农.中国近百年政治史（1840—1926）[M].上海：复旦大学出版社，2002.

[32]李剑农.中国近代百年政治史[M].上海：华东师范大学出版社，2016.

[33]李滨.中国近代报刊角色观念的发展和演变[M].长沙：岳麓书社，2011.

[34]李宗一.袁世凯传[M].北京：中华书局，1980.

[35]李银河.女性权力的崛起[M].北京：中国社会科学出版社，1997.

[36]李少兵.民国时期的西式风俗文化[M].北京：北京师范大学出版社，1994.

[37]李宏，李民，等.传媒政治[M].北京：中国传媒大学出版社，2006.

[38]李泽厚.中国现代思想史论[M].北京：生活·读书·新知三联书店，2014.

[39]李卫华.报刊传媒与清末立宪思潮[M].北京：中国社会科学出版社，2013.

[40]刘家林.中国新闻通史[M].武汉：武汉大学出版社，2005.

[41]刘志琴.近代中国社会文化变迁录[M].杭州：浙江人民出版社，1998.

[42]林吉玲.20世纪中国女性发展史论[M].济南：山东人民出版社，2001.

[43]刘巨才.中国近代妇女运动史[M].北京：中国妇女出版社，1989.

[44]刘兴豪.报刊舆论与中国近代化进程[M].北京：光明日报出版社，2016.

[45]刘兰肖.晚清报刊与近代史学[M].北京：中国人民大学出版社，2007.

[46]刘建明.舆论传播[M].北京：清华大学出版社，2001.

[47]刘慧英.遭遇解放——1890—1930年代的中国女性[M].北京：中央编译出版社，2005.

[48]林语堂.中国新闻舆论史[M].北京：中国人民大学出版社，2008.

［49］罗苏文.女性与近代中国社会［M］.上海：上海人民出版社，1996.

［50］马光仁.上海新闻史［M］.上海：复旦大学出版社，1996.

［51］马震东.袁氏当国史［M］.北京：团结出版社，2008.

［52］欧阳哲生.五四运动的历史诠释［M］.北京：北京大学出版社，2012.

［53］戚其章.甲午战争史［M］.上海：上海人民出版社，2005.

［54］乔志强.中国近代社会史［M］.北京：人民出版社，1992.

［55］史全生.中华民国文化［M］.南京：南京出版社，2005.

［56］邵鹏.媒介记忆理论——人类一切记忆研究的核心与纽带［M］.杭州：浙江大学出版社，2016.

［57］申士垚，傅美琳.中国风俗大辞典［M］.北京：中国和平出版社，1991.

［58］宋应离.中国期刊发展史［M］.郑州：河南大学出版社，2000.

［59］宋素红.女性媒介：历史与传统［M］.北京：中国传媒大学出版社，2006.

［60］宋军.《申报》的兴衰［M］.上海：上海社会科学院出版社，1996.

［61］许正林.中国新闻史［M］.上海：上海交通大学出版社，2008.

［62］许有成.于右任传［M］.天津：百花文艺出版社，2007.

［63］彤新春.时代变迁与媒体转型——《大公报》1902—1966［M］.北京：社会科学文献出版社，2013.

［64］唐德刚.袁氏当国［M］.桂林：广西师范大学出版社，2004.

［65］唐海江.清末政论报刊与民众动员［M］.北京：清华大学出版社，2007.

［66］唐小兵.现代中国的公共舆论——以《大公报》"星期论文"和《申报》"自由谈"为例［M］.北京：社会科学文献出版社，2012.

［67］王政，陈雁.百年中国女权思潮研究［M］.上海：复旦大学出版社，2005.

［68］王正中.社会学概论［M］.南京：南京大学出版社，2013.

［69］王志明.清代职官人事研究：基于引见官员履历档案的考证分析［M］.上海：上海书店出版社，2016.

［70］王跃，高力克.五四：文化的阐释与评价——西方学者论五四［M］.太原：山西人民出版社，1989.

［71］王芝琛，刘自立.1949年以前的《大公报》［M］.济南：山东画报出版社，2002.

［72］王明珂.华夏边缘——历史记忆与族群认同［M］.北京：社会科学文献出版社，
　　　 2006.

［73］王润泽.北洋政府时期的新闻业及其现代化［M］.北京：中国人民大学出版社，
　　　 2010.

［74］王天根.清末民初报刊与革命舆论的媒介建构［M］.合肥：合肥工业大学出版社，
　　　 2010.

［75］王浦劬，等.政治学基础［M］.北京：北京大学出版社，2008.

［76］王林.西学与变法——《万国公报》研究［M］.济南：齐鲁书社，2004.

［77］王冬芳.迈向近代——剪辫与放足［M］.沈阳：辽海出版社，1997.

［78］吴燕.从小脚女人到社会半边天［M］.成都：四川人民出版社，2003.

［79］吴庆棠.传媒角色论——新闻传媒角色与个性风格［M］.上海：上海社会科学院
　　　 出版社，1999.

［80］吴玉章.辛亥革命［M］.北京：中国人民大学出版社，1969.

［81］吴继善.心态新闻学［M］.北京：北京广播学院出版社，2004.

［82］奚从清，沈赓方.社会学原理［M］.杭州：浙江大学出版社，1994.

［83］奚从清.角色论——个人与社会的互动［M］.杭州：浙江大学出版社，2010.

［84］夏晓虹.晚清女性与近代中国［M］.北京：北京大学出版社，2004.

［85］徐铸成.报海旧闻［M］.上海：上海人民出版社，1981.

［86］徐小群.民国时期的国家与社会——自由职业团体在上海的兴起1912—1937［M］.北
　　　 京：新星出版社，2007.

［87］严昌洪.西俗东渐记——中国近代社会风俗的演变［M］.长沙：湖南出版社，
　　　 1991.

［88］杨晓娟.新闻舆论与民初政局——以1912—1913年间"三大事件"为中心的考察
　　　 ［M］.石家庄：花山文艺出版社，2012.

［89］杨保军.新闻价值论［M］.北京：中国人民大学出版社，2003.

［90］杨保军.新闻真实论［M］.北京：中国人民大学出版社，2006.

［91］杨光辉、熊尚厚、吕良海、李仲民.中国近代报刊发展概况［M］.北京：新华出
　　　 版社，1986.

［92］姚君喜.社会转型传播学［M］.上海：上海交通大学出版社，2008.

［93］叶晓青.《点石斋画报》中的上海平民文化［M］.北京：北京大学出版社，2012.

［94］袁新洁.近现代报刊"文人论政"传统研究［M］.南昌：江西人民出版社，2009.

［95］张昆.政治传播与历史思维［M］.武汉：华中科技大学出版社，2010.

［96］张庆园.传播视野下的集体记忆建构［M］.北京：中国社会科学出版社，2016.

［97］张玉法.民国初年的政党［M］.长沙：岳麓书社，2004.

［98］张华腾.洪宪帝制——袁氏帝梦破灭记［M］.北京：中华书局，2007.

［99］张耀杰.枭雄喋血［M］.北京：九州出版社，2016.

［100］张华腾.中国1913——民初的政治纷争与政治转型［M］.西安：陕西人民出版社，2014.

［101］张锦华.媒介文化、意识形态与女性——理论与实例［M］.台北：正中书局，1994.

［102］章太炎.国学概论·讲演［M］.北京：中华书局，2016.

［103］周晓虹.西方社会学历史与体系（第1卷）［M］.上海：上海人民出版社，2002.

［104］周作人.知堂回想录（上）［M］.合肥：安徽教育出版社，2008.

［105］周雨.大公报史（1902—1949）［M］.南京：江苏古籍出版社，1993.

［106］郑翔贵.中国早期的驻外记者［M］.北京：中国书籍出版社，1996.

［107］郑翔贵.晚清传媒眼中的日本［M］.上海：上海古籍出版社，2003.

［108］中国社会科学院近代史研究所.五四运动回忆录［M］.北京：中国科学出版社，1979.

［109］中国社会科学院近代史研究所.五四运动文选［M］.北京：生活·读书·新知三联书店，1959.

［110］赵静蓉.文化记忆与身份认同［M］.北京：生活·读书·新知三联书店，2015.

［111］赵建国.分解与重构：清季民初的报界团体研究［M］.北京：生活·读书·新知三联书店，2008.

［112］朱宗震.真假共和——1912中国宪政实验的台前幕后［M］.太原：山西人民出版社，2008.

［113］朱金平.舆论战［M］.北京：中国言实出版社，2005.

5. 期刊论文

[1]严昌洪.辛亥革命与移风易俗［J］.华中师院学报·哲学社会科学版，1982（5）.

[2]金冲及.护国运动中的几种政治力量［J］.历史研究，1986（2）.

[3]胡绳武，程为坤.民初社会风尚的演变［J］.近代史研究，1986（4）.

[4]陈建远.从"五四"运动看中国新文化建设的方向［J］.复旦学报·社会科学版，1989（3）.

[5]韩昱.20世纪初年资产阶级的风俗观［J］.近代史研究，1991（3）.

[6]宋卫忠.维新派报刊与移风易俗［J］.锦州师院学报·哲学社会科学版，1994（1）.

[7]夏晓虹.从男女平等到女权意识——晚清的妇女思潮［J］.北京大学学报·哲学社会科学版，1995（4）.

[8]周昭宜.中国近代妇女报刊的兴起及意义［J］.河北师范大学学报·哲学社会科学版，1997（1）.

[9]李乃英.五四运动与我国报刊事业的发展［J］.人文杂志，1999（3）.

[10]刘小林.五四时期婚姻观念变革的时代特征［J］.广西民族学院学报·哲学社会科学版，1999（2）.

[11]熊显长.五四报刊与妇女解放运动［J］.编辑学刊，1999（6）.

[12]严昌洪.五四运动与社会风俗变迁［J］.华中师范大学学报·人文社会科学版，1999（3）.

[13]董国礼.民国初年风俗演变的社会学阐释［J］.民俗研究，2000（2）.

[14]苟颖萍.中国近代妇女运动对社会政治经济的影响［J］.档案，2000（2）.

[15]万建中.民国风俗演进的时代特征［J］.史学集刊，2001（1）.

[16]王晓丹.中国近代妇女报刊述论［J］.曲靖师范学院学报，2001（5）.

[17]张新吾，作存甫.我所知道的袁世凯及其称帝前后［J］.文史精华，2001（10）.

[18]宋学勤.辛亥革命时期的妇女报刊［J］.新闻爱好者，2003（4）.

[19]赵新平.清末不缠足运动和妇女解放［J］.社会科学战线，2003（3）.

[20]姜红."人"的发现与遮蔽——"五四"新闻传播未完成的启蒙使命［J］.新闻与传播研究，2004（3）.

［21］陆晓光.古代中国对日本称名演变的历史考索［J］.华东师范大学学报，2000（1）.

［22］卜卫.中国大陆媒介与性别/妇女研究回顾与分析（1995—2005）［J］.新闻与传播研究，2006（4）.

［23］董智颖.中国近代史上的两种《女子世界》［J］.华东师范大学学报，2006（3）.

［24］董伟健.五四时期中国报刊事业繁荣的动因剖析［J］.河南师范大学学报·哲学社会科学版，2007（2）.

［25］胡凤，王天根.中国近代新女性建构中的悖论——以吕碧城为个案研究［J］.大连大学学报，2007（2）.

［26］雷红英."欲被人知"和"欲知"的统一——五四时期报刊繁荣原因初探［J］.咸宁学院学报，2007（4）.

［27］张素玲.晚清至五四时期知识分子的性别话语及其社会文化意蕴［J］.妇女研究论丛，2007（3）.

［28］陈雨璇.晚清媒介与性别［J］.阜阳师范学院学报·社会科学版，2008（3）.

［29］张丽萍.试论早期妇女报刊对新女性身份的建构［J］.新闻大学，2009（2）.

［30］朱从兵.《申报》与中国近代铁路建设事业起步的舆论动员［J］.安徽大学学报·哲学社会科学版，2010（1）.

［31］栾伟平.清末小说林社的杂志出版［J］.汉语言文学研究，2011（2）.

［32］刘兴豪.论中国近代报刊舆论的社会动员力［J］.山东社会科学，2011（4）.

［33］刘钊.清末小说女性形象的社会性别意识与乌托邦想象——以《女子世界》小说创作为例［J］.南开学报，2012（6）.

［34］权赫秀."南陈北李"的留学日本经历及其影响［J］.社会科学战线，2012（4）.

［35］赵芳.论《女子世界》中的妇女解放思想［J］.前沿，2012（2）.

［36］杜波.期刊传播与五四时期的文化嬗变［J］.当代传播，2013（4）.

［37］付登舟.胡石庵与辛亥革命前后舆论动员［J］.湖北大学学报·哲学社会科学版，2013（5）.

［38］付登舟.《大江报》与辛亥革命的舆论动员［J］.江汉论坛，2014（9）.

［39］付登舟.《女子世界》与晚清女子教育［J］.当代继续教育，2014（2）.

［40］郭晓勇，马培．从倡导到批评——清末《女子世界》对女权态度的演变［J］.社科纵横，2013（10）.

［41］谢仁敏.《女子世界》出版时间考辨——兼及周氏兄弟早期部分作品的出版时间［J］.鲁迅研究月刊，2013（1）.

［42］王慧.也谈《女子世界》——以陈蝶仙及其家人为中心［J］.学术交流，2013（12）.

［43］胡勇.五四时期报刊的发展及其在五四运动中的作用［J］.中共珠海市委党校珠海市行政学院学报，2014（5）.

［44］谢丽.反传统与被传统：从两份《女子世界》看近代女子世界的艰难建构［J］.史学月刊，2014（9）.

［45］张朋."才""名"之变：启蒙视域下秋瑾的新闻观念与《中国女报》创办［J］.新闻春秋，2014（3）.

［46］姜卫玲.近代知识女性报刊活动的历史考察［J］.编辑之友，2015（1）.

［47］尹旦萍."独欲为女子扬眉"：《新青年》对女性主义的倡导［J］.社会科学战线，2015（9）.

［48］左玉河.从传统文化史到社会文化史：中国近代文化史研究的新趋向［J］.河北学刊，2015（1）.

［49］朱从兵.关于抗战时期舆论动员研究的思考［J］.史学月刊，2015（10）.

［50］郑大华.报刊与抗日战争时期的舆论动员［J］.史学月刊，2015（10）.

［51］叶隽.北大立新与"新青年"之会聚北平——蔡元培、陈独秀、胡适之的新文化场域优势及其留学背景［J］.清华大学学报·哲学社会科学版，2016（3）.

［52］石在中.《新青年》"通信"栏：触摸新文化倡导者"心灵脉动"的一扇窗口［J］.湖北大学学报·哲学社会科学版，2017（2）.

［53］李艳培.布尔迪厄场域理论研究综述［J］.决策与信息（财经观察），2008（6）.

［54］周冬霞.论布迪厄理论的三个概念工具——对实践、惯习、场域概念的解析［J］.改革与开放，2010（2）.

［55］罗德尼·本森，韩纲.比较语境中的场域理论：媒介研究的新范式［J］.新闻与传播研究，2003（1）.

［56］郑希付.心理场理论［J］.湖南师范大学社会科学学报，2000（1）.

［57］李全生.布迪厄场域理论简析［J］.烟台大学学报·哲学社会科学版，2002（2）.

［58］黄旦.新报刊（媒介）史书写：范式的变更［J］.新闻与传播研究，2015（12）.

［59］黄旦、朱从兵、李帆.报刊史研究的路径、方法与视野［J］.安徽大学学报·哲学社会科学版，2012（6）.

［60］黄旦.报纸革命：1903年的《苏报》——媒介化政治的视角［J］.新闻与传播研究，2016（6）.

［61］黄旦.耳目喉舌：旧知识与新交往——基于戊戌变法前后报刊的考察［J］.学术月刊，2012（11）.

［62］王屏.论日本人"中国观"的历史变迁［J］.日本学刊，2003（2）.

［63］张首先.天人感应与灾异天谴：传统中国自然与政治的逻辑关联及历史面相［J］.深圳大学学报，2019（1）.

6. 学位论文

［1］金立群."五四"精神的孵化器——"五四"文学期刊通信栏研究［D］.武汉：华中师范大学，2004.

［2］宁芳.民国初期的婚姻自由观（民国成立—20世纪20年代中期）［D］.长春：东北师范大学，2006.

［3］陈雨璇.英敛之时期《大公报》与晚清女子形象的建构［D］.合肥：安徽大学，2007.

［4］李月华."五四"时期婚姻自由观研究［D］.石家庄：河北师范大学，2007.

［5］余红.清末民初服饰变迁的文化阐释［D］.合肥：安徽大学，2007.

［6］尹晓蓉.清末民初女性期刊的演化与传播探析［D］.西安：西北大学，2007.

［7］刘丽娟.清末女性才德观研究——以上海为中心（1897—1907）［D］.上海：复旦大学，2009.

［8］栾伟平.小说林社研究［D］.北京：北京大学，2009.

［9］周婷.辛亥革命时期妇女报刊《女子世界》中女性体育研究［D］.上海：上海体育

学院，2009.

[10]刘堃.晚清文学中的女性形象及其传统再构［D］.天津：南开大学，2010.

[11]赵立军.20世纪初女性报刊——《女子世界》研究［D］.长春：东北师范大学，
2010.

[12]张乐平.《湘报》与近代湖南社会移风易俗［D］.长沙：中南大学，2011.

[13]蒋瑞森.五四时评与五四精神［D］.湘潭：湘潭大学，2013.

[14]尹深.中国近代妇女报刊与妇女解放思想［D］.呼和浩特：内蒙古大学，2013.

[15]冯林.《益世报》与抵制日货的舆论动员研究［D］.南京：南京师范大学，2015.

[16]陈金英：走向共和——论1903—1917共和思想在中国的确立［D］.武汉：武汉大
学，2004.

[17]张群.论弥尔顿的自由观［D］.上海：上海师范大学，2007.

[18]刘思宇.辛亥革命的媒介框架偏向［D］.南京：南京大学，2012.

后 记

我自 2008 年博士期间开始对报刊与民国政治互动的研究，后渐渐拓展为报刊与近代社会各个领域互动的研究，已有 11 年之久。报刊在近代社会中的角色问题研究，是个极其复杂的问题，涉及时间及空间极广，所以这本书写作的艰难程度可想而知。本书是 2016—2019 年我在中国人民大学新闻学院博士后流动站从事研究工作的三年时间内完成的，是我在长期以来研究报刊与近代社会互动个案，并发表一系列论文的基础上，全面系统梳理、深思的成果。在本书付梓之际，心中满怀感激之情。首先诚挚感谢梁洪杰老师对本书出版的关心和支持，感谢知识产权出版社两位责任编辑在繁忙中精雕细琢的修改，感谢知识产权出版社的吴军及民主与法制出版社的沙总对本书出版的支持，感谢我的学生靳潇、余若瑶对本书写作的参与，感谢我的家人在我写作本书过程中对我生活的照顾。最后，真诚地欢迎各位方家提出宝贵改进意见。

本书虽已完成，但依然存在深度不够等诸多问题，我会扎扎实实继续努力完善。

杨晓娟

2019 年 6 月